| 经世学人文丛 |

# 大变革

## 农民工和中产阶层

李培林 等 ◎ 著

中国社会科学出版社

## 图书在版编目(CIP)数据

大变革：农民工和中产阶层/李培林等著. —北京：中国社会科学出版社，2019.2

(经世学人文丛)

ISBN 978-7-5203-3980-3

Ⅰ.①大… Ⅱ.①李… Ⅲ.①民工—研究—中国②中等资产阶级—研究—中国 Ⅳ.①D669.2②D663

中国版本图书馆 CIP 数据核字(2019)第 021060 号

---

| | |
|---|---|
| 出 版 人 | 赵剑英 |
| 责任编辑 | 王　茵 |
| 特约编辑 | 李凯凯 |
| 责任校对 | 赵雪姣 |
| 责任印制 | 王　超 |

---

| | |
|---|---|
| 出　　版 | 中国社会科学出版社 |
| 社　　址 | 北京鼓楼西大街甲 158 号 |
| 邮　　编 | 100720 |
| 网　　址 | http://www.csspw.cn |
| 发 行 部 | 010-84083685 |
| 门 市 部 | 010-84029450 |
| 经　　销 | 新华书店及其他书店 |
| 印刷装订 | 北京君升印刷有限公司 |
| 版　　次 | 2019 年 2 月第 1 版 |
| 印　　次 | 2019 年 2 月第 1 次印刷 |
| 开　　本 | 710×1000　1/16 |
| 印　　张 | 26 |
| 插　　页 | 2 |
| 字　　数 | 259 千字 |
| 定　　价 | 98.00 元 |

---

凡购买中国社会科学出版社图书，如有质量问题请与本社营销中心联系调换
电话：010-84083683
版权所有　侵权必究

# 目 录

前 言 …………………………………… 李培林（1）

## 上篇 农民工

第一章 我国改革开放40年农民工流动的治理经验

………………………………… 李培林（3）

第二章 流动民工的社会网络和社会地位……… 李培林（21）

第三章 农民工在中国转型中的经济地位和社会态度

………………………………… 李培林 李 炜（63）

第四章 近年来农民工的经济状况和社会态度

………………………………… 李培林 李 炜（88）

第五章 中国新生代农民工：社会态度和行为选择

………………………………… 李培林 田 丰（119）

第六章 我国农民工社会融入的代际比较

………………………………… 李培林 田 丰（156）

## 下篇 中产阶层

第七章 中国跨越"双重中等收入陷阱"的路径选择
………………………………………… 李培林（201）

第八章 中产阶层成长和橄榄型社会 ………… 李培林（231）

第九章 努力形成橄榄型分配格局
………………………………… 李培林 朱 迪（264）

第十章 中国中产阶层的规模、认同和社会态度
………………………………… 李培林 张 翼（307）

第十一章 建成橄榄型分配格局问题研究
………………………………… 李培林 张 翼（337）

第十二章 上海中等收入群体的消费和特征
………………………………… 李培林 朱 迪（367）

# 前　言

我把这本书取名为"大变革：农民工和中产阶层"，因为在中国，农民工的形成和中产阶层的成长，不仅仅是工业化、城镇化巨大社会转型的结果，也是深刻的体制大变革的产物。

这两个转变的同时进行，加之中国十几亿人口的规模，使中国的现代化过程与其他国家的现代化过程相比，有很多不同的特点。现在，农民工和中产阶层这两个群体加起来，从业人口达到6亿人，了解了这两个群体，就了解了近半个中国。

中国在改革开放初期，是一个典型的农业大国，1978年中国9.6亿总人口中，有7.9亿农民，占82%。1988年我刚回国时，把法国社会学家H. 孟德拉斯（Henri Mendras）的《农民的终结》（*La Fin des Paysans*）一书翻译成中文，受到学界关注，但那时人们普遍认为，对中国来说，农民的终结还是一个遥远的话题。

2018年是中国改革开放40周年，在这40年中，中国有数以亿计的传统小农,通过历史上最大规模的社会流动,转变为现代工人,支撑了中国制造业、服务业和建筑业的快速发展,也改变了他们自身的生活轨迹和命运。起初,人们对中国的"民工潮"可能造成的社会后果,表示极大担忧,毕竟这种经济社会地位较低人群的大规模流动和进入城市,通常总是与犯罪、贫民窟、社会排斥、文化冲突、骚乱、抗争等话题相联系,但中国农民工意外地呈现出积极的社会态度和未预期的社会融入能力,受到普遍社会赞誉。

我曾在主编的《农民工》一书中写道:"跨入工业文明的庄稼人,是一群普普通通的打工者。火车站里,他们身背铺盖卷茫然地环视;城市高楼大厦的建筑工地上,他们忙碌地搭建脚手架;劳动密集的工业流水线上,他们每天机械地重复着单调的操作;货运的码头上,他们紧张地搬运沉重的物品;大街小巷中,他们回收着生活的废品;千万个家庭里,她们照料着城市的孩子;夜晚的地铁里,他们拖着疲惫的身躯并面对着投来的异样目光……但这些普普通通的生活,却构成一个伟大社会变迁的过程。正是这种脚踏实地、艰苦奋斗、勇于改变生活和命运的日常精神,支撑起我们民族的脊梁。"

中产阶层的成长是理解中国巨变的另一个窗口。在社会学研究中,中产阶层(middle class)始终是一个具有持久魅力但又存在诸多争议的概念。这个群体在改革开放初期还人数寥寥,现在已经发展到约3亿人,相当于半个欧洲的人口或美国的人口。由于中产阶层的快速成长，中国的国内消费已经替代投资和出口，成为中国经济增长的2/3的推动力量。中国能否成功化解可能的危机、实现产业升级和改变农村的落后面貌，决定着中产阶层未来的成长。而中产阶层的成长，在一定意义上也决定着中国未来的走向和社会面貌。缩小贫富差距，促进中产阶层成长，是中国今后的一个十分艰巨的任务，也可能是一个比较漫长的过程。

在未来发展中，"农民工"可能与"乡镇企业"一样，成为一个过渡性概念，他们终将成为"新市民"，继续推动中国的巨变；而"中产阶层"，不管围绕这个概念有多少争议，他们也将在中国正在展开的创新发展中成长为中坚力量。

2018年12月5日

# 上篇 农民工

# 第一章　我国改革开放40年农民工流动的治理经验

李培林

**摘要：** 改革开放40年来，农民工从无到有，形成数以亿计的人群，从农业向工商业、从乡村向城镇、从欠发达地区向发达地区流动，为大规模基础设施建设、城镇化快速发展和"世界工厂"的形成做出了突出贡献，成为社会转型的重要力量。本章梳理和总结了农民工流动的发展过程、相关研究、舆论变化和治理经验，尝试把农民工流动提炼为移民治理成功经验的经典案例。

**关键词：** 农民工流动、改革开放、社会治理

我国的农民工流动，是移民的一种类型。移民研究是社会学的经典议题。在西方发达国家的现代化过程中，为了解决劳

动力缺乏问题，引入欠发达国家的移民，曾是普遍的做法。但大量的外来移民，由于生活水平、生活方式、宗教信仰、民族文化习俗、价值观念等方面的差异，也带来很多社会问题，诸如社会融入难、民族宗教冲突、犯罪率升高、排外情绪高涨、恐怖袭击威胁等。

在世界各国现代化过程和社会治理中，移民的社会融入始终是一个难题。美国是世界上最大的移民国家，黑人移民问题、墨西哥移民问题，至今仍然是很多政治对立、社会分裂和群体抗争事件的导火索。欧洲的新移民问题正成为欧洲各国大选中"选边站"的焦点问题，甚至一些在欧洲国家出生的阿拉伯裔的第二代移民，仍然因为难以融入西方社会而成为社会骚乱的动因。

我国改革开放以来的农民工流动，为经济快速增长、大规模的基础设施建设、日新月异的城镇化发展和"世界工厂"形成，都做出了卓越的贡献，成为我国向现代化社会转型的标志性过程。现在，我国人口结构已发生巨大变化，劳动年龄人口的绝对量和占总人口的比例都已开始逐年下降，农民工总量的增长开始放缓，预计未来5年内会出现农民工总量增长的停滞。在这样一个转折时期，我们应该认真总结我国农民工流动的治理经验，它必将成为世界移民史上社会融合的一个成功案例。

## 一 我国农民工流动的发展进程和舆论评价变化

中国农民工流动是一个非常独特的现象，在世界现代化的历史上，还从未有如此大规模的人群（数以亿计）在短时期内从农业向工商业、从乡村向城镇、从欠发达地区向发达地区流动。农民工流动虽然是国内的流动，但在我国与城市人口也存在户籍、生活方式、经济社会地位、思想观念的差异，与发达国家的外来移民也有一些共性。

1984年以前的改革初期，中国农村劳动力向非农产业转移的主要方式是通过乡镇企业，其主要特点是"离土不离乡、进厂不进城"，这曾被誉为中国式的独特城市化道路。1984年，为了加强城市的副食品供给，国家放宽了对农民进城的限制，允许其自理口粮到城市落户，从此拉开农民大规模进城务工经商的序幕。1985—1990年，从农村迁出的总人数还只有约335万人，而同期乡镇企业新吸纳的农村劳动力为2286万人，乡镇企业仍是农民在职业上"农转非"的主渠道。20世纪90年代中期是农民工流动方式的转折点，外出打工的农民工逐步超过了乡镇企业吸纳的农民工人数，成为农村劳动力转移的主渠道（李培林，1996）。根据国家统计局发布的《2017年农民工监测调查报告》，2017年我国农民工总量达到2.87亿人，比上年增加481万人，其中外出农民工达到1.72亿人。

农民工与中国改革开放以来的大规模基础设施建设、城镇化的快速发展和"世界工厂"形成都是紧密相连的。"民工潮"的兴起引起世界舆论的广泛关注,农民工春节返乡时火车站拥挤人海的震撼画面,也曾在很多国家电视台的黄金时间热播。

然而,国内外舆论在看待中国农民工问题上经历过根本性转向。中国的"民工潮",从一开始就受到各种质疑和非议。一些西方学者认为,中国雇用农民工的劳动密集型企业是"血汗工厂",中国是用血汗工人从事大规模基础设施建设并成为"世界工厂";一些西方媒体甚至断言,中国大规模的民工流动必定会成为强大的"颠覆性"社会力量。国内也有学者提出,"中国的历代王朝都毁于流民之手","流民潮几乎就是社会的一个火药桶。从心理学角度分析,几十万人处于一种盲动的状态下,由于相互间的情绪共振作用,可以毫无理由地使每一个分子都产生强烈的被虐心理和报复欲望,每一个分子的这种情绪又共同形成一种强大的破坏力,随时可能爆发为一场没有首领没有目标的死亡性运动"。甚至预言:"中国社会如果再一次发生大的动荡,无业的农民一定是动荡的积极参与者和主要的破坏性力量。"(王山,1994:26,62-63)[①]

---

[①] 1994年出版的《第三只眼睛看中国》,是经过精心"策划"、由王山撰写的,出版时作者托名莫须有的所谓德国著名中国问题专家"洛伊宁格尔",还写上"王山译",一时在全国影响很大,震惊京城,甚至引起国家领导人注意,但冒名之事很快被人识破,著名作家王蒙也撰文说德国汉学界从未听说"洛伊宁格尔"其人。

但出人意料的是，中国大规模的农民工流动，虽然也存在农民工生活条件和待遇较差、社会保障欠缺、欠薪问题一度比较严重以及社会排斥和社会歧视现象等问题，甚至出现过农民工连续跳楼自杀的"富士康事件"，但在几十年的过程中，还几乎从未发生过大规模的农民工群体性事件，这与1997年到2002年国有企业"减人增效"改革中频繁出现的下岗失业职工大规模群体性事件形成鲜明对比。

进入21世纪后，社会舆论对农民工流动的看法出现转折性变化，各种文学艺术作品也开始把农民工塑造成中华人民共和国发展的脊梁。国际金融危机之后的2009年，农民工的群体形象作为年度人物被选为美国《时代》周刊封面，《时代》周刊评价称，在金融危机肆虐全球的时期，中国经济的快速增长逐步带领全球走出危机阴影，这首先要归功于千千万万勤劳坚忍的中国农民工。

我国学界对农民工的研究推动了社会舆论的变化，这些研究始终伴随着农民工的成长和发展。

## 二 我对农民工的研究和关注

移民研究一直是国际社会学界的热门研究课题。美国社会学的芝加哥学派，许多经典著作都是研究移民的，如《身处欧美的波兰农民》（1918—1920）、《街角社会：一个意大利人贫民区的社会结构》(1943)等。这些著作都体现了深入的社会调查、深切的人文关怀和社会底层视角。我国社会学界对农民工流动的研究，也可以追溯到20世纪上半叶。史国衡教授的《昆厂劳工》，就是对农民工适应工厂生活的经典研究，他探索了中国农民工不同于西方由破产农民转变为产业工人的模式，并把人的转变与社会变迁联系起来（史国衡，1946）[①]。

但"农民工"这个词的提出，却是改革开放以后的事情。据陆学艺教授的考证，"农民工"一词是中国社会科学院社会学研究所已故的张雨林研究员首先提出的，1983年他在《社会学通讯》（《社会学研究》的前身）上发表了一篇以"县乡镇的农民工"为题的文章，专门研究在苏南乡镇企业打工的当地农民（陆学艺，2003）。

我的研究兴趣在工业社会学。20世纪90年代中期，我参加了蔡昉主持的中国社会科学院"大城市吸纳外来劳动力的能力和对策"课题，到我的出生地山东济南进行进城农民工调查，那可能是国内早期少有的进城农民工抽样调查，因为那时一般很难找到进城农民工抽样调查的样本框，我们也是在调查中偶然发现了公安部门的农民工临时登记簿。我基于这次调查

---

[①]《昆厂劳工》是魁星阁社区研究系列成果之一，把社区研究延伸到企业，此书最早由费孝通去美国访学时译成英文，于1943年以《中国进入机器时代》(*China Enters the Machine Age*) 为书名由哈佛大学出版社出版，著名美国管理学家、人际关系学派创始人梅奥教授为该书写了按语，该书中文版1946年才冠名《昆厂劳工》由商务印书馆出版。

# 第一章 我国改革开放 40 年农民工流动的治理经验

数据的分析,1996 年在《社会学研究》上发表了《流动民工的社会网络和社会地位》一文。该文从社会流动（social mobility）的角度分析农民进城打工这种经济学中称为劳动力流动（labour migration）的现象,即把农村劳动力向城市的转移视为农民获得新的经济社会地位的过程。我惊奇地发现,就像当初农民进入乡镇企业时把亲缘、地缘传统网络移植到企业中一样,现在又把这一网络移植到他们在城市的工作和生活圈子。在中国市场转型过程中,这种与现代性原则格格不入的传统社会网络,却作为一种非正式制度,发挥着节约农村—城市劳动力迁移成本和有效配置资源的作用（李培林,1996）。

2002 年 3 月,受爱德基金会的资助,我在北京组织了一次以"农民工流动：现状、趋势和对策"为题的研讨会,汇集了一批社会学和经济学的知名学者撰文和研讨,如白南生、蔡昉、崔传义、李强、孙立平、李路路、李汉林、王奋宇、周大鸣、刘世定、王春光、王晓毅、关信平、刘精明等。会议的论义集以"农民工：中国进城农民工的经济社会分析"为题出版,一时热销。我在该书"编后记"里写道："跨入工业文明的庄稼人,是一群普普通通的打工者。……他们普普通通的生活,却构成了一个伟大社会变迁的过程。正是这种脚踏实地、艰苦奋斗、勇于改变生活和命运的日常精神,支撑起我们民族的脊梁。"（李培林主编,2003：294－295）

我对农民工的关注点,并不仅仅在于他们转变了职业,更重要的是他们怎样融入城市文明。我在对广州"城中村"的研究中,深切地感受到这种融入的艰难。2003年"非典"期间,在冷冷清清的北京城,我坐下来整理调查资料和笔记,写作了《村落的终结》。我在该书结束语中谈道,"一个由血缘、地缘、民间信仰、乡规民约等深层社会网络联结的村落乡土社会,其终结问题不是非农化和工业化就能解决的,村落终结过程中的裂变和新生,也并不是轻松欢快的旅行,它不仅充满利益的摩擦和文化的碰撞,而且伴随着巨变的失落和超越的艰难"(李培林,2004:153-154)。

2007年,我与李炜合作,在《社会学研究》上发表了《农民工在中国经济转型中的经济地位和社会态度》一文,探索回答为什么大规模的农民工流动没有引发社会的动荡?处于城市低收入地位的农民工,为什么没有产生强烈的社会不满情绪?在城市聚集居住并经常受到不公正待遇的农民工为什么没有产生大规模的集群行为?研究结果认为,"收入和经济社会地位相对较低的农民工,却意外地具有比较积极的社会态度,真正从深层决定农民工社会态度和行为取向的,可能不是经济决定逻辑,而是历史决定逻辑"(李培林、李炜,2007)。2008年受国际金融危机和国内经济形势变动的影响,2000多万农民工失去工作返乡,为了了解农民工的社会态度是否发生了重大变化,2010年我与李炜再次合作,在《中国社会科学》上发表了《近年来我国农民工的经济状况和社会态度》一文,研究发现，国际金融危机和经济不景气的影响产生的生活压力，对农民工在社会安全感、社会公平感和对政府满意度等方面的社会态度产生了负面影响，而生活压力更主要地来自就业的威胁而不是收入水平。因此，必须把农民工的就业保障问题放在首要位置上加以重视和解决。文章还认为，"中国劳动力低成本时代会逐渐结束"，"随着国际市场竞争的加剧和国际贸易保护主义的抬头，中国经济增长过度依赖出口和外需的状况将难以持续，必须转变发展方式，更多地依靠国内消费的支撑"（李培林、李炜，2010）。

2005年10月法国发生从巴黎市郊蔓延全境的非洲穆斯林移民第二代青年的大规模骚乱，震动整个欧洲。持续十几天的焚烧、抢掠、暴力对抗迫使政府实行宵禁，这些在法国出生的移民后代，仍然是贫困、犯罪、吸毒、被遗忘者与被损害者的代名词。这个事件促使我深入思考新生代农民工社会融入问题。2010年富士康集团的代工厂接连发生十几起青年农民工跳楼自杀事件，百余名学者联名发表公开信，吁请维护劳动者合法权益和尊严，进一步提高劳动者的工作和生活质量。这更促使我关注新生代农民工群体。

2011年，我与田丰合作，在《社会》上发表《中国新生代农民工：社会态度和行为选择》一文。该研究发现，新生代农民工虽然在文化程度、工作技能等方面比老一代农民工有较大提高，却仍然处于整个社会结构的底层，游离于城市制度之外,他们在消费方式上与老一代农民工已经存在较大差异,对未来生活有美好预期,但在工作、就业机会以及城乡居民之间享有的权利和待遇方面,则明显表现出比老一代农民工更高的不公平感。该文提出,要"加快消除新生代农民工转变成市民的制度化障碍"(李培林、田丰,2011)。

2012年,我与田丰再次合作,在《社会》上发表《我国农民工社会融入的代际比较》一文,认为老一代农民工已经逐渐退出城市劳动力市场,新生代农民工已经成为外出务工的主要力量,他们的社会融入问题是真正影响到中国未来长治久安和经济可持续发展的重大社会问题。该项研究发现,以工作技能而非受教育年限为代表的人力资本,是影响流动农民工融入城市社会的重要变量;社会资本和社会网络虽然对农民工进入城市社会有很大帮助,但其对农民工融入城市社会发挥的作用并不明显;农民工经济层次的融入与其社会层次融入、心理层次接纳和身份层次认同并没有显著的相关关系,我们假设的从经济—社会—心理—身份依次递进的社会融入模式是不成立的,社会融入的不同层次更有可能是平行和多维的;尽管新生代农民工在绝对收入、受教育年限和工作技能等方面都要好于老一代农民工,但新生代农民工的社会融入状况与老一代农民工没有出现根本性差异。该文最后提出,要"尽快酝酿和制定未来20年将进城农民工转变为新市民的路线图"(李培林、田丰,2012:1-24)。

我认为，社会学界对农民工问题的大量研究和持续关注，促进了关于农民工问题的社会共识形成和相关社会政策改进。

## 三 40年来农民工流动的政策演进和治理经验

改革开放以来，我国政府对农民工流动的认识与政策，与社会舆论的变化一样，也有一个渐进转变的过程。20世纪80年代中期以后，大量农民开始进城务工经商，与原有的城乡限制流动的政策发生冲突。1991年国务院办公厅颁布《关于劝阻民工盲目去广东的通知》，同年国务院还颁布《关于收容遣送工作改革问题的意见》，将收容遣送的对象扩大到三证（身份证、暂住证、务工证）不全的流动人员，1995年公安部又发布《关于加强盲流人员管理工作的通知》，"盲流"从此成为社会对农民工流动的一种贬称。直到2003年6月"孙志刚事件"[①]发生后，国务院颁布《城市生活无着的流浪乞讨人员救助管理办法》，废止了沿用多年的收容遣送制度，"盲流"一词也最终退出历史舞台。与此同时，农民工流动则如火如荼发展，势如破竹。

---

① 2003年3月17日晚上，任职于广州某公司的湖北青年孙志刚在前往网吧的路上，因缺少暂住证，被警察送至广州市"三无"人员（即无身份证、无暂住证、无用工证明的外来人员）收容遣送中转站收容，收容期间孙志刚被殴打致死。事情发生后，经媒体报道舆论一片哗然，此事件推动了国务院废除收容遣送条例的进行。

2006年1月18日，国务院经过深入调研、反复研讨和多方听取意见[①]，决定正式采用"农民工"称谓，颁布《国务院关于解决农民工问题的若干意见》（国发〔2006〕5号），第一次把"农民工"概念写入国务院文件。这个文件给农民工下了一个定义，即"户籍仍在农村，主要从事非农产业，有的在农闲季节外出务工、亦工亦农，流动性强，有的长期在城市就业"，并对农民工给予了高度评价，指出"农民工是我国改革开放和工业化、城镇化进程中涌现的一支新型劳动大军"，"已成为产业工人的重要组成部分"，"对我国现代化建设作出了重大贡献"（中共中央文献研究室编，2008）。

随着我国城镇化发展和农民工的代际更替，一大批20世纪八九十年代出生的农民工到城市"寻梦"，但在就业、看病、住房、子女入学、权益保护等方面，仍面临一系列难题。特别是2008年国际金融危机之后，面对就业的困难，留城还是返乡成为一项两难选择。2010年1月31日，中共中央、国务院发布2010年中央一号文件《关于加大统筹城乡发展力度 进一步夯实农业农村发展基础的若干意见》，首次使用了"新生代农民工"的提法，并要求采取有针对性的措施，着力解决新生代农民工问题，让新生代农民工市民化。从此，农民工市民

---

[①] 在国务院研究室的主持下，各有关部委和省市区都参加了农民工的大调查，这些调查报告以《中国农民工调研报告》为名于2006年由中国言实出版社出版。

化成为新的政策选择,农民工在一些城市也开始被称为"新市民"(中共中央文献研究室编,2011)。2014年,国务院再次颁布《关于进一步做好为农民工服务工作的意见》,提出要"进一步做好新形势下为农民工服务工作,切实解决农民工面临的突出问题,有序推进农民工市民化"(国务院,2014)。

改革开放40年来,我国农民工流动的治理经验,可以大致概括为以下几个方面。

### (一)高度重视农民工的就业和生活问题

在不同的发展时期,针对农民工就业和生活问题,党和政府出台了一系列社会政策,有序地组织和促进农民工就业和在城市落户,出重拳治理农民工欠薪问题,有效解决农民工子女在城市上学问题,推进农民工的职业培训,保障了进城农民工的生活安全,避免了很多发展中国家出现的大量城市无业流民和"贫民窟"现象。

### (二)保持农民工收入和福利随经济发展逐年增长

中国的农民工之所以持积极的社会态度,其背后的原因在于农民工在流动中收入和生活水平得到极大改善,他们更倾向于把自己过去艰难的农民生活作为比较参照体系,而不是与城市社会进行横向利益比较。中国的最低工资制度在保证农民工收入增长方面发挥了重要作用。当然,我国劳动力供求关系的变化,也成为农民工工资增长的市场力量,这是近年来在经济增长下行和劳动密集型企业经营困难情况下农民工平均工资仍持续增长的重要影响因素。

### (三) 发挥"单位"和"社会网"把农民工组织起来的力量

我国社会治理与西方社会的一个很大不同，就是"单位"在社会治理中发挥着重要的组织力量。农民工的用人"单位"，无论是企业法人、事业法人还是社团法人，都对农民工的生活安置、管理甚至居住负有社会责任，使分散的农民工在某种程度上被"组织"起来。我国基于血缘、亲缘、地缘关系的传统"社会网"，在介绍工作、相互照顾、融入社会生活、提供信任担保等方面，也发挥了难以替代的作用，减弱了进城农民工的孤独、苦闷、无助和不适应。

### (四) 农村的承包地成为农民工的社会保障和生活退路

我国在城镇化的过程中，受土地增值的刺激和城镇化用地需求的压力，也曾出现要求农民工用承包地换社会保障的做法，但我国最终选择了禁止收缴进城农民工承包地的政策，从而使农村承包地成为农民工的可靠生活退路。2008年国际金融危机爆发后，我国经济也受到重大影响，2000多万进城农民工失去工作返乡，但并未引起社会动荡，他们的农村承包地发挥了保障生活和稳定心态的重要作用。

### (五) 制定农民工市民化的长远规划和切实步骤

促进农民工市民化成为国家的长远规划和目标，使青年农民工对未来的发展保持良好的预期。各城市都普遍出台了农民工市民化的积分办法，分阶段、有步骤地推进农民工的转变户籍和在城市落户，熨平了一个巨大变迁的波动曲线。

**（六）形成支持和赞誉农民工的社会舆论**

尽管也曾出现农民工流动使城市犯罪率升高的说法，但农民工最终以他们的辛勤劳动和社会贡献，赢得了社会舆论的普遍支持和广泛赞誉。在知识界、媒体界、企业界和政府的共同推动下，整个社会对农民工的包容性不断增强，歧视农民工的现象受到舆论谴责，农民工形象被塑造为中华人民共和国建设的"脊梁"。

我国农民工流动的治理经验，无论从成功实践的层面来看，还是从形成社会共识和调整社会政策来看，都是一个值得总结的典型案例。

## 四 农民工未来发展的新趋势

30多年前，我翻译了法国著名社会学家孟德拉斯的《农民的终结》，这本书最初于1964年出版，1984年作者写了补记20年的跋再版，记述和分析了法国农民约半个世纪的变迁。关于农民他写道："在一代人的时间里，法国目睹了一个千年文明的消失，这文明是它自身的组成部分。"（孟德拉斯，1991：297）那时我国学界多数人感到，"农民的终结"在我国还是一个非常遥远的话题。现在改革开放40年了，数以亿计的农民转变成农民工，成为推动经济增长和社会发展的重要力量，这不仅仅是一种职业转变，而是代表着社会巨变。在未来的20年中，我国农民工发展会呈现什么样的新趋势，又将预示着什么呢？

一是进城农民工总量增长将从趋缓到停滞。农民工总量增长的减缓，与我国人口结构的变化和劳动力总量变化的情况密切相关。我国劳动年龄人口从2012年开始下降，2017年当年就减少600多万人。外出农民工总量2017年仍增长200多万人，但已经式微，将逐步趋于停滞，人口红利的窗口时期即将关闭，经济粗放扩张的可能性不再。

二是以农民工为主体的劳动者工资将持续上升。农民工供给的减少和农民工受教育水平以及技能水平的提高，都将推动农民工劳动工资的持续增长，低成本劳动力时代结束。这是一把双刃剑，一方面会促进改善农民工的生活状况和权益保护状况，另一方面会加大企业人工成本，并对企业的竞争力产生影响，对企业技术创新和品牌树立形成倒逼机制。

三是农民工的劳动力短缺和结构性失业将长期并行存在。我国劳动力供求关系发生深刻变化，从无限供给、严重过剩转变为总量减少和结构性短缺。我们过去陌生的"劳动力短缺"现象，未来会成为一种常态，并与结构性失业现象长期并存。

四是农民工的一部分将成为新的中产阶层。随着农民工劳动力素质和工作技能的不断提高，农民工中一部分人，将通过小资本积累、技能提升和进入管理层而成为新的中产阶层。这将成为观察我国社会转型的深度、规模和速度的重要标志。

五是农民工的市民化将是一个长期的过程。根据国际经验，我国农民工市民化和城市社会融入，将是一个漫长而艰难的过程，不是改变户籍制度就能解决一切问题，对此我们应当有足够的估计和耐心。一切试图固化农民工身份的做法都是违背历史进程的，而一切运动式的推动都是事倍功半的。

农民工未来发展的新趋势，预示着我国推进产业结构升级、技术创新和新型城镇化的重要性、紧迫性和必然性。在过去的40年中，农民工的工作、生活状况和社会态度，是影响中国经济社会发展全局的重要因素，在中国未来20年的发展中，农民工的技能提高、工作稳定、生活改善预期和城市融入依然是影响改革发展稳定全局的重要因素。

## 参考文献

国务院，2014，《国务院关于进一步做好为农民工服务工作的意见》（单行本），北京：人民出版社。

国务院研究室课题组，2006，《中国农民工调研报告》，北京：中国言实出版社。

怀特（W. F.），（1943）1994，黄育馥译，《街角社会：一个意大利人贫民区的社会结构》，北京：商务印书馆。

李培林，1996，《流动民工的社会网络和社会地位》，《社会学研究》第4期。

李培林，2010，《农民的终结——羊城村的故事》，北京：商务印书馆。

李培林主编，2003，《农民工——中国进城农民工的经济社会分析》，北京：社会科学文献出版社。

李培林、李炜，2007，《农民工在中国经济转型中的经济地位和社会态度》，《社会学研究》第3期。

李培林、李炜，2010，《近年来我国农民工的经济状况和社会态度》，《中国社会科学》第1期。

李培林、田丰，2011，《中国新生代农民工：社会态度和行为选择》，《社会》第3期。

李培林、田丰，2012，《我国农民工社会融入的代际比较》，《社会》第5期。

陆学艺，2003，《农民工问题要从根本上治理》，《特区理论与实践》第7期。

孟德拉斯（H.），1991，《农民的终结》，李培林译，北京：中国社会科学出版社。

史国衡，1946，《昆厂劳工》，上海：商务印书馆。

托马斯（W. I.）、兹纳涅茨基（F.），（1918—1920）2000，《身处欧美的波兰农民》，张友云译，南京：译林出版社。

王山，1994，《第三只眼睛看中国》，太原：山西人民出版社。

中共中央文献研究室编，2008，《十六大以来党和国家重要文献选编》（下册），北京：中央文献出版社。

中共中央文献研究室编，2011，《十七大以来党和国家重要文献选编》（中册），北京：中央文献出版社。

（原载《社会》2018年第6期）

# 第二章 流动民工的社会网络和社会地位[①]

李培林

**摘要：**中国农村的改革极大地提高了农业的生产能力，加速了工业化和城市化的进程，但同时农村产生大量剩余劳动力，这些剩余劳动力最初是由在本地发展起来的乡镇企业吸纳，但随着城乡分离的户籍管理制度的松动以及乡镇企业资本和技术要素含量的提高，大量的农村剩余劳动力涌进城市，从而成为中国现代化过程中引人注目的现象，引起经济学家和社会学家的高度关注。本文从社会流动（social mobility）的角度分析这种劳动力流动（labor migration）的现象，即把农村劳动力向城市的转移视为农民依赖其掌握的社会资源获得新的社会

---

① 此文是中国社会科学院一项关于流动民工的招标课题的阶段性成果，参加课题的人员除笔者外，还有蔡昉、韩俊、李周、刘启明。

地位（social status）的过程。本章分析依据作者1995年在中国山东省省会济南市的问卷抽样调查资料，调查结果发现，民工在从农村到城市的流动过程中，主要依赖了其传统的亲缘和地缘的社会网络，就像当初农民进入乡镇企业时把这一网络移植到企业中一样，现在又把这一网络移植到他们在城市的生活圈子。令人惊奇的是，在中国市场转型（market transition）过程中，这种与现代性原则格格不入的传统社会网络，却作为一种非正式制度（informal institution），发挥着节约农村—城市劳动力迁移成本和有效配置资源的作用。

**关键词**：农民工、社会流动、社会网络

近几年来，"流动民工"成了学术界、政策研究部门和新闻界谈论和研究的热点。1984年以前的改革初期，中国农村劳动力向非农产业转移的主要方式是通过乡镇企业，其主要特点是"离土不离乡、进厂不进城"，这被誉为中国式的独特的城市化道路。1984年，国家为了加强城市的副食品供给，放宽了对农民进城的限制，允许农民自理口粮到城市落户，从此拉开了农民大规模进城务工经商的序幕。1985—1990年，从农村迁出的总人数还只有约335万人，而同期乡镇企业新吸纳的农村劳动力为2286万人，乡镇企业仍是农民在职业上"农转非"的主渠道。1990—1994年情况就大不一样了，根据近两年多项大规模的全国抽样调查结果，外出打工的流动民工占农村劳动

力总数的比例平均在15%，据此推算1995年达到6600多万人，同期乡镇企业新吸纳农村劳动力为2754万人，乡镇企业吸纳农村劳动力的能力开始下降，而进城流动民工的人数仍在快速增加。民工潮的形成引起一喜一忧，乐观的看法认为中国的城市化有了新的渠道，悲观的看法是城市由此而潜伏着不稳定的因素。民工潮究竟是忧是喜，亦乎喜忧参半，实际上主要应当看这部分人能否最终融入城市生活，并在城市中确立合适的社会地位。

## 一 作为社会流动的民工流动

### （一）劳动力流动和社会流动：经济学和社会学的不同视角

劳动力流动与社会流动的区别，实际上是经济学研究视角与社会学研究视角的区别。在经济学关于劳动力流动的研究中，有两个著名的经典理论：一个是早期的所谓"推拉理论"（Push and Pull Theory），即认为从农村向城镇的劳动力迁移可能是因城镇有利的经济发展而形成的"拉力"造成的，也可能是因为农村不利的经济发展而形成的"推力"造成的。后来哈里斯—托达罗的迁移模型对这一理论有了新的发展，该模型假定劳动力迁移主要取决于城乡劳动力市场的工资比较（哈里斯、托达罗，1960）；另一个是以刘易斯的二元经济理论为先导,后经许多经济学家的发展而逐步形成的"两部门理论"(Two Sectors Theory),旨在证明剩余劳动力从传统的农业部门向现代的工业部门的人口转移,正是整个经济发展和工业化过程的自身特点(Lewis,1954)。这两种理论的前提假设几乎是共同的,即农业部门是生产函数呈收益递减的经济部门,城市工业部门则具有相对较高的生产率和利润率,因而滞留在农村的边际生产率等于或接近零值的剩余劳动力,具有向城市工业部门转移的内在冲动。后来经济学在这方面的研究都是在此基础上的理论完善和精细化,如把城市经济内部进一步划分为"传统经济"和"现代经济",或者"正式经济"和"非正式经济",认为农村剩余劳动力首先是向城市的小型零散的以劳动密集为特征的城市传统经济或非正式经济部门转移,然后再向现代部门或正式部门转移。这方面较新的研究成果是把交易费用的概念引入对劳动力转移的成本收益分析中。

社会学关于"社会流动"的概念比"劳动力流动"更为宽泛,并不仅限于对劳动力流动机制的考察。最早专门研究社会流动的美国社会学家索罗金把社会流动定义为社会位置(social position)的转移,具体分为社会位置的水平流动和垂直流动(Sorokin,1927),以后的研究又有结构性流动和循环流动、代内流动和代际流动等分类。社会学关于社会流动的研究可以分为美国传统和欧洲大陆传统。美国传统是在"二战"以后形成的，经济的快速发展使"机会平等"和"个人奋斗"成为一种美国的意识形态，社会学对社会流动的经验研究和国际比较研究也形成了这样一种假设，即认为现代的"自由社会"是"机会平等"的社会，因而每个人都有成功的可能，导致社会流动的主要因素是个人的态度和行为。社会位置的不同是由于个人素质的不同，特别是教育和技能的差别（Lipset and Bendix，1959）。欧洲大陆传统则由于其长远的争取公民权的民主化历史而更加强调法律平等和社会结构的作用，即认为社会结构在工业化过程中从"礼俗社会"网络向"法理社会"网络的转变，或从"机械团结"网络向"有机团结"网络的转变，是造成社会流动的主要原因，而人们社会位置和社会地位的不同主要是一种超越个人选择的结构性安排。这种传统是如此深入人心，以至于有的学者在发现新的调查结果时，也只能划分出区别于"结构性流动"的"净流动"（Bertaux，1969）。20世纪60年代初，安德森根据经验调查材料的分析提出著名的"安德森悖论"；即教育的民主化过程并没有对社会流动产生促进作用，而在此之前，人们几乎一致以为，教育的大众普及会使社会地位的平等化程度提高（Anderson，1961）。这一悖论对社会流动的研究产生极大的刺激，因为它既是对美国传统的"机会平等"假设和个人选择理论的挑战，也是对欧洲大陆传统的"法律平等"假设和"结构安排"理论的挑战。对于这一挑战，学者们给出了截然不同的回应。在美国，布劳和邓肯等学者努力将对影响社会地位的因素的测量方法精密化和多样化，通过相当复杂严谨的统计方法——路径分析（path analysis），建立了"地位获得模型"（Blau and Duncan，1967）。尽管如此，一些对个人选择理论产生怀疑的美国学者仍很容易地就证明，所有被用来测量影响社会地位的变量加在一起，还不到实际影响社会地位的变量的一半。在欧洲大陆，法国社会学家布东疾呼，关于社会流动的社会学发生了"危机"，他主张放弃已经走向极端的因素主义的（factorialist）分析方法，而采用真正的假设—演绎的方法，他称为"系统方法"。他的理论的主要思想是：社会地位的获得，一方面依赖于社会结构的地位分配，另一方面也依赖于某些个人特质的分配（特别是出身和教育），正是由于这两种分配的不一致产生了社会流动的现象。他进而通过对经验材料的系统分析证明，在地位获得的市场上，个人根据自己的"交换价值"观念做出行动选择，但这种选择必然会影响地位获得市场的平衡，进而影响社会结构安排与个人特质安排相一致的程度，由此产生了社会流动（Boudon，1973a、1973b）。布东与传统的欧洲大陆社会学家有很大的不同，他是"个体主义方法论"的代表人物之一，同时他擅长和注重数学和统计分析。在社会流动的研究方面，较新的研究倾向是开始注重对制度因素的研究，如美国学者提出的"市场转型"理论（Nee，1991）和法国学者提出的"文化资本"理论（Bourdieu，1970），他们都强调和分析了制度安排的惯性对社会流动的影响。

**（二）文献和已有的调查研究成果**

中国的经济体制改革经历了从农村向城市推进的过程，在实行家庭联产责任制之后，农村经济的又一飞跃是乡镇企业的崛起，中国学术界在20世纪80年代对劳动力流动的研究，也主要是以向乡镇企业转移的农村劳动力为对象，即所谓"离土不离乡、进厂不进城"的农村劳动力。这方面的研究指出，农村劳动力的流动是市场机制的推动、政策的放开和农村剩余劳动力的压力这三方面的合力的结果，并以乐观的态度和极大的热情认为，农村剩余劳动力以"离土不离乡"方式向非农产业的转移，是具有中国特色的农业劳动力转移道路，不仅造成了一支堪与正式部门职工相比的产业大军，而且没有伴随着农村的瓦解和衰落，并促进了农村社区的发展（中国社会科学院经济所，1987；国务院研究室农村组和中国社会科学院农发所，1990）。该方面研究的另一特色，是划分出一些有代表性的农村劳动力转移和乡镇企业发展的模式，如依托于集体经济的苏南模式、依托于个体经济的温州模式和依托于外向型经济的珠江模式等，其重要意义在于揭示了农村劳动力转移可以有不同的方式（陈吉元，1989；周尔鎏，1991）。

早在1987年，中国社会科学院农村发展研究所就对全国11个省的222个村的26993名异地转移的农村劳动力进行了调查，调查显示转移到县城及建制镇的占12.1%，到中小城市的占29.4%,到大城市的占3.8%(国务院研究室农村组和中国社会科学院农村发展研究所,1990)。马侠的《当代中国农村人口向城镇的大迁移》(马侠,1989)和李梦白等人所著的《流动人口对大城市发展的影响及对策》(李梦白等,1991),可能是国内最早的研究进城流动民工的专著,但这两项研究都主要是从人口学的角度进行。近几年来,研究流动民工的文献开始大量增多。更有特点的是,由于这方面统计资料的缺乏,研究的热情集中在进行大量的抽样调查上。就我们所掌握的资料,目前已经公布的1993年以后关于流动民工的全国性专题调查主要有:中国农业银行调查系统1993年12月到1994年1月对全国26个省、区、市的600多个县的14343个样本户的调查(农村经济年度分析课题组,1994);全国政协和国务院发展中心1994年对全国15个省、区、市的28县的28个村的调查(崔传义执笔,1995;赵树凯,1995);农业部"民工潮"跟踪调查与研究课题组1994年5月对全国11省区的75个固定观察点村庄的调查(赵长保执笔,1995);农业部农研中心1994年11月到1995年4月对全国29个省、市、区的318个固定观察点村庄的25600个样本户的调查(张晓辉等,1995);等等。1995年,仅福特基金会就资助了北京有关研究单位的8个关于流动民工专项研究的课题。然而,从目前的情况看,多数的研究还处于"摸清情况"的阶段,即通过调查揭示和描述流动民工的总量、结构、空间分布、流向、流出方式、流动规则和流动机制，等等。在理论上尚未有突出的建树。

**（三）理论假设和调查方法**

本章主要是从社会流动的角度考察农村劳动力从农村向城市的流动，即把民工的流动视为他们获得新的社会位置（position）和社会地位（status）的过程。"流动民工"这个概念，实际上包含三种流动：一是在地域上从农村向城市、从欠发达地区向较发达地区的流动；二是在职业上从农业向工商服务等非农产业的流动；三是在阶层上从低收入的农业劳动者阶层向比其高的职业收入阶层流动。从一般意义上讲，从农民转化为市民，从务农转变为务工经商，意味着两个根本性的变化，一是生活方式、社会关系网络从以血缘、地缘关系为主的社会网络转变为以业缘关系为主的社会网络；二是以机会资源为象征的社会地位得到提高。但是，我们看到，中国的结构转型和体制转轨这两个转变的进程是不一致的，结构转型形成的大量新增城市就业空间并没有被"市场制度化"，制度安排的惯性使改变了生活场所和职业的农民仍然游离于城市体制之外，从而造成了流动民工的生活地域边界、工作职业边界与社会网络边界的背离。据此，本章提出以下三个假设。

假设Ⅰ：流动民工在流动中社会生活场发生的变化，并没有从根本上改变他们以血缘、地缘关系为纽带的社会网络的边界，影响这一边界的主要因素是社会身份而不是社会职业。

假设Ⅱ：流动民工在社会位置的变动中对血缘、地缘关系的依赖，并非一种传统的"农民习惯"，而是一定结构安排下的节约成本的理性选择，而且这种选择在影响和改变着制度化结构的安排。

假设Ⅲ：流动民工在职业变动中经济地位获得提高，但社会地位没有明显变化，这种经济地位和社会地位的不一致是因为制度化安排的惯性，而结构变动弹性最大的是日常生活。

需要说明的是，本章内容是中国社会科学院重点招标课题——"大城市吸纳外来劳动力的能力和对策研究"的分报告，因而行文中要涉及对一些相关方面的总体描述，而不仅仅限于对假设的验证。

本章根据的材料是笔者参加的课题组于1995年6—7月在山东省省会济南市所做的问卷调查。调查组首先对该市可能掌握民工情况的有关部门进行了访谈，如工商局、税务局、计生委、劳动局、劳务服务中心等，在劳务服务中心发现了一份"临时用工登记簿"，但上面登记的基本上都是机关和企事业单位的民工使用名单。后来在走访街道办事处、派出所和对民工进行访谈的过程中，我们发现了公安部门的一份更为完备的进城民工登记表，最后对济南市4个市区（历下、市中、天桥、槐荫）的12个居民委员会的流动民工所进行的比例分层抽样调查就是以这份难得的登记清单为基础的。此次抽样调查获得有效样本为1504个，其中男性占71.3%，女性占28.7%；本省民工占93.2%，外省民工占6.8%；平均年龄25.6岁，已婚的占44.3%；受教育程度为初中的最多，占71.0%，小学的占16.0%，高中以上的占12.1%，文盲占0.9%。根据济南市公安局的研究报告，济南市1994年有流动民工10.5万人，占济南市当年170万市区人口的6.2%。对调查点济南市的选择，一是因为它可能代表中国大城市的一般情况，较少"特殊性"，二是因为与该市已有的联系使我们容易具有调查上的方便。

## 二　流动民工的社会网络和交往方式

山东省是1978年改革以来中国北方省份中经济发展较快的地区，到1994年，全省国内生产总值达到3872亿元，在全国仅次于广东和江苏，大大高于人口总量在其之上的四川省和河南省。但在20世纪80年代以来农村劳动力进城的大潮中，山东省并不具有特殊的地位。它既不像广东、北京、上海、天津那样成为流动民工的主要吸纳地，吸收了全国净迁移量的30%以上，也不像四川、湖南、贵州、广西等地那样，成为流动民工的主要迁出地（农业部农研中心，1995）。历史上山东人的"闯关东"，曾是晚清以后中国国内移民的主流之一，20世纪80年代以后，东北三省的劳动力开始南下，但并没有大量进入山东。山东省改革以来民工流动的主要特点是省内流动,即在省内由农村向城市、由经济发展水平相对较低的西部地区向发展水平相对较高的东部地区流动。从这次我们在山东省省会济南市调查的情况看,在抽查的总样本中,本省人占93%,其次是浙江人,也只占2.4%,而且后者大多是以制衣业和修理业为主的个体业主,是一定的生产资本的拥有者,而山东本省进城的流动民工则一般都是只拥有劳动力。

中国的乡土社会是特别重视以家庭为纽带的亲缘和地缘关系的。中国老一辈学者几乎都把"家庭"作为中国传统社会中社会网络的基本单位。这种对亲缘、地缘关系的重视,影响着人们的生活方式和社会交往方式,成为一种"习性",并具有很大的惯性。这种"习性"没有因生活地点从农村到城市的变动或职业由农民到工人的变动而改变;也没有因拥有了一定的工商业生产资本,成了雇用他人的业主而改变,如北京南郊一带形成了浙江个体户聚居的"浙江村";甚至也没有因生活迁居到异国他乡而改变,在巴黎、伦敦、旧金山这些国际大都市,都有中国人聚居的很有中国特色的"中国城"(China town)。

从我们对济南市流动民工的调查来看,流动民工的这种"亲缘关系网络"的作用贯穿于民工的流动、生活和交往的整个过程。下面分别从济南市流动民工进城就业的方式、生活交往的方式等方面来考察流动民工的交往行为和社会网络。

## (一) 民工进城就业的方式

在现代社会,大众传媒获得飞速发展,科层组织体系的末梢触及社会的每个角落,信息的传递在以惊人的速度加快,信息传递的成本则在以惊人的幅度降低。过去中国农村中的老农,其一生的生活半径往往只是村庄方圆的几公里,而现在通过电视和广播,中国的农民可以和纽约的市民收看同一场体育比赛的现场直播。然而,在那些关系农民切身利益的个人决策中(如职业选择),农民根据的主要信息来源依然是亲属和朋友。进入济南市的流动民工,其迁入所依赖的信息,32.8%的人是来源于在本市打工的同乡或朋友,30.8%的人是来源于在本市居住的亲属或朋友,12.5%的人是来源于本村居住的亲属或朋友,信息来源于招工队的占9.7%,而信息来源于报纸广播电视和招工广告的只占2.8%和2.1%(见表2-1)。

表2-1　　　　　流动民工进城就业的信息来源　　　　(单位:%)

|  | 山东 | 其他地区 | 总体 |
| --- | --- | --- | --- |
| 本市居住的亲属或朋友 | 31.31 | 24.51 | 30.85 |
| 在本市打工的同乡或朋友 | 31.53 | 50.98 | 32.85 |
| 本村居住的亲属或朋友 | 12.98 | 5.88 | 12.50 |
| 外地亲属或朋友 | 4.64 | 6.86 | 4.79 |
| 报纸广播电视 | 2.71 | 4.90 | 2.86 |

续表

|  | 山东 | 其他地区 | 总体 |
|---|---|---|---|
| 招工广告 | 2.14 | 1.96 | 2.13 |
| 当地政府 | 3.14 | 0.00 | 2.93 |
| 招工队 | 10.27 | 1.96 | 9.71 |
| 其他 | 1.28 | 2.94 | 1.40 |
| 合计 | 100 | 100 | 100 |

民工迁入城市的方式大多是与老乡和朋友一起，占总样本的56.4%，当然由于主要是通过自身的关系渠道找到工作，因而自己只身一人前往的也较多，占34.1%，与配偶和亲属一起进城就业的本省民工只占很少的比重（见表2-2），这说明流动民工的家庭，也就是他们的"根"，仍留在农村，这也是称其为"流动民工"的一个重要根据。不过，外省民工与自己配偶一起来济南的为数不少，占外省民工的23.5%，这些人主要是来自浙江等地的个体户，他们往往习惯于一起外出开"夫妻店"。与此相联系，在考察流动民工进城后如何找到第一份工作时，我们同样发现，自己通过老乡或亲戚找到第一份工作的最多，占44.0%，通过老乡或亲戚主动介绍找到第一份工作的占31.0%，两项合计已占75%，另外通过当地政府找到的占8.1%，通过雇方来家乡招工找到的占6.7%，通过城市劳务市场找到的占4.8%（见表2-3）。

表 2-2　　　　　　　流动民工迁入城市的方式　　　　　（单位:%）

| 迁入方式 | 山东 | 其他地区 | 男性 | 女性 | 总体 |
|---|---|---|---|---|---|
| 自己一人前往 | 34.59 | 28.43 | 31.06 | 41.90 | 34.18 |
| 和老乡或朋友一同 | 57.56 | 41.18 | 61.94 | 42.82 | 56.34 |
| 和自己的配偶一同 | 2.43 | 23.53 | 3.36 | 5.09 | 3.83 |
| 和兄弟姐妹或其他亲属一同 | 5.35 | 5.88 | 3.64 | 9.72 | 5.39 |
| 婚前（与城里人或城里打工的人结婚） | 0.07 | 0.98 | 0.00 | 0.49 | 0.13 |
| 合计 | 100 | 100 | 100 | 100 | 100 |

表 2-3　　　　　　流动民工找到第一份工作的方式　　　　（单位:%）

| 寻找方式 | 山东 | 其他地区 | 总体 |
|---|---|---|---|
| 自己通过老乡或亲戚找到 | 43.94 | 46.08 | 44.08 |
| 老乡或亲戚主动介绍 | 31.10 | 30.39 | 31.05 |
| 通过城市的劳务市场 | 4.71 | 6.86 | 4.85 |
| 雇方来家乡招工 | 7.20 | 0.98 | 6.78 |
| 当地政府组织 | 8.70 | 0.98 | 8.18 |
| 社团组织（青年团、妇联、其他中介组织） | 0.78 | 0.00 | 0.73 |
| 到可能的用人单位自荐 | 1.28 | 2.79 | 1.40 |
| 到家庭成员曾工作的单位顶替 | 0.36 | 0.00 | 0.33 |
| 其他 | 1.93 | 11.76 | 2.59 |
| 合计 | 100 | 100 | 100 |

## （二）流动民工的生活交往方式

由于进城民工的"家"，也就是"根"留在农村，所以民工靠情感维系的生活圈子并没有根本的改变。他们最大的情感寄托仍然在生于斯、长于斯的家乡。流动民工的所谓"流动",其实主要是由于他们的回乡探亲而形成的城乡流动。人们往往以为民工的进城是盲目的,民工流动的主要原因是就业的不稳定,民工的流动不仅造成交通不堪重负,而且产生很多城市无业游民。但从调查的情况看,民工的流动首先是具有节日性的特点,而且主要是在最主要的传统节日——春节期间的返乡,春节期间回家探亲的进城民工占调查总样本的93.7%,在一般节日或周末等假日返乡探亲的并不多,如在每年新年期间回家探亲的占19.7%,在周末或假日回家探亲的占9.5%;其次是具有季节性的特点,而且主要是在秋收季节回老家探亲和帮助农田秋忙,因为绝大多数民工的家庭都有承包的"责任田",在秋收季节返乡的进城民工占50.0%,另外春耕季节返乡的也占28.5%。随着1995年铁路等交通费用的大幅度提高,民工节日性和季节性的城乡流动压力也会大为减轻,因为我们在调查中发现,民工的返乡探亲和帮工,实际上受返乡交通成本的很大影响,在济南市就业的外省民工,其返乡的频率和比重都低于本省民工,如在春节返乡的外省民工有89.2%,本省民工有94.0%,在新年返乡的外省民工有2.9%,本省民工有20.9%;在秋收季节返乡的外省民工有13.7%,本省民工有52.7%;在春耕季节返乡的外省民工有7.8%,本省民工有30.0%(见表2-4)。

表2-4　　　　　流动民工每年返乡探亲、帮工的规律　　　（单位:%）

|  | 是 | 否 | 合计 |
| --- | --- | --- | --- |
| 每年是否回家乡探亲 | 95.68 | 4.32 | 100 |
| 每年春耕季节是否回家乡探亲帮工 | 28.54 | 71.46 | 100 |
| 每年秋收季节是否回家乡探亲帮工 | 50.03 | 49.97 | 100 |
| 每年新年是否回家乡探亲 | 19.69 | 80.31 | 100 |
| 每年春节是否回家乡过年 | 93.68 | 6.32 | 100 |
| 周末或节假日是否回家乡探望 | 9.51 | 90.49 | 100 |

与人们的猜测和估计相差甚远的是，进城民工的返乡回流，其实很少是由于找不到工作的原因。在调查中问到进城工作后遇到的最大困难是什么的时候，认为是"找不到工作"的只占0.8%，是各项困难的选择中人数比重最少的。相反，进城民工在城市里的工作是相对稳定的，而且有70.6%的人在迁入城市之前就已经事先找好了工作，进城就业后从未更换过工作的民工所占的比重高达83.9%，变换过一次工作的占1.6%，变换过两次的占10.8%，变换过三次及以上的占3.6%。由于职业的不同，工作的稳定性也有一定的差异。工作稳定性最高的是家庭保姆和建筑业民工，从未变换过工作的分别占92.8%和91.3%，而流动性相对较大的是在酒店、宾馆、招待所等服务部门的民工，但就是这部分人中，从未变换过工作的也占67.0%（见表2-5）。这说明，随着城市经济的

迅速发展和城市服务体系的扩展，在城市建筑业和商业服务业等劳动部门出现了较大的结构性就业需求，存在吸纳劳动力的较大能力，而这种需求的空白往往是向往舒适的白领工作的城市青年所无法填补的。

表2-5　　　　　　　流动民工进城后变换工作的次数　　　　　（单位:%）

| 职业分类 | 未换工作 | 一次 | 二次 | 三次及以上 | 合计 |
| --- | --- | --- | --- | --- | --- |
| 建筑业单位打工（含包工头） | 91.35 | 2.88 | 4.49 | 1.28 | 100 |
| 工业企业（含公司）打工 | 80.75 | 0.75 | 12.45 | 6.04 | 100 |
| 机关、院校、医院打工 | 80.57 | 0.00 | 15.57 | 4.27 | 100 |
| 酒店、宾馆、招待所等单位打工 | 67.07 | 1.83 | 25.61 | 5.49 | 100 |
| 家庭保姆 | 92.86 | 1.79 | 5.36 | 0.00 | 100 |
| 从事餐饮业 | 82.22 | 0.00 | 11.11 | 6.67 | 100 |
| 从事修理服务业 | 76.60 | 0.00 | 17.02 | 6.38 | 100 |
| 集市贩卖 | 78.72 | 0.00 | 10.64 | 10.64 | 100 |
| 裁缝制衣 | 87.88 | 0.00 | 9.09 | 3.03 | 100 |
| 其他 | 58.33 | 0.00 | 33.33 | 8.33 | 100 |
| 总体 | 83.91 | 1.60 | 10.84 | 3.66 | 100 |

民工进城就业后虽然生活在城市，但尚未真正地融入城市生活，没有建立起以业缘关系为纽带的生活圈子。他们的生活圈子仍然建立在亲缘和地缘关系上。在被问到"进城打工后最亲密的朋友是谁"时，55.7%的进城民工认为是"一同来打工

的老乡",21.8%的民工认为是"进城后认识的民工朋友",另有21.5%的人认为是"进城后认识的城里人"。而且,在集体所有制单位打工的民工,其生活圈子更多地依赖于"老乡",认为最亲密的朋友是"一同来打工的老乡"的占67.8%,而个体工商户民工这样认为的最少,占40.1%(见表2-6)。这一差别估计很可能与职业收入水平有关,收入较高的民工,生活圈子更广一些,具有较多的交往机会和交往选择,而收入较低的民工,则更容易囿于一个互识的文化圈子里。

表2-6　　　　　流动民工在城市最亲密的朋友　　　　（单位:%）

| 职业所有制 | 没有 | 一同来打工的老乡 | 进城后认识的民工朋友 | 进城后认识的城里人 | 其他 | 合计 |
|---|---|---|---|---|---|---|
| 个体 | 0.0 | 40.1 | 17.0 | 42.9 | 0.0 | 100 |
| 国有 | 0.0 | 50.5 | 24.9 | 23.5 | 1.0 | 100 |
| 集体 | 0.2 | 67.8 | 19.0 | 12.5 | 0.5 | 100 |
| 私营 | 0.4 | 50.8 | 25.4 | 21.7 | 1.6 | 100 |
| 三资 | 0.0 | 50.0 | 23.5 | 26.5 | 0.0 | 100 |
| 其他 | 0.0 | 50.0 | 50.0 | 0.00 | 0.0 | 100 |
| 总体 | 0.1 | 55.6 | 21.9 | 21.5 | 0.8 | 100 |
| N | 2 | 834 | 328 | 323 | 12 | 1499 |

注：$X^2 = 102.3$，$df = 20$，$p < 0.001$；相关系数 Lambda = 0.04。

由于流动民工进城就业后难以真正融于城市社会,无法建立起与城里人交往的生活圈子,因而他们在城市中尽管有的已工作生活多年，但仍然是城市生活的"陌生人"。城市社会对于民工自身来说，依旧是"外在的"和"他们的"，而不是"我们的"。他们在城市中的生活经常地交织着收入提高带来的欣喜和感情孤独带来的忧伤。根据调查我们看到，对于流动民工进城后在城市生活中遇到的最大困难，列于首位的是"城里物价太贵"，持这种看法的民工占35.4%，这大概与近几年物价上涨过快有关，并非是流动民工"独特的"困难，因为根据1994年和1995年若干全国性的对城乡居民的抽样调查，这两年"物价上涨过快"均被民众排在社会问题的首位[①]；列在第二位的困难才是真正具有民工特点的，即有24.1%的人认为是"社会关系少、感情孤独"；另外还有21.9%的人认为是"生活艰苦"，8.0%的人认为是"住房困难"，5.8%的人认为是"本地人的排挤"，只有0.8%的人认为是"找不到工作"。这个问题的调查还证实我们在前面的一项估计，即个体工商户民工的生活圈子较少依赖于"老乡"和集体所有制单位民工的生活圈子较多依赖于"老乡"，是与民工不同的收入水平有关。收入较高的民工，生活圈子更广，较少感到孤独。按照流动民工的职业所有制划分，个体工商户中认为在城市里最大困难是"社会关系少、感情孤独"的占19.7%，是比重最少的，而集

---

[①] 参见江流等主编《1994—1995年中国社会形势分析与预测》（社会蓝皮书），中国社会科学出版社1995年版，第31页。

体所有制单位民工这样认为的占 24.6%；同一问题按月工资收入划分进行交互分析，可以发现，认为在城市里最大困难是"社会关系少、感情孤独"的民工，月工资收入在 200 元以下的比重最高，占 31.2%，而月工资收入在 600 元以上的比重最少，仅占 16.9%（见表 2-7）。此外，女性比男性更容易感受到情感的孤独，男性民工认为在城市生活最大的困难是"感情孤独"的占 20.7%，而女性民工却占到 32.4%，具有较大的差别。

表 2-7　　　　　　　流动民工在城里遇到的最大困难　　　　　（单位:%）

| 月净收入 | 0 | 1 | 2 | 3 | 4 | 5 | 6 | 7 | 合计 |
|---|---|---|---|---|---|---|---|---|---|
| ≤200 元 | 4.30 | 2.69 | 31.18 | 13.98 | 2.69 | 2.69 | 38.71 | 3.76 | 100 |
| 201—300 元 | 0.71 | 7.36 | 17.34 | 21.85 | 3.09 | 1.19 | 47.27 | 1.19 | 100 |
| 301—400 元 | 0.52 | 5.15 | 29.12 | 23.20 | 4.64 | 0.52 | 35.31 | 1.55 | 100 |
| 401—500 元 | 2.29 | 4.96 | 24.81 | 33.97 | 6.11 | 0.38 | 25.95 | 1.53 | 100 |
| 501—600 元 | 0.00 | 14.61 | 29.21 | 16.85 | 11.24 | 0.00 | 25.84 | 2.25 | 100 |
| >600 元 | 3.92 | 25.49 | 16.99 | 11.11 | 16.34 | 0.00 | 21.57 | 4.58 | 100 |
| 总体 | 1.67 | 8.07 | 24.08 | 21.95 | 5.80 | 0.87 | 35.49 | 2.07 | 100 |
| N | 25 | 121 | 361 | 329 | 87 | 13 | 532 | 31 | 1499 |

注：$X^2 = 246.8$，$df = 35$，$p < 0.001$；相关系数 Lambda = 0.05。

其中：0. 没有困难；1. 住房困难；2. 社会关系少、感情孤独；3. 生活艰苦；4. 本地人排挤；5. 找不到工作；6. 城里物价太贵；7. 其他。

## 三 流动民工的生活状况

### （一）流动民工的收入状况

1994年，山东省农民人均年纯收入1320元，即人均月净收入110元；全省职工的年平均工资4338元，即月平均工资362元。从这次调查的情况看，根据职业划分，流动民工中收入较高的是从事餐饮业和当裁缝的民工，月净收入在600元以上的分别占从事该职业民工的86.6%和69.7%，收入较低的是家庭保姆和在酒家、宾馆、招待所等服务单位打工的民工，月净收入在200元以下的分别占从事该职业民工的98.2%和37.2%；根据打工单位的所有制性质划分，收入较高的是个体工商户和在三资企业打工的民工，月净收入在600元以上的分别占该部分民工的66.4%和8.5%，三资企业民工的收入比原来预想的要低；收入较低的是私有企业和国有企业的民工，月净收入在200元以下的分别占该部分民工的30.6%和15.6%，出乎意料的是，在各种所有制单位中，私营企业民工的平均工资水平是最低的。此外，调查发现，民工的收入与民工进城打工的时间呈正相关关系，打工时间较长的收入较高，打工3年以上的民工在月净收入600元以上档次上的比例最高，占15.7%，打工时间较短的则收入较低，打工一年以下的民工在月净收入200元以下的档次上的比例最高，占 20.2%。民工性别和年龄也是影响收入水平的因素，男性民工的收入明显高于女性，男性民工月净收入在 600 元以上的占 77.1%，相反女性民工月净收入在 200 元以下的比例高达 77.2%，从年龄上来看，这次调查考虑到民工的平均年龄比较年轻，因而划分了 25 岁及以下、26—35 岁和 35 岁以上三个年龄段，其中收入较高的是 26—35 岁年龄段的民工，在月净收入 401—500 元、501—600 元和 600 元以上的高收入段中占的比例最高，分别占 51.3%、46.0% 和 42.4%，收入较低的是 25 岁及以下的民工，在月净收入 200 元及以下、201—300 元和 301—400 元的低收入段中占的比例最高，分别占 94.7%、80.0% 和 72.9%。

这次调查再次证实了我们对一个有争议的热点问题的看法：即一些低文化程度的人的迅速致富，并不意味着存在绝对意义上的收入"脑体倒挂"，也不意味着教育的收益率是负值，而只是说明在中国的转型时期，机会成本很高，教育作为一种人力资本，不仅因为收益期很长而难以受到急于获得成功的人们的重视，而且其收益率过低，大大低于生产资本，特别是金融投机资本的收益率。因为即便是在人们认为最无法体现教育收益率的个体私营经济领域，受教育的程度与经营收入也是呈正相关的。根据 1992 年国家体改委和国家统计局对全国 13 省市 4.8 万多个体工商户和 3000 多名私营企业主的抽样调查，个体工商户总资产额的平均值是 2.7 万元，按受教育程度分组，不识字或识字不多的个体工商户为2.0万元，小学文化程度的为2.5万元，初中文化程度的为2.8万元，高中或中专文化程度的为3.1万元，而大专以上文化程度的为4.3万元；私营企业主的年生产经营纯收入平均值为4.9万元，按受教育程度分组，小学以下文化程度的私营企业主为3.9万元，初中文化和高中文化程度户为4.6万元，而大专以上文化程度的则高达14.8万元（国家体改委和国家统计局，1993：319－483）。从这次调查的资料看，虽然在月净收入600元以上的高收入段上，初中文化程度的民工占的比例最高，占62.0%，但在200元及以下的低收入段上，也是初中文化程度的民工占的比例最高，占77.7%，而高中以上文化程度的民工并没有显示出具有较高收入的特征。这可能与初中文化程度民工的样本比重高（占总样本的70.9%）而且职业分布无一定规则有关，但这只是猜测。

**（二）流动民工的福利待遇**

流动民工除了工资性收入，也有一定的福利待遇。对福利待遇的考察，往往是过去其他关于流动民工的调查的缺项。我们知道，在中国特有的单位社会保障的体制下，仅仅分析工资水平，是难以把握人们生活的实际状况的，如虽然国有单位的职工收入远低于个体工商户。但其住房、医疗、退休养老、生活福利、子女入托上学等方面的待遇却明显优于后者。根据这次调查，流动民工除了工资以外，享有的福利待遇最突出的一项就是免费提供的住房或住房补贴，尽管向民工提供的住房有的甚为简陋，但享受此项福利待遇的民工占总数的 77.7%；流动民工最难以享受到的福利待遇是免费或半免费医疗，享有此待遇的只占 8.3%，只是在三资企业中享有此待遇的民工的比例略高一些，达到 28.5%；此外，民工享受免费提供一次以上用餐的占 20.7%，享受此待遇最多的是私营企业民工，占 46.1%；享受探亲车票补贴的占 17.1%，其中享受此待遇较多的是集体单位和国有单位的民工，分别占 21.8% 和 20.0%；在节日发放实物或现金的民工占 20.3%，国有单位的民工有此项待遇的最多，占 38.9%；年底有奖金（红包）之类收入的民工占 27.6%，三资企业和国有单位的民工享有此项待遇的较多，分别占 62.8% 和 41.2%（见表 2-8）。可以发现，在给予民工的待遇方面，国有单位比较注重节日发放实物和现金以及给予探亲车票补贴；三资企业相对比较注重医疗保险和年底给予奖金（红包）；私营企业比较注重给予免费工作用餐；而几乎各类企业都把向民工提供免费住房或住房补贴排在可以提供的福利待遇的首位。

表 2-8　　　　　　　流动民工的福利待遇情况　　　　　（单位:%）

| 所有制 | 1 | 2 | 3 | 4 | 5 | 6 |
| --- | --- | --- | --- | --- | --- | --- |
| 个体 | 1.10 | 0.00 | 0.00 | 0.00 | 0.00 | 0.00 |
| 国有 | 88.25 | 21.03 | 41.24 | 10.10 | 20.00 | 38.97 |
| 集体 | 88.97 | 16.46 | 25.14 | 7.41 | 21.88 | 14.83 |
| 私营 | 91.43 | 46.12 | 22.04 | 10.20 | 16.33 | 12.24 |

续表

| 所有制 | 1 | 2 | 3 | 4 | 5 | 6 |
|---|---|---|---|---|---|---|
| 三资 | 62.86 | 17.14 | 62.86 | 28.57 | 0.00 | 14.29 |
| 其他 | 0.00 | 0.00 | 0.00 | 0.00 | 0.00 | 0.00 |
| 总体 | 77.76 | 20.77 | 27.63 | 8.23 | 17.18 | 20.37 |

注：表格内数字均为"所在单位提供了该项福利"的人所占百分比。

其中：1. 免费提供住房或住房补贴；2. 免费提供一顿以上用餐；3. 年底有奖金（红包）之类的收入；4. 免费或半免费医疗；5. 探家车票补贴；6. 节日发放实物或钱。

## 四 流动民工的社会分层和社会地位

### （一）流动民工的内部分层结构

关于流动民工的内部分层结构，我们可以从三个方面来考察：一是流动民工的职业分层结构；二是流动民工就业的所有制分层结构；三是流动民工的收入分层结构。

从流动民工职业分层结构看，吸纳民工最多的职业是建筑业，占41.4%；其次是工业企业和机关、院校、医院等单位，分别占17.6%和14.0%；如果把在酒店、宾馆、招待所打工的民工和从事餐饮业、修理业、裁缝业的民工都归于服务业，那这部分民工所占的比重就达到19.2%。如果按三次产业来划分的话，从事第三产业的民工占的比重最高。流动民工中有相当大一部分进城首先进入体制外的非正式部门，这类部门的特

## 第二章 流动民工的社会网络和社会地位

点是劳动密集、工资和就业完全受市场的影响、隐性经济成分较大、实际税率较低。然而，并没有调查数据显示，流动民工的职业是沿着体制外非正式部门——体制外正式部门——体制内正式部门的规则进行迁移和流动。

从流动民工就业的所有制分层结构来看，吸纳流动民工最多的是集体和国有单位，分别占总样本的37.0%和32.1%，另外私营（民办）企业占15.9%，个体工商户占12.2%，三资企业占2.3%。但是，应当注意到，由于无法掌握调查点全部民工的名单，问卷调查只是根据在公安派出所登记的名单（这是目前各种民工登记中最完备的）进行，所以目前各种对流动民工的职业结构和就业的所有制结构的调查分析，都只有参照的意义。不过，由于我们在抽样中参照了登记名单上的分层结构，因而调查的结果并不与人们的经验事实相悖，但这并不排除一些没有登记的民工会影响调查的结果。根据调查，零散的个体业民工往往登记率较低，因而实际的服务业民工和个体私营业民工所占的比重都可能更高一些。

从流动民工的收入分层结构来看，月净收入在201—300元和301—400元的民工占的比重最高，分别为28.0%和25.8%，其次是401—500元的，占17.6%，200元及以下的民工占12.4%，而月净收入在501—600元和600元以上的分别为6%和10.1%（见表2-9）。在流动民工的职业分层中，收入最高的是从事餐饮业小老板，月平均收入1362元，最低的是家庭保姆，月平均工资108元。在流动民工就业的所有制结构中，收入最高的是个体工商户，月平均收入1045元，收入最低的是在私营企业打工的民工，月平均收入为329元。实际上，如果剔除流动民工所拥有的分配非常平均的"责任田"，民工按收入的高低可以分为三个阶层：一是占有一定资本并雇用他人的业主；二是占有少量资本并自我雇用的个体劳动者；三是除了劳动力一无所有的打工者。这三者之间收入高低的差别，前两者之间主要是资本收益量和资本收益率方面的差别，后两者之间主要是资本收益与劳动收益以及技术劳动与非技术劳动之间的差别。

表2-9　　　　　　　　流动民工的内部分层结构　　　　　　（单位：%）

| 职业结构 | 占比 | 所有制结构 | 占比 | 收入结构 | 占比 |
|---|---|---|---|---|---|
| 建筑业打工 | 41.49 | 个体工商户 | 12.20 | ≤200元 | 12.42 |
| 工业企业打工 | 17.62 | 国有单位 | 32.14 | 201—300元 | 27.99 |
| 机关、院校、医院 | 14.03 | 集体单位 | 37.06 | 301—400元 | 25.73 |
| 酒店、宾馆等单位 | 10.90 | 私营（民办） | 15.97 | 401—500元 | 17.61 |
| 家庭保姆 | 3.72 | 三资企业 | 2.36 | 501—600元 | 6.08 |
| 经营餐饮业 | 2.99 | 其他 | 0.27 | >600元 | 10.17 |
| 从事修理服务业 | 3.12 | | | | |
| 集市贩卖 | 3.12 | | | | |
| 裁缝、制衣 | 2.19 | | | | |
| 其他 | 0.80 | | | | |
| 合计 | 100 | 合计 | 100 | 合计 | 100 |

## (二) 流动民工在社会分层中的经济社会地位

流动民工目前还很难说是一个独立的社会阶层，作为一种过渡状态，他们和乡镇企业职工有着共同的特点，都是从村民到市民、从农民到工人的过渡性中介阶层。流动民工的经济社会地位，在其生活的当地农村属于中等偏上阶层，而在其打工的城市属于中等偏下阶层。

从以收入衡量的经济地位来看，流动民工与家乡的农民相比，认为自己属于中层的占44.0%，属于中上层的占32.8%，属于上层的占16.6%，而认为自己属于中下层和下层的只占5.2%和1.2%。从职业划分上看，认为自己属于上层的民工中，从事餐饮业、集市贩卖、当裁缝和从事修理服务业的个体经营者所占的比重较高，而认为自己属于中下层或下层的民工中，酒店、宾馆的打工者和家庭保姆所占的比重较高。从所有制划分上来看，个体工商户民工和在三资企业打工的民工对自己的经济地位评价较高，在认为自己属于农村上层的民工中分别占41.9%和42.8%（见表2-10）。从收入上看，认为自己属于农村上层的民工，一般是月净收入在501—600元和600元以上的，而认为自己属于农村中下层和下层的民工，一般是月净收入在201—300元和200元及以下的。流动民工的经济地位比他们没有出来打工之前是有明显提高的，尽管多数民工认为自己家庭的相对经济水平在当地农村属于中等或偏上，如认为自己家庭在当地是中等水平的占63.9%，中等以上水平的占

21.1%，中等以下水平的只占15.0%。民工对自己家庭的这种评价，可能因以家庭贫穷为耻的观念而有高估的倾向，因为根据这次调查，流动民工在迁入城市前在当地农村的月收入少于100元的占到34.2%，而1994年山东省农民人均年纯收入是1320元，即月纯收入110元。民工进城就业后，收入水平明显提高，月净收入超过200元的有87.4%，超过300元的有59.4%，超过400元的有33.6%，超过500元的有16.1%。

表2-10　　　　　流动民工与家乡农民相比的经济地位　　　　（单位:%）

| 职业分类 | 下层 | 中下层 | 中层 | 中上层 | 上层 | 合计 |
| --- | --- | --- | --- | --- | --- | --- |
| 建筑业打工 | 0.16 | 2.98 | 43.66 | 35.47 | 17.82 | 100 |
| 工业企业打工 | 1.14 | 6.06 | 41.67 | 38.26 | 12.88 | 100 |
| 机关、院校、医院 | 1.90 | 8.06 | 51.66 | 28.44 | 9.95 | 100 |
| 酒家、宾馆等单位 | 4.29 | 12.27 | 50.92 | 27.61 | 4.91 | 100 |
| 家庭保姆 | 1.82 | 9.09 | 61.82 | 21.82 | 5.45 | 100 |
| 经营餐饮业 | 0.00 | 2.27 | 9.09 | 31.82 | 56.82 | 100 |
| 从事修理服务业 | 4.26 | 2.13 | 38.30 | 25.53 | 29.79 | 100 |
| 集市贩卖 | 0.00 | 0.00 | 25.53 | 31.91 | 42.55 | 100 |
| 裁缝、制衣 | 0.00 | 0.00 | 45.45 | 21.21 | 33.33 | 100 |
| 其他 | 0.00 | 8.33 | 25.00 | 41.67 | 25.00 | 100 |
| 总体 | 1.20 | 5.27 | 44.03 | 32.82 | 16.68 | 100 |
| N | 18 | 79 | 660 | 492 | 250 | 1499 |

注：$X^2 = 192.9$，$df = 36$，$p < 0.001$。

流动民工对自己经济地位的评价，与其所在城市（济南市）的居民相对比的时候，评价结果明显低于与家乡农民相对比时的评价。总体样本中有23.5%的民工认为自己是城市社会的下层，37.5%的民工认为是中下层，28.4%的民工认为是中层，7.9%的民工认为是中上层，只有2.4%的民工认为自己是上层。这种较低的评价还不仅仅是由于处在不同的收入比较体系中的问题。因为1995年济南市职工的平均月工资约400元，而流动民工月净收入在501—600元收入组的人员中，58.4%的人认为自己是城市社会中层，还有23.6%的人认为自己是中下层；600元以上收入组的民工也有35.9%的民工认为自己是中层，有33.3%的人认为自己是中上层，只有17.6%的民工认为自己是城市社会的上层；在301—400元收入组，52.0%的民工认为自己是中下层，201—300元收入组中有39.6%的民工认为自己是城市下层，在200元及以下收入组中，认为自己是城市社会下层的人员比例高达47.8%。从职业分类上看，经营餐饮业和从事修理服务业的民工对自己的经济地位评价较高，认为自己属于上层的分别占15.5%和12.7%，占的比例最高；而从事家庭保姆、酒店、宾馆、招待所和在机关、院校、医院打工的民工对自己在城市的经济地位评价最低，认为自己是城市下层的分别占37.5%、30.6%和30.1%。从就业的所有制类型看，个体工商户对自己在城市中的经济地位评价最高，认为自己是上层的占11.5%；出人意料的是，三资企业的民工对自己在城市中的经济地位评价最低，认为自己是下层的民工所占的比例高达40.0%（见表2-11）。

表2-11　　　流动民工与所在城市的居民相比的经济地位　　　（单位:%）

| 所有制类型 | 下层 | 中下层 | 中层 | 中上层 | 上层 | 合计 |
| --- | --- | --- | --- | --- | --- | --- |
| 个体工商户 | 9.9 | 17.0 | 38.5 | 23.1 | 11.5 | 100 |
| 国有单位 | 23.8 | 51.7 | 22.1 | 2.1 | 0.4 | 100 |
| 集体单位 | 25.8 | 33.3 | 32.7 | 6.7 | 1.5 | 100 |
| 私营企业 | 25.7 | 35.9 | 25.3 | 10.6 | 2.4 | 100 |
| 三资企业 | 40.0 | 31.4 | 20.0 | 8.6 | 0.0 | 100 |
| 其他 | 50.0 | 0.0 | 0.0 | 50.0 | 0.0 | 100 |
| 总体 | 23.6 | 37.6 | 28.4 | 7.9 | 2.5 | 100 |
| N | 353 | 563 | 426 | 119 | 37 | 1498 |

注：$X^2 = 243.1$，$df = 20$，$p < 0.001$；相关系数 Lambda $= 0.07$。

人们的经济地位和社会地位在现实中是很难截然分开的，流动民工在总体上对自己的经济地位评价较低，可能是受到一些社会因素的影响。流动民工虽然生活在城市中，但并不享有市民的一切权利，不仅在就业的社会福利待遇方面与城市正式职工有相当大的差距，而且在住房、医疗、劳动保险、就业稳定性、孩子入托上学等一系列城市服务方面，流动民工都遇到比一般城市居民更多的困难。尤其是城乡分割的户籍制度，是他们从制度上和心理上从农民转化为市民的巨大屏障。当流动民工在调查中被问到"最需要政府提供的帮助"是什么时，认为是"和本地人享有相同的户口政策"的占的比重最高,占58.2%,另外有25.2%的民工认为是"招工信息和统一的劳务市场",11.8%的民工认为是"住房和医疗保障",1.5%的民工认为是"解决子女入托上学",3.0%的民工认为是"其他方面的帮助",没有一个民工认为"不需要"政府的帮助。民工最需要的帮助,集中在花钱也难以办到的事情上,而正是这些事情使他们产生了"外在"于城市的感觉。这些因素也使他们的社会地位大大低于其以实际收入衡量的经济地位。

### (三) 流动民工的生活满意度和社会公平感

较之内陆城市和东南沿海城市,大都市中的流动民工虽然生活水平和生活环境并不很差,但流动民工与当地居民和当地政府的关系却明显地更为紧张。这一特点在首都北京表现得尤为明显。北京的城市居民往往把交通的拥挤、偷盗行为的增加、市容的不整洁和某些方面社会秩序的恶化与流动民工的进城联系在一起,在日常的谈论中对民工颇有微词。而自1985年以来,北京市的有关管理部门就与流动民工聚居的"浙江村"等处的民工展开了"清理"与逃避和对抗"清理"的摩擦,而且矛盾在不断地加剧,流动民工也因受到限制和歧视而对所在的生活环境有强烈的不满情绪(王春光,1995)。这种大都市与内陆城市和沿海城市的区别,可能是因为大都市涌入的民工过多,严重超过城市一些基础设施的承载能力。对于北京来说,另一个原因是形成了一些在城市"单位管理体系"之外的民工的聚居点，而聚居点的流动民工内部管理混乱（项飙，1995）。北京吸纳民工最多的建筑业多是由来自北京郊区农村的民工从事，相对来说受到当地农村管理组织的有效管理。广东省是中国流动民工涌入最多的省份，珠江三角洲流动民工的数量已大大超过了当地原有的职工，使一些城市成为新兴的"移民城市"，而且外地涌入的流动民工绝大多数都纳入了企业的单位管理体制，当地经济的迅速发展也极大地得益于流动民工的劳动力贡献，当地政府对流动民工也采取欢迎、容纳、合作的态度（谭深，1995）。从我们这次调查的内陆城市——山东省省会济南市的情况看，尽管流动民工与其他城市的民工一样，在生活和劳动条件上遇到各种各样的问题，但与当地城市居民和政府没有明显的摩擦和冲突。流动民工对自己在城市里的生活情况绝大多数是"比较满意"和满意程度"一般"的。

从调查获得的资料来看，在总样本中，对"自己在城市里生活的满意程度"表示"比较满意"的占39.9%，表示"一般"的占48.2%，表示"很满意"的占6.0%，表示"不满意"的占5.5%，而表示"很不满意"的只占0.27%，1500人中只有4人。集体单位的民工平均的满意程度最低，这可能是由于他们在感觉上认为较之个体、私营和三资企业的民工在收入上要低，而较之国有单位民工在福利待遇上又少。

对流动民工对自身待遇的公平感的调查结果与生活满意度的调查结果基本一致，认为"比较公平"的占65.4%，认为

"不太公平"的占29.3%,认为"很公平"的占3.0%,认为"很不公平"的只占2.2%。调查显示,流动民工对自身待遇的公平感与他们的收入水平相关程度不高,各收入段的民工认为"比较公平"的都在50%以上;与性别的相关性则比较明显,认为"比较公平"的民工中男性民工占66.4%,女性民工占62.9%,认为"不太公平"的民工中,男性民工占27.9%,女性民工占32.6%。此外,个体工商户民工和国有单位民工在认为"比较公平"的民工中占的比例最高,分别占71.4%和70.2%,而三资企业民工和集体单位民工在认为"不太公平"的民工中占的比例最高,分别占41.1%和34.1%(见表2-12)。

表2-12　　　　流动民工对进城后待遇的公平感　　　　(单位:%)

| 所有制类型 | 很公平 | 比较公平 | 不太公平 | 很不公平 | 合计 |
| --- | --- | --- | --- | --- | --- |
| 个体工商户 | 1.10 | 71.43 | 27.47 | 0.00 | 100 |
| 国有单位 | 4.34 | 70.25 | 23.35 | 2.07 | 100 |
| 集体单位 | 3.27 | 60.07 | 34.12 | 2.54 | 100 |
| 私营企业 | 2.06 | 65.43 | 29.63 | 2.88 | 100 |
| 三资企业 | 0.00 | 52.94 | 41.18 | 5.88 | 100 |
| 其他 | 0.00 | 100.00 | 0.00 | 0.00 | 100 |
| 总体 | 3.07 | 65.51 | 29.21 | 2.21 | 100 |
| N | 46 | 980 | 437 | 33 | 1496 |

注:$X^2 = 32.8$, $df = 15$, $p < 0.005$。

## 五 结论性评论和流动民工发展前景的展望

分析表明,植根(家)于农村的流动民工,正像他们曾把血缘、地缘关系带入乡镇企业一样,他们也将这种关系网络扩展到城市。在西方的现代化理论中,一个重要的推论就是,亲缘、地缘的社会网络是乡土社会的产物和社会理性化过程的障碍。我在研究乡镇企业时就曾发现,农民在脱离土地、创办企业的过程中,他们的家庭伦理规范也随他们一起移置入乡镇企业,这并不是因为他们缺乏现代的组织观念和经济理性,而是因为家庭伦理规范成为乡镇企业节约组织成本和监督成本的有效手段,尽管这是一种非常"传统"的方法,但事实上却成为乡镇企业的一种"社会资源"和降低成本的途径(李培林,1995)。这次关于流动民工的调查再次证实,农民在"离土离乡"的社会流动中,其信息来源、找到工作的方式、进城工作的行为方式以及在城市中的交往方式,都更多地依赖以亲缘、地缘为纽带的社会关系网络。而且,这种依赖相对于他们可以利用的社会资源来说,是一种非常理性的行为选择,与他们期望获得更高的收入和更舒适的生活的功利性目标完全是一致的。

流动民工在职业变动和社会流动的迁移中对亲缘、地缘关系的依赖,似乎与社会资源(信息渠道、职业位置等)的市场化程度没有必然的联系,因为在市场化程度较高的广东、浙江等地的民工调查以及全国性的调查也显示出类似的依赖性,甚至香港和海外华人企业也都显示了"企业家庭主义"的特征(Wang,1985、1991)。我的设想是,流动民工的这种依赖性,正像在乡镇企业是出于节约组织成本和监督成本的考虑,在他们则是出于节约流动成本和交易成本的考虑,尽管这种考虑可能是不自觉的和本能的。遗憾的是,这次调查中没有调查流动民工的流动费用,因而没有计量的数据证明,与较依赖亲缘地缘关系的民工相比,较不依赖的民工的流动成本是否更高。此外,我们还不清楚,这种依赖性究竟是属于乡土社会文化特征还是华人社会文化特征(抑或东方社会文化特征),而一旦进入对文化模式的考察,就是一个很哲学化的论题了,不是一般的统计分析所能够说清楚的。

民工在从乡村到城市、从农民到非农产业职工的流动中,其收入水平和经济地位得到显著提高,总体上的经济地位目前属于家乡社会的中等偏上阶层,同时属于所在城市社会的中等偏下阶层。但其总体的社会地位没有发生与其经济地位相应的明显变化,社会身份没有明显的改变,这主要是由于受户籍身份以及与此相联系的各种福利待遇的影响。民工进入城市以后,较多地聚集在一些迅速发展的劳动密集型经济部门(如建筑业),但看不出他们随后继续向城市现代经济部门转移的趋势。与城市职工相比,民工创造的利润更多地转化为企业利润，较少地转化为他们自身的福利待遇，因而以民工为主体的企业，在同样的劳动密集型企业中，往往生产成本较低，资本积累能力较强。流动民工经过职业分化，实际上已经完全分属于三个不同的社会阶层：即占有相当生产资本并雇用他人的业主、占有少量资本的自我雇用的个体工商业者和完全依赖打工的受薪者。这种分化，有的是在进城以前就形成的，有的是在进城后新出现的。民工中的业主的创业过程，最普遍的就是通过餐饮服务业起家。业主的经济社会地位比一般的进城打工者要高得多，他们中有更多的人认为自己属于城市中等偏上阶层。从这次调查获得的资料中，我们难以证实，业主的发家在多大程度上依赖先赋因素（ascription factor）和在多大程度上依赖创业的努力（achievement factor）。但有一点是明显的，就是资本规模的大小，与他们可利用的社会资源的多少呈正相关，越是收入高和财富占有量大的人，其社会经济地位晋升的机会也就越多。

从流动民工的发展前景来看，由于民工进入的城市经济部门大都是劳动力出现结构性紧缺的部门，经济的快速发展仍然在推动着这些部门的规模扩展，而且工农业之间的收入差距和城乡之间的生活环境差距都不是在短期内可以消除甚至缩小的，因此在一个较长的时期内，流动民工向城市涌入仍然呈一种发展的趋势。从这次调查的情况看，流动民工对自身的发展持乐观的态度，他们进入城市并不是一种权宜之计的短期打算，在被问到打算在城市停留的时间时，约有一半的人（占49.4%）认为"只要能挣钱、越长越好"，39.8%的人认为"视情况而定"，想"挣了一笔钱就回家"和只是"季节性打工"的分别只占5.5%和5.3%。即便是在形势迫使其返回家乡时，也仍然有37.2%的民工认为只要城里挣钱多就尽最大可能留在城市，17.9%的民工准备先回去，但一有机会马上出来打工，16.5%的民工准备随大流。但是，潜在的不利前景也是存在的，这次调查的流动民工的平均年龄只有26岁，多数是在吃"青春体力饭"，在劳动力市场上并不具有长远的竞争实力，一旦过了青春年龄或随着产业升级造成劳动密集部门劳力饱和，他们的就业机会就会减少，工作也会受到裁员的威胁。另外，经济的发展总是有高潮和低落的时期，一旦增长速度减缓、经济紧缩，他们的处境也会比较困难。然而，从城市管理的角度看，很重要的是要有一个长远的观点，要有把他们纳入城市管理体系并最终把他们转化为市民的计划和打算。为此，一方面要在流动民工的城市分布上实行控制，使流动民工在中小城市和小城镇得到分流，另一方面是在城市给予具有稳定就业的民工一个合法并且合理的身份，使他们能够融入城市社会关系网络，在城市中安居乐业，把城市当作他们的家。当然，从更长远来考虑，应当通过大力发展农村来缩小城乡差距，通过利益驱动促使人口出现城乡之间的回流。

## 参考文献

Anderson, C. A., 1961, "A Skeptical Note on Education and Mobility", A. H. Halsey, J. Floud and C. A. Anderson (ed.), *Education, Economy and Society*, New York/London: McMillan.

Bertaux, D., 1969, "Sur l'Analyse des Tables de Mobilite Sociale", *Revue Francaise de Sociologie*, 10 (4).

Blau, P. M. and Duncan, O. D., 1967, *The American Occupational Structure*, New York: Wiley.

Boudon, R., 1973a, *L'Inegalite des Chances*, Paris: Armand Colin.

1973b: *Mathematical Structures of Social Mobility*, Amsterdam/London/New York: Elsevier Scientific Publishing Co.

Bourdieu, P. and Passeron, J. -C., 1970, *La Reproduction*, Paris: Minuit.

陈吉元主编,1989,《乡镇企业模式研究》,北京:中国社会科学出版社。

崔传义执笔(王郁昭主持课题),1995,《28个县(市)农村劳动力跨区域流动的调查研究》,《中国农村经济》第4期。

国家经济体制改革委员会、国家工商行政管理局,1993,《中国个体私营经济调查——经营·利润·收入》,北京:军事谊文出版社。

国务院研究室农村组和中国社会科学院农发所,1990,《别无选择——乡镇企业与国民经济的协调发展》,北京:改革出版社。

Lewis, W. A., 1954, "Economic Development with Unlimited Supplies of labor", *Man-chester School of Economic and Social Studies*, 22.

Lipset, S. M. and Bendix, R., 1959, *Social Mobility in Industrial Society*, Berkeley/Los Angeles: University of California Press.

李梦白等编著,1991,《流动人口对大城市发展的影响及对策》,北京:经济日报出版社。

李培林,1995,《中国乡村里的都市工业》,《社会学研究》第1期。

马侠,1989,《当代中国农村人口向城镇的大迁移》,北京:北京经济学院出版社。

Nee, V., 1991, "Social Inequalities in Reforming State Socialism: Between Redistri-Bution and Market in China", *American Sociological Review*, 56.

农村经济年度分析课题组,1994,《1993年中国农村经济发展年度报告——简析1994年发展趋势》,北京:中国社会科学出版社。

农业部农研中心编,1995,《农村劳动力流动研究通讯》,印刷品。

Sorokin, P. A., 1927, *Social Mobility*, New York: Harper and Brothers.

谭深执笔(李银河、谭深主持课题),1995,《珠江三角洲外来劳工》,《中国社会科学》第4期。

Todaro, M. P., 1969, "A Model of Labor Migration and Urban Unemployment in LDCs", *American Economic Review*, 59.

王春光,1995,《社会流动和社会重构——京城"浙江村"研究》,杭州:浙江人民出社。

Wong, S.-L., 1985, "The Chinese Family Firm: A Model", *The British Journal of Sociology*, 36.

——, 1991, "Chinese Entrepreneurs and Business Trust", in G. Hamilton (ed.), *Business Networks and Economic Development in East and Southeast Asia*, Hong Kong: Centre of Asian Studies, University of Hong Kong.

项飙, 1995,《"浙江村"何以挤上北京牌桌》,《中国农民》第7期。

张晓辉、赵长保、陈良彪, 1995,《1994: 农村劳动力跨区域流动的实证描述》,《战略与管理》第6期。

赵树凯, 1995,《再看民工——688位民工的生存状态透视》,《中国农民》第12期。

赵长保执笔（余展主持课题）, 1995,《经济发展中的农村劳动力流动——对当前农村劳力外出情况的调查与思考》,《中国农村经济》第1期。

中国社会科学院经济研究所编, 1987,《中国乡镇企业的经济发展与经济体制》, 北京: 中国经济出版社。

（原载《社会学研究》1996年第4期, 本章加了摘要、关键词, 并恢复了发表时因篇幅问题被删去的表格）

# 第三章 农民工在中国转型中的经济地位和社会态度

李培林 李 炜

**摘要：**中国在改革和发展中产生的大量从农业向非农产业转移的农民工，通过推动劳动力市场的形成，为中国的市场化转型和现代化发挥了重要而特有的作用。本章基于对2006年在中国28个省市区进行的大规模问卷调查资料的分析，发现农民工的收入地位，更多的是由教育、工作技能等获得性因素决定，而不是身份歧视因素所决定；同时还发现收入和经济社会地位相对较低的农民工，却意外地具有比较积极的社会态度，影响农民工行为的可能不是经济决定逻辑，而是历史决定逻辑。

**关键词：**农民工、中国、转型、改革

2007年1月11日发行的美国《时代》周刊以中国为封面，

对中国的发展产生的国际影响进行了长篇报道，与此同时，也有不少学者把印度与中国相比较，认为印度是未来"金砖四国"的翘楚。无论怎样，中印两国作为"世界工厂"和"世界办公室"，注重学习对方的经验是很重要的。

中国的转型包括两个方面：一是从计划经济体制向社会主义市场经济体制转轨；二是从一个农业的、乡村的、封闭半封闭的社会向一个工业的、城市的、开放的现代社会转型。在过去的研究中，更多的研究集中在阐述改革开放对社会结构变迁的推动方面，而对于社会结构转型本身带来的社会收益，还研究得不够。

中国经济的快速成长，其要素之一是劳动力的比较优势，而这种优势很大程度上依赖于中国农村劳动力大规模地向非农产业的转移。如中国与原苏东国家相比，除了政治体制、意识形态、改革的步骤和目标的巨大差异，还有一个容易被人们忽视的巨大差异，就是社会结构的差异。原苏东国家在改革之前，已经基本实现了工业化，农业也基本完成了技术对劳动的大规模替代，社会结构产生了变动的瓶颈和整体的刚性。而中国在改革之初，社会结构的弹性依然很大，社会结构变动具有很大的空间，在基层运作中也存在很大的灵活性。所以，当改革调动起人们的积极性和创造力的时候，整个社会很快就充满了活力。农业中技术对劳动的替代，农村劳动力向非农产业的迅速转移，乡村人口向城市的大量集中，都给社会带来巨大的收益。过去在测算中国 GDP 增长的贡献因素时，除了资本和劳

## 第三章 农民工在中国转型中的经济地位和社会态度

动的贡献，剩下的一部分，我们称为全要素生产率的贡献，而且往往简单地认为全要素生产率的贡献主要来自技术进步和体制改进。但最近据专家测算，仅劳动力从农业向非农产业的转移，对中国1978—1998年GDP增长的贡献就占20%以上，要远高于体制改进因素的贡献（蔡昉、王美艳，2002）。

但西方国家一直有很多学者对中国大规模的民工流动可能造成的社会后果表示担忧，中国也有学者把进城的农民工视为对社会稳定的一种威胁。如早在1994年民工潮初起的时候，中国就有学者预言，"流民潮几乎就是社会的一个火药桶。……反社会的心理将长久地影响曾一度处于流民潮的每一个人。……中国社会如果发生大的动荡，无业的农民一定是动荡的积极参与者和主要的破坏性力量"（王山，1994）。

然而，人们更多地把农民工视为经济建设的主力军，而不是社会稳定的破坏者。据学者估计，农民工每年给城市经济创造1万亿—2万亿元人民币的GDP增量，并为农村增加5000亿—6000亿元人民币的收入（韩长赋，2006：62）。另据北京市统计局的测算，2003年北京市农民工创造的增加值在建筑业占83%，在批发零售业占49%，在制造业占29%（北京市调研组，2006：35）。

中国把从农业向非农产业转移的劳动力称为"农民工"。"农民工"这个概念主要指户籍身份还是农民、有承包土地，但主要从事非农产业工作、以工资为主要收入来源的劳动者。2006年1月18日，国务院通过了《国务院关于解决农民工问题的若干意见》的文件,这是"农民工"的概念第一次写入中央政府具有行政法规作用的文件。农民工包括两大部分:一部分是在家乡附近乡镇企业工作的"离土不离乡"的农民工;另一部分是离开家乡到外地去打工的农民工,也称"流动民工"。

近十几年来,"农民工"在中国一直是学术界、政策制定部门和新闻界关注的热点。在1984年以前的改革初期,中国农村劳动力向非农产业转移的主要方式是通过乡镇企业,其主要特点是"离土不离乡、进厂不进城",这曾经被称为"中国式的城市化道路"。1984年,国家放宽了对农民进城的限制,拉开了农民大规模进城务工经商的序幕。1985—1990年,从农村迁出的总人数还只有约335万人,而同期乡镇企业新吸纳的农村劳动力为2286万人,乡镇企业仍是农民在职业上"农转非"的主渠道。但1990—1995年情况就大不一样了,根据多项大规模的全国抽样调查结果,外出打工的流动民工占农村劳动力总数的比例平均在15%,据此推算1995年达到6600多万人,同期乡镇企业新吸纳农村劳动力2754万人,乡镇企业吸纳农村劳动力的能力开始下降,而进城流动民工的人数仍在快速增加。根据2004年中国国家统计局在全国31个省(区、市)对6.8万农户和7100个行政村的调查,当年外出就业农民工约1.2亿人,占农村劳动力的24%左右。加上在乡镇企业就业的农村劳动力,2004年全国农民工总数大约为2亿人,他们平均年龄28岁,绝大多数初中教育水平,主要从事制造业、建筑业和服务业工作

第三章 农民工在中国转型中的经济地位和社会态度 67

(国务院研究室课题组,2006:3-4)。

本章要回答的问题是,为什么大规模的农民工流动没有引发社会的动荡?处于城市低收入地位的农民工,为什么没有产生强烈的社会不满情绪?在城市聚集居住并经常受到不公正待遇的农民工为什么没有产生大规模的集群行为?

本章使用的数据来自我们在2006年3—5月在中国进行的"社会和谐稳定问题全国抽样调查",此次调查覆盖全国28个省市区130个县(市、区),260个乡(镇、街道),520个村/居委会,访问住户7100余户,获得有效问卷7063份,调查误差小于2%,符合统计推断的科学要求。①

## 一 农民工的工作条件、工作待遇普遍低于城市工人②

从月工资收入的比较来看,农民工和城市工人的收入差

---

① 此项调查按照严格的科学抽样方法,以2000年全国第5次人口普查的区市县统计资料为基础进行抽样框设计,采用分层多阶段抽样方式。首先,采用城镇人口比例、居民年龄、受教育程度、产业比例4大类指标7个变量,对东中西部的2797个区市县进行聚类分层,在划分好的37个层中,采用PPS方法抽取130个区市县,在抽中的每一区市县中,采用PPS方法抽取2个乡/镇/街道,共抽取了260个,在抽中的每一乡/镇/街道中,采用PPS方法抽取2个村/居委会,共抽取520个,收集抽中村/居委会中所有居民个人或家庭的名单资料,共覆盖160余万人,近50万户居民。然后,在此抽样框中,采用PPS方法抽样,最后抽中7100个样本户,覆盖全国28个省市区130个县(市、区),260个乡(镇、街道),520个村/居委会,可推断全国居民总体、分城乡居民人口总体、分东中西部居民人口总体。

② 本章中农民工的界定是具有农业户籍身份从事第二、第三产业劳动的工资收入者;城市工人指非农户籍身份的从事第二、第三产业劳动的工资收入者。两者的职业主要包括产业工人、商业服务业员工、办事人员、专业技术人员和经理人员。

距是十分明显的。农民工平均月工资为921元，只相当于城市工人平均月工资1346元的68.4%，而且80%的农民工月工资在千元以下，甚至有27%的农民工月工资在500元及以下（见表3-1）。

表3-1　　　　　农民工与城市工人的月收入比较　　　（单位：%、元）

| 月薪 | 农民工 N=738 | 城市工人 N=1126 |
| --- | --- | --- |
| 500元及以下 | 27.1 | 17.1 |
| 501—1000元 | 52.2 | 37.0 |
| 1001—1500元 | 13.9 | 21.8 |
| 1501—2000元 | 3.8 | 11.2 |
| 2000元以上 | 3.0 | 12.8 |
| 总计 | 100.00 | 100.00 |
| 平均月薪 | 921 | 1346 |

$X^2 = 111.83$，$P < 0.001$

从劳动时间上看，农民工在平均收入远远低于城市工人的情况下，平均劳动时间却大大高于城市工人。尽管中国实行8小时工作制，但农民工平均每周工作56.6小时，比城市工人每周平均47.9小时的劳动时间要多8个小时。有81.4%的农民工劳动时间超出法定的每周40小时，有约34%的农民工每周工作在60小时以上（见表3-2）。

表 3-2　　　　　农民工与城市工人的周工作时间比较　　（单位:%、小时）

| 每周工作时间 | 农民工 N=762 | 城市工人 N=1146 |
| --- | --- | --- |
| 不足 20 小时 | 2.31 | 2.59 |
| 21—40 小时 | 16.29 | 44.22 |
| 41—60 小时 | 47.83 | 39.50 |
| 61—80 小时 | 25.85 | 10.32 |
| 80 小时以上 | 7.71 | 3.37 |
| 总计 | 100.00 | 100.00 |
| 平均每周工作时长 | 56.60 | 47.90 |

$X^2 = 199.53$，$P < 0.001$

农民工与城市工人的收入差距通常被认为是因为户籍的差异而造成的同工不同酬，因而经常受到社会的批评。然而，我们的调查发现，这一收入差异，在很大程度上是受农民工和城市工人在人力资本（教育水平和劳动技术水平）上存在的差异的影响。从受教育情况看，农民工中有45%具有初中教育水平，但也有25%只有小学教育水平，还有13.3%未受过正式教育；而在城市工人中，约70%都具有高中以上的教育水平，有34%具有大学教育水平。从所从事工作的技术水平来看，农民工中从事体力和半体力劳动的比例高达83.3%，而城市工人有近一半人（49.2%）从事需要专业技能的工作（见表3-3）。

表 3-3　　　　　农民工与城市工人的工作技能比较　　　　（单位:%）

| 工作技能 | 农民工 N = 769 | 城市工人 N = 1152 |
| --- | --- | --- |
| 需要很高专业技能的工作 | 3.63 | 14.03 |
| 需要较高专业技能的工作 | 12.99 | 35.18 |
| 半技术半体力工作 | 43.03 | 31.33 |
| 体力劳动工作 | 40.35 | 19.46 |
| 总计 | 100.00 | 100.00 |

$X^2 = 226.51$, $P < 0.001$

多元回归分析进一步证明了这一点：当引入人力资本、工作状况、就业地点等因素来考察农民工和城市工人的收入差异时，农民工身份因素对收入的影响竟然消失了（见表 3-4）。从表 3-4 的分析结果可以看出，受教育年数较多、能从事专业技能工作、男性、有管理职位、就业于东部地区和大中城市市区的农民工和城镇工人，都会得到较高的工资；当人力资本、工作状况、就业地点相同的条件下，农民工的工资收入和城市工人并无显著差别。

农民工和城市工人更重要的工作待遇差异，可能是在社会保障方面。如在养老保险方面，农民工拥有养老保险的占 16.3%，城市工人占 67.3%；在失业保险方面，农民工拥有失业保险的占 6.2%，城市工人占 44.5%；在医疗保险方面，农民工能够报销部分或全部医疗费的占 28.4%，城市工人占 66.3%（见表 3-5）。

表3-4 各类因素对农民工和城市工人工资收入的线性回归分析

| 变量类型 | 自变量 | 非标准回归系数 | 标准误 | 标准回归系数 |
|---|---|---|---|---|
| | 常数 | -447.84* | 228.69 | |
| 身份 | 农民工（对照组：城市工人） | 36.80 | 76.69 | 0.015 |
| 人力资本 | 劳动技能（对照组：体力工作） | | | |
| | 高级专业技能工作 | 656.41*** | 109.90 | 0.167 |
| | 较高专业技能工作 | 264.44** | 83.23 | 0.098 |
| | 半技术半体力工作 | 154.25* | 69.75 | 0.061 |
| | 受教育年限 | 64.97*** | 9.78 | 0.205 |
| | 年龄 | 1.67 | 2.86 | 0.014 |
| | 男性（对照组：女性） | 256.03*** | 54.49 | 0.102 |
| 工作状况 | 周工作时长 | 4.04* | 1.83 | 0.052 |
| | 管理职位（对照组：无管理职位） | 342.82*** | 73.81 | 0.105 |
| 就业地点 | 就业场所（对照组：乡村） | | | |
| | 大中城市市区 | 330.37*** | 83.47 | 0.136 |
| | 小城镇 | -107.52 | 79.66 | -0.040 |
| | 就业区域（对照组：西部） | | | |
| | 东部 | 413.43*** | 71.04 | 0.171 |
| | 中部 | -99.41 | 76.48 | 0.038 |
| | N = 1713 | | | |
| | $R^2$ = 0.223 | | | |

注：* $P<0.05$，** $P<0.01$，*** $P<0.001$。

表3-5　　　　农民工与城市工人的社会保障待遇比较　　　　（单位:%）

| 社会保障 | 农民工 N=769 | 城市工人 N=1152 | $X^2$ | P |
|---|---|---|---|---|
| 有养老保险 | 16.3 | 67.3 | 485.72 | 0.000 |
| 有失业保险 | 6.2 | 44.5 | 365.98 | 0.000 |
| 有医疗报销 | 28.4 | 66.3 | 307.72 | 0.000 |

回归分析进一步证明,即使在同样的人力资本、工作状况、就业地点的条件下,农民工和城市工人拥有的社会保障也有着明显的差异(见表3-6)。城市工人享有养老保险、失业保险和医疗费报销的机会分别是农民工的2.99倍(1:0.335)、3.22倍(1:0.311)和1.62倍(1:0.619)。

表3-6　　各类因素对农民工和城市工人享有社会保障的Logsit回归分析

| 变量类型 | 自变量 | 模型1:养老险 B | Exp(B) | 模型2:失业险 B | Exp(B) | 模型3:医疗费报销 B | Exp(B) |
|---|---|---|---|---|---|---|---|
|  | 常数 | -3.321*** | 0.036 | -2.289*** | 0.101 | -2.866 | 0.057 |
| 身份 | 农民工(对照组:城市工人) | -1.092*** | 0.335 | -1.168*** | 0.311 | -0.479** | 0.619 |
| 人力资本 | 劳动技能(对照组:体力工作) |  |  |  |  |  |  |
|  | 高专业技能工作 | 0.397 | 1.488 | 0.650* | 1.916 | 0.873** | 2.394 |
|  | 较高专业技能工作 | 0.481* | 1.617 | 0.263 | 1.300 | 0.358 | 1.430 |

续表

| 变量类型 | 自变量 | 模型1：养老险 | | 模型2：失业险 | | 模型3：医疗费报销 | |
|---|---|---|---|---|---|---|---|
| 人力资本 | 半技术半体力工作 | 0.308 | 1.361 | 0.043 | 1.044 | 0.132 | 1.141 |
| | 受教育年限 | 0.101*** | 1.106 | 0.103*** | 1.109 | 0.127*** | 1.135 |
| | 年龄 | 0.033*** | 1.034 | 0.012 | 1.012 | 0.044*** | 1.045 |
| | 男性（对照组：女性） | 0.211 | 1.235 | 0.321* | 1.378 | 0.279* | 1.322 |
| 工作状况 | 周工作时长 | -0.018*** | 0.983 | -0.030*** | 0.971 | -0.014** | 0.986 |
| | 管理职位 | 0.138 | 1.148 | 0.216 | 1.241 | 0.357 | 1.429 |
| | 单位类型（对照组：个体单位） | | | | | | |
| | 公有制单位 | 1.916*** | 6.793 | 1.602*** | 4.962 | 1.583*** | 4.868 |
| | 私营单位 | 1.050*** | 2.857 | 0.824** | 2.279 | 0.377* | 1.457 |
| 就业地点 | 就业场所（对照组：乡村） | | | | | | |
| | 大中城市市区 | 1.032*** | 2.808 | 0.739*** | 2.093 | 0.013 | 1.013 |
| | 小城镇 | 0.378 | 1.459 | -0.007 | 0.993 | -0.466* | 0.627 |
| | 就业区域（对照组：西部） | | | | | | |
| | 东部 | 0.410* | 1.506 | -0.058 | 0.943 | 0.162 | 1.175 |
| | 中部 | -0.384* | 0.681 | -0.631*** | 0.532 | -0.787*** | 0.455 |
| | N | 1594 | | 1559 | | 1519 | |
| | -2 Log Likelihood | 1568.87 | | 1473.23 | | 1644.84 | |

注：*P<0.05，**P<0.01，***P<0.001。

## 二 农民工意外地呈现出积极的社会态度

按照一般的社会分层理论,人们的经济状况和经济地位,决定着人们的社会态度。这也是一些学者把农民工视为威胁社会稳定的因素的重要原因。但我们的调查却发现,农民工并没有因其经济地位而表现出更加突出的社会不满情绪,反而呈现出积极的社会态度。

在社会安全感方面,农民工的社会安全感明显高于城市工人。我们在调查中把社会安全感分为人身安全、财产安全、劳动安全、医疗安全、食品安全、交通安全、隐私安全7个方面,农民工的评价较高,7项社会安全感均明显高于城市工人,其中只有在"劳动安全"方面,农民工与城市工人差异较小(见表3-7)。

表3-7　　　　农民工与城市工人的社会安全感比较　　　(单位:%)

| 社会安全感 | 农民工 | 城市工人 | $X^2$ | P |
| --- | --- | --- | --- | --- |
| 个人信息、隐私安全 | 89.74(N=714) | 78.93(N=1099) | 65.27 | 0.000 |
| 人身安全 | 87.18(N=744) | 75.79(N=1136) | 68.37 | 0.000 |
| 财产安全 | 83.95(N=742) | 77.28(N=1133) | 43.79 | 0.000 |
| 劳动安全 | 79.14(N=734) | 77.47(N=1127) | 23.81 | 0.000 |
| 医疗安全 | 70.07(N=721) | 60.11(N=1093) | 39.78 | 0.000 |
| 食品安全 | 65.57(N=735) | 45.30(N=1131) | 104.47 | 0.000 |
| 交通安全 | 65.24(N=740) | 60.54(N=1139) | 39.98 | 0.000 |

## 第三章 农民工在中国转型中的经济地位和社会态度

在社会公平感方面,农民工的总体社会公平感也明显高于城市工人(见表3-8)。在14个社会领域的社会公平感评价中,农民工的公平感明显高于城市工人的有11个领域,包括政治权利、财政税收政策、就业机会、收入分配、教育、地区/行业待遇等领域,只有在司法执法、社会保障、城乡待遇3个领域,农民工的公平感低于城市工人。特别值得注意的是,在与就业、收入分配、发展有关的社会领域——如每个人的发展机会、工作与就业机会、财富及收入的分配、不同地区/行业间的待遇——农民工的公平感更是大大高于城市工人,均高出10个百分点以上。而人们通常认为,这些领域恰恰是农民工受到社会歧视之所在。

表3-8　　　　农民工与城市工人的社会公平感比较　　　　(单位:%)

| 公平认同的领域 | 农民工 | 城市工人 | $X^2$ | P |
| --- | --- | --- | --- | --- |
| 高考制度 | 85.70 (N=662) | 82.02 (N=1065) | 16.51 | 0.001 |
| 义务教育 | 80.83 (N=730) | 77.31 (N=1129) | 14.84 | 0.002 |
| 实际享有的政治权利 | 73.90 (N=691) | 67.57 (N=1055) | 11.59 | 0.009 |
| 财政和税收政策 | 66.05 (N=675) | 58.65 (N=987) | 19.27 | 0.000 |
| 每个人的发展机会 | 63.48 (N=730) | 53.04 (N=1097) | 32.52 | 0.000 |
| 司法与执法 | 62.81 (N=668) | 63.76 (N=1034) | 11.81 | 0.008 |
| 公共医疗 | 57.10 (N=707) | 52.48 (N=1091) | 14.69 | 0.002 |
| 工作与就业机会 | 53.71 (N=735) | 40.99 (N=1109) | 35.56 | 0.000 |
| 财富及收入的分配 | 45.20 (N=718) | 33.46 (N=1083) | 34.98 | 0.000 |
| 养老等社会保障待遇 | 42.68 (N=682) | 48.60 (N=1072) | 24.47 | 0.000 |
| 不同地区、行业之间的待遇 | 41.43 (N=682) | 31.31 (N=1041) | 23.02 | 0.000 |
| 提拔干部 | 38.46 (N=660) | 33.77 (N=1027) | 16.23 | 0.001 |

续表

| 公平认同的领域 | 农民工 | 城市工人 | $X^2$ | P |
| --- | --- | --- | --- | --- |
| 城乡之间的待遇 | 30.96（N=712） | 30.54（N=1053） | 7.50 | 0.058 |
| 总体上的社会公平状况 | 67.10（N=708） | 58.70（N=1096） | 38.80 | 0.000 |

在对地方政府工作的满意度（很满意＋比较满意）方面，农民工总体上也同样高于城市工人。特别是对地方政府在义务教育、树立良好社会风气、维护社会治安、实现社会公正、依法办事等6个方面，满意度明显高于城市工人（见表3-9）。

表3-9　农民工与城市工人对地方政府工作满意度的比较　　（单位：%）

| 对地方政府的满意度 | 农民工 | 城市工人 | $X^2$ | P |
| --- | --- | --- | --- | --- |
| 义务教育 | 80.53（N=713） | 72.73（N=1101） | 17.95 | 0.000 |
| 科技发展与推广 | 78.31（N=658） | 76.12（N=1020） | 25.92 | 0.000 |
| 发展经济 | 77.01（N=717） | 78.54（N=1088） | 18.35 | 0.000 |
| 树立良好社会风气 | 72.48（N=721） | 64.98（N=1101） | 23.35 | 0.000 |
| 维护社会治安 | 68.48（N=743） | 62.15（N=1129） | 29.47 | 0.000 |
| 实现社会公正 | 67.56（N=693） | 60.16（N=1063） | 25.44 | 0.000 |
| 依法办事 | 65.62（N=705） | 60.82（N=1062） | 25.57 | 0.000 |
| 医疗卫生服务 | 62.11（N=734） | 60.53（N=1103） | 7.67 | 0.053 |
| 环境保护 | 59.76（N=740） | 52.43（N=1128） | 15.85 | 0.001 |
| 社会保障和救助 | 54.62（N=680） | 55.66（N=1034） | 8.76 | 0.033 |

特别令人意外的是，收入较低，通常被人们认为在城市受到不公正待遇的农民工，在社会群体间利益冲突的感知方面，

不如城市工人强烈,回答"有严重冲突"和"有较大冲突"的比例仅为城市工人的一半;认为社会群体利益冲突"绝对会激化"和"可能会激化"的比例也比城市工人低16个百分点。当然,对这一问题"说不清"的农民工比例也大大高于城市工人(见表3-10)。

表3-10　　农民工与城市工人对地方政府工作满意度的比较　　(单位:%)

| 我国是否存在社会群体之间的利益冲突 | 农民工 N=769 | 城市工人 N=1152 | 社会群体之间的利益冲突是否会激化 | 农民工 N=769 | 城市工人 N=1152 |
|---|---|---|---|---|---|
| 有严重冲突 | 4.21 | 7.29 | 绝对会激化 | 2.90 | 8.34 |
| 有较大冲突 | 14.42 | 30.10 | 可能会激化 | 35.89 | 46.08 |
| 有一点冲突 | 49.55 | 44.91 | 不太可能激化 | 32.21 | 27.94 |
| 没有冲突 | 16.92 | 9.30 | 绝对不会激化 | 5.96 | 5.07 |
| 说不清 | 14.90 | 8.41 | 说不清 | 23.03 | 12.57 |
| 总计 | 100.00 | 100.00 | 总计 | 100.00 | 100.00 |
| $X^2=77.95$, $P<0.001$ | | | $X^2=32.45$, $P<0.001$ | | |

## 三　对农民工具有的积极社会态度的解释

为什么收入较低、被人们认为在城市受到不公正待遇的农民工会具有比较积极的社会态度呢?如何解释这种不符合经济地位决定社会态度的现象呢?

解释之一与农民工对自身境遇的归因有关。虽然农民工的经济状况和社会待遇较差,但他们倾向于认为这是自身的素质与能力所致,而非社会性因素造成的后果。从表 3-4 的回归分析可知,农民工工资收入的制约因素主要是人力资本(受教育程度和劳动技能),因户籍身份导致的劳动报酬歧视并不明显。面对这种境遇,要提升自己的经济收入,他们只有依靠自己的勤勉努力和知识技能的提高。这也反映在调查中,农民工比城市工人更重视努力程度和教育对个人成功机会的影响(见图 3-1)。社会保障待遇方面的户籍差异虽然普遍存在,但对于农民工而言,这毕竟不如获得就业岗位和增加收入来得直接与重要。因此,即便农民工被社会公众视为"弱势群体",但他们自身还是认为存在"个人发展"和"工作与就业"

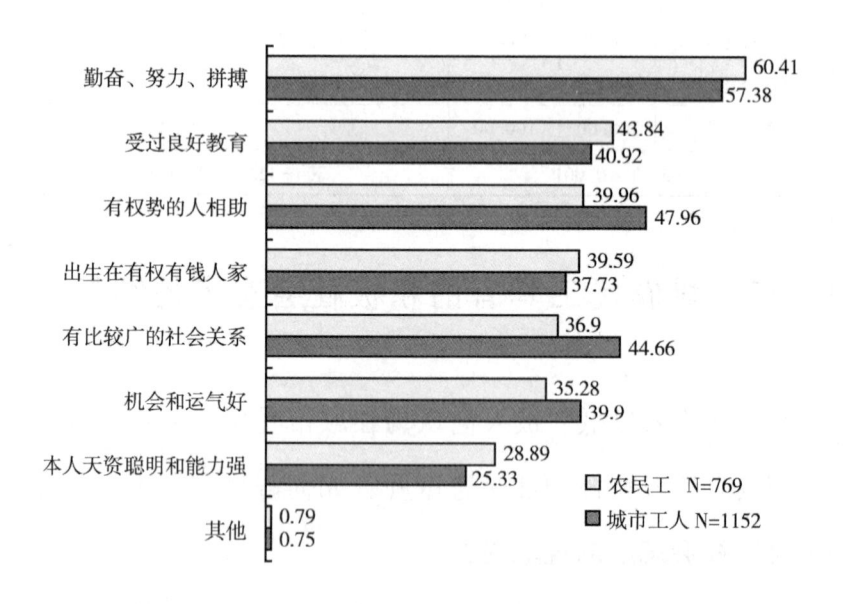

| 归因 | 农民工 N=769 | 城市工人 N=1152 |
|---|---|---|
| 勤奋、努力、拼搏 | 60.41 | 57.38 |
| 受过良好教育 | 43.84 | 40.92 |
| 有权势的人相助 | 39.96 | 47.96 |
| 出生在有权有钱人家 | 39.59 | 37.73 |
| 有比较广的社会关系 | 36.9 | 44.66 |
| 机会和运气好 | 35.28 | 39.9 |
| 本人天资聪明和能力强 | 28.89 | 25.33 |
| 其他 | 0.79 | 0.75 |

图 3-1 农民工与城市工人对个人成功的归因比较(单位:%)

的机会公平,他们并未将经济、社会地位的不平等(inequality),归因于社会的不公正(injustice)。

解释之二和农民工的生活期望与权利意识有关。一方面,农民工由于受教育水平较低,生活需求层次较低,期望也低,因而更容易得到满足,所以他们的社会安全感、公平感、满意感、信任感等社会评价也就更加积极。相关分析表明,上述的社会评价对社会群体的利益冲突的感知存在负相关。也就是说,社会安全感越高、公平感越高、满意度越高、社会信任感越高、受教育程度越低的人,对当前社会群体利益冲突的感受就越弱,就越不容易认为社会利益冲突有强化的趋势(见表3-11),而农民工正是这样的对社会高评价的群体。

表3-11　农民工与城市工人社会利益冲突感知与社会评价的相关分析①(Pearson 相关系数 r)

| | 社会安全感 | 对政府工作满意度 | 社会信任度 | 社会公平感 | 民主—权利意识 | 受教育年限 |
|---|---|---|---|---|---|---|
| 对社会群体之间的利益冲突程度的感知 | -0.265** (N=1472) | -0.300** (N=1220) | -0.258** (N=965) | -0.281** (N=1112) | 0.200** (N=1443) | 0.221** (N=1709) |

---

① 表3-11中,社会安全感由7项有关社会各领域的安全度评分题目合成;对政府工作满意度由10项有关政府工作的评分题目合成;社会信任度由13项对政府、政府信息、政府人员、社区、社会组织、传媒等方面的信任评价题目合成;社会公平感由涉及13个社会生活层面公平程度的评分合成;民主—权利意识由7项有关政府—个人权利、社会参与的陈述题目合成。上述题目的分值越低,表示某方面的程度越低(弱),分值越高,表示某方面的程度越高(强)。

续表

|  | 社会安全感 | 对政府工作满意度 | 社会信任度 | 社会公平感 | 民主—权利意识 | 受教育年限 |
|---|---|---|---|---|---|---|
| 对社会群体之间的利益冲突激化趋势的感知 | -0.205\*\*<br>(N=1397) | -0.258\*\*<br>(N=1149) | -0.242\*\*<br>(N=915) | -0.219\*\*<br>(N=1049) | 0.170\*\*<br>(N=1362) | 0.185\*\*<br>(N=1599) |

注：\*\*P<0.01。

另一方面，农民工也缺乏自我权利意识和社会参与性。比如根据调查结果，在民主意识方面，和城市工人相比，农民工表现出较低的社会参与性，较高的权威服从。如"公共场所个人不必负责"和"投稿报纸参加讨论的人是出风头"的赞同率农民工均高于城市工人；而对"民主就是政府为人民做主""国家大事有政府来管，老百姓不必过多考虑""政府搞建设要拆迁居民住房，老百姓应该搬走"等判断，农民工赞同的比例也都高于城市工人（见表3-12）。相关分析也表明，民主—权利意识和对社会群体的利益冲突的感知存在正相关（见表3-11），也就是说，民主—权利意识越低的人，对社会群体利益冲突的严重性就越不敏感。

解释之三与农民工的比较参照体系有关。农民工更容易与家乡的农民相比较，与自己的过去生活相比较。换句话说，农民工的利益曲线是向上走的，更容易产生比较积极的社会态度。比如在主观认同上，农民工与城市工人相比，更倾向于认为自己属于"群众""乡下人""低学历者"和"体力劳动者"，

表3-12　农民工与城市工人在民主—权利意识方面的比较　　　（单位:%）

| 民主—权利意识（赞同率） | 农民工 | 城市工人 | X² | P |
|---|---|---|---|---|
| 公共场所就是个人不必负责的场所 | 17.78（N=740） | 8.72（N=1145） | 49.18 | 0.000 |
| 政府搞建设要拆迁居民住房，老百姓应该搬走 | 52.48（N=699） | 47.02（N=1092） | 9.85 | 0.020 |
| 老百姓应该听从政府的，下级应该听从上级的 | 66.11（N=738） | 53.80（N=1108） | 29.46 | 0.000 |
| 给报社投稿参加讨论的人是喜欢出风头的人 | 24.60（N=674） | 13.02（N=1098） | 40.87 | 0.000 |
| 民主就是政府为人民做主 | 77.45（N=725） | 61.60（N=1117） | 51.21 | 0.000 |
| 国家大事有政府来管，老百姓不必过多考虑 | 44.61（N=742） | 26.11（N=1136） | 71.75 | 0.000 |
| 老百姓交了税，政府爱怎么花就怎么花 | 14.41（N=747） | 8.92（N=1135） | 29.86 | 0.000 |

与此同时，我们却发现，农民工却并不比城市工人更倾向于认为自己是"穷人""雇员"和"被管理者"；和农民相比，农民工对自己是"穷人""乡下人""低学历者"和"体力劳动者"的认同更少一些（见表3-13）。特别是在经济社会地位认同的比较中，农民工甚至并不比城市工人更倾向于认为自己是下层，虽然认为自己属于"中层"的农民工略少于城市工人，而认为自己属于"中下层"和"下层"的农民工略高于城市工人，但差异很小（见表3-14）。

表3-13　　农民、农民工与城市工人在身份认同上的比较　　（单位:%）

| 身份认同 | 农民<br>N=2703 | 农民工<br>N=769 | 城市工人<br>N=1152 | $X^2$ | P |
| --- | --- | --- | --- | --- | --- |
| 穷人 | 80.83 | 71.82 | 70.20 | 8.94 | 0.011 |
| 群众 | 98.79 | 96.25 | 86.77 | 253.03 | 0.000 |
| 乡下人 | 98.89 | 89.83 | 15.31 | 3358.83 | 0.000 |
| 雇员 | 42.03 | 84.68 | 88.05 | 229.59 | 0.000 |
| 被管理者 | 47.04 | 80.50 | 81.02 | 52.66 | 0.000 |
| 低学历者 | 94.23 | 88.04 | 59.18 | 805.66 | 0.000 |
| 体力劳动者 | 96.56 | 77.52 | 44.14 | 1330.20 | 0.000 |

表3-14　　农民工与城市工人在经济社会地位认同上的比较　　（单位:%）

| 社会经济地位认同 | 农民工 N=769 | 城市工人 N=1152 |
| --- | --- | --- |
| 上 | 0.70 | 0.36 |
| 中上 | 5.15 | 5.60 |
| 中 | 41.93 | 43.82 |
| 中下 | 30.63 | 31.61 |
| 下 | 21.26 | 18.34 |
| 不好说 | 0.33 | 0.27 |
| 总计 | 100.00 | 100.00 |
| | $X^2=3.55$, $P=0.471$ | |

正是由于农民工的利益曲线是向上走的，他们对未来的发展也抱有更加乐观的态度。调查显示，农民工对过去5年来生活水平变化的评价和对未来的生活水平的期望，都比城市工人

第三章 农民工在中国转型中的经济地位和社会态度 83

更积极。有72.3%的农民工认为过去5年的生活水平有所上升，有62.7%的农民工认为未来的生活水平会有所上升，都比城市工人高出约10个百分点。

表3-15 农民工与城市工人在生活评价、生活预期方面的比较 （单位:%）

| 5年来生活水平 | 农民工<br>N=769 | 城市工人<br>N=1152 | 未来5年<br>生活水平 | 农民工<br>N=769 | 城市工人<br>N=1152 |
| --- | --- | --- | --- | --- | --- |
| 上升很多 | 10.94 | 8.09 | 上升很多 | 11.49 | 10.21 |
| 略有上升 | 61.38 | 53.13 | 略有上升 | 51.27 | 43.77 |
| 没变化 | 18.81 | 22.71 | 没变化 | 12.33 | 18.63 |
| 略有下降 | 6.21 | 10.69 | 略有下降 | 4.48 | 8.75 |
| 下降很多 | 2.18 | 4.67 | 下降很多 | 1.52 | 2.59 |
| 不好说 | 0.50 | 0.72 | 不好说 | 18.91 | 16.06 |
| 总计 | 100.00 | 100.00 | 总计 | 100.00 | 100.00 |
| $X^2=30.75$, $P<0.000$ | | | $X^2=31.95$, $P<0.000$ | | |

## 四 结论和相关政策讨论

根据以上的分析，我们可以得出以下几点结论：第一，将农民工作为一个群体看待，其收入水平低于城市工人，而其劳动时间多于城市工人；第二，农民工与城市工人的收入差异主要是受教育水平和劳动技能的差别；第三，农民工的社会保障水平远远低于城市工人，这种社会保障的差异，与农民工的户籍身份以及社会保障制度设计有关；第四，农民工并没有因为较低的收入水平和经济社会地位而表现出消极的社会态度，反而呈现出意料之外的积极社会态度，这种状况更重要的是由于农民工向上走的利益曲线，以及他们更容易把农民作为比较的参照系。

由此我们可以得出的具有社会政策含义的结论是：

第一，提高农民工收入水平的渠道，最重要的是提高农民工的受教育状况，加强农民工的职业培训，提高农民工的工作技能。也就是应当主要通过加大对农民工的人力资本投入来提高农民工在劳动力市场上的收入地位，而不是仅仅依赖最低工资标准的提高。

第二，农民工与城市工人最大的非市场化差异，集中在社会保障状况方面。户籍体制的改革如果不与养老、医疗、失业等社会保障待遇相联系，对改善农民工的生活状况是有限的。应当抓紧建立适合于农民工流动特点的社会保障体制，消除农民工在劳动力市场上的机会不平等现象。

第三，应当促进和保护农民工的积极社会态度，把农民工作为新市民看待，取消农民工融入城市社会生活的体制性障碍，加强农民工对城市社会的认同。

中国在改革和发展中产生的大量农民工，不仅因为最早进入真正的劳动力竞争市场而极大地推动了中国从计划经济向市场经济的转轨，也因为承担起中国工厂制造的主力军角色而极大地推动了中国从农业社会向工业化社会的转型。收入和经济社会地位相对较低的农民工,却意外地具有比较积极的社会态度,真正从深层决定农民工社会态度和行为取向的,可能不是经济决定逻辑,而是历史决定逻辑。

## 参考文献

Amsden, Alice H., 1989, *Asia's Next Giant: South Korea and Late Industrialization*, New York: Oxford University Press.

Cai Fang and Dewen Wang, 2003, "Migration as Marketization: What Can We Learn from China's 2000 Census Data?", *The China Review*, 3 (2).

Deyo, Frederic C., 1995, "Capital, Labor, and State in Thai Industrial Restructuring: The Impact of Global Economic Transformations", In Jozsef Borocz and David Smith, eds., *A New World Order? Global Transformation in the Late Twentieth Century*, Westport, CT: Praeger.

——, 2000, "Reform, Globalization, and Crisis: Reconstructing Thai Labour", *Journal of Industrial Relations* (Australia), 42, 2 (June).

Koo, Hagen, 2001, *The Culture and Politics of Class Formation*, New York: Cornell University Press.

Lin, Justin, Gewei Wang and Yaohui Zhao, 2004, "Regional Inequality and Labor Transfers in China", *Economic Development and Cultural Change*, 52 (3).

Krueger, A. O., 1992, *Economic Policy Reform in Developing Countries*, Oxford: Basil Blackwell.

Krugman, Paul, 1994, "The Myth of Asian Miracle", *Foreign Affairs*, 73.

Stark, O., Taylor, J. E., 1991, "Migration Incentives, Migration Types: The Role of Relative Deprivation", *The Economic Journal*, Vol. 101.

Todaro, M. P., 1969, "A Model of Labor Migration and Urban Unemployment in Less Developed Countries", *American Economic Review*, 59 (1).

Wade, Robert, 1990, *Governing the Market: Economic Theory and the Role of Government in East Asian Industrialization*, Princeton: Princeton University Press, 1990.

World Bank, 1993, *The East Asian Miracle: Economic Growth and Public Policy*, New York: Oxford University Press.

Zhao, Yaohui, 1999, "Migration and Earnings Difference: The Case of China", *Economic Development and Cultural Change*, 47 (4).

北京市调研组，2006，《北京市农民工管理和服务问题研究》，国务院研究室课题组编《中国农民工调研报告》，北京：中国言实出版社。

蔡昉、王美艳，2002，《中国经济增长究竟有多快?》，《新视野》第4期。

戴约（F. C. Deyo）编，1991，《经济起飞的新视角》，北京：中国社会科学出版社。

国务院研究室课题组，2006，《中国农民工调研报告》，北京：中国言实出版社。

韩兆赋，2006，《关于农民工问题调研后的几点思考》，国务院研究室课题组编《中国农民工调研报告》，北京：中国言实出版社。

李培林，1996，《农民工的社会网络和社会地位》，《社会学研究》第4期。

李培林、张翼、赵延东，2000，《就业与制度变迁》，杭州：浙江人民出版社。

李培林主编，2003，《农民工：中国进城农民工的经济社会分析》，北京：社会科学文献出版社。

林毅夫、蔡昉、李周，2002，《中国的奇迹：发展战略与经济改革》（增订版），上海：上海三联书店。

世界银行，2004，《中国推动公平的经济增长》，北京：清华大学出版社。

王山，1994，《第三只眼睛看中国》，太原：山西人民出版社。

周业安、赵坚毅，2004，《市场化、经济结构变迁和政府经济结构政策转型——中国经验》，《管理世界》第5期。

（原载《社会学研究》2007年第3期）

# 第四章 近年来农民工的经济状况和社会态度

李培林 李 炜

**摘要**：改革开放30年来，农民工作为中国产业工人的组成部分，成为支撑中国经济持续快速增长的重要力量。农民工的经济状况和社会态度，与中国的经济增长、社会稳定和农民的生活改善都密切相关。基于2006年和2008年中国社会科学院社会学研究所两次大规模的抽样调查——"中国社会状况综合调查"的数据，本章分析了近年来，特别是在国际金融危机背景下农民工的经济状况和社会态度，调查结果显示，相比较而言，农民工在收入水平较低、劳动强度较高的情况下，却保持着较为积极的社会态度。近两年的新变化是，农民工的收入水平和社会保障水平都有了显著的提高，但在就业和生活压力加大的影响下，农民工的社会安全感、公平感、满意度和未来预期却都有所降低,这种经济状况变化和社会态度变化不一致的情况,应当引起高度关注。本项研究认为,尽管中国已进入转变发展方式和产业结构升级的新阶段,但从比较优势看,中国未来30年要继续保持经济高速增长,农民工仍然是一个主要的推动力量。本章还提出有针对性的政策建议,包括大规模提高农民工劳动力素质、使农民工成为迅速增长的消费力量、高度重视农民工的就业问题、完善农民工的社会保障体系等。

**关键词:** 农民工、经济状况、社会态度、金融危机

改革开放30多年来,中国道路最显著的成就是快速发展。1978—2008年中国经济年均增长9.8%。中国道路呈现的发展奇迹,是由各种因素促成的,包括在政治上采取了解放思想、实事求是、与时俱进的思想路线和保持宏观调控能力的政治领导;在经济上建立了富有强大动力和社会活力的社会主义市场经济体制;在社会方面实现了工业化和城市化的快速推进。当然,也还包括实现了人口低增长速度、劳动力的充分供给和社会抚养比的持续下降等。其中,一个非常重要的因素,就是调动起广大人民群众的积极性,特别是数以亿计的农民从农业劳动转移到工业和服务业等非农产业领域,极大地提高了全社会的劳动生产率,使"中国制造"成为世界瞩目的改变世界经济格局的新现象。

然而，2008年爆发的由美国次贷危机演变而成的全球性金融危机，对中国的经济发展产生了深刻影响，特别是对中国农民工的就业和工作状况产生了很大的冲击。改革开放以来，中国出现过三次较为严重的就业紧张局面，但每次主要涉及的就业人群是不同的。第一次是改革开放初期，由于1000多万"上山下乡知识青年"集中返城，出现了非常严峻的城镇就业紧张形势；第二次是1998—2003年国有企业大规模改革期间，5年中累计下岗2818万人；第三次就是这次在国际金融危机的影响下，数千万农民工的就业受到冲击。由于国际经济形势的恶化，对中国产品的需求锐减，据2009年2月2日中央农村工作领导小组办公室主任陈锡文在国务院新闻发布会上公布的数字，全国大约有2000万农民工因金融危机失去工作，占外出农民工总数的15.3%（陈锡文，2009）。根据国家统计局农民工监测调查数据，在2009年春节前返乡的大约7000万农民工中，因企业关停、企业裁员、找不到工作、收入低等与国际金融危机影响有关的因素而返乡的农民工为1200万人，占返乡农民工的17.1%，占全部外出农民工的8.5%（盛来运、王冉、阎芳，2009）。另据人力资源和社会保障部副部长杨志明披露，2009年春节返乡的7000万农民工中，有80%已经返城，但其中1100万人尚未找到工作；除面临失业压力之外，农民工的劳动状况也出现一些恶化，如农民工工资拖欠问题出现反弹，流动性大的行业和小企业中

# 第四章　近年来农民工的经济状况和社会态度

农民工劳动合同签订率偏低，农民工社会保险参保率环比下降，等等（杨志明，2009）。

农民工是中国产业工人的主要组成部分，也是支撑中国经济持续增长的重要力量。农民工的工作、生活状况和社会态度，与中国的经济增长、社会稳定和农民的生活改善都密切相连，这也是我们的调查所关注的主题。本章使用的数据，来自中国社会科学院社会学研究所于 2006 年及 2008 年开展的两次"中国社会状况综合调查"[①]。此项全国抽样调查覆盖全国 28 个省、直辖市、自治区的 130 个县（市、区）、260 个乡（镇、街道）和 520 个村（居委会），两次调查分别成功入户访问了 7069 位和 7139 位年龄在 18—69 岁的居民，调查误差小于 2%，符合统计推论的科学要求。我们利用其中农民工、城镇职工和农民群体的案例数据资料形成本章内容。

## 一　农民工的工资收入和社会保障等经济状况

本章所界定的农民工，是指具有农业户籍身份从事第二、第三产业劳动的工资收入者，并未包括那些农业户籍的具有雇主、个体经营和自我雇用身份的第二、第三产业从业者。因此本章中

---

[①] "中国社会状况综合调查"为中国社会科学院国情调查重大项目，是由中国社会科学院社会学研究所主持的一项大型纵贯的横断面社会研究调查。调查每两年进行一次，第一次调查的时间为 2006 年 4—8 月，第二次调查的时间为 2008 年 5—9 月。

农民工群体的规模会小于农业户籍的非农从业人员,而后者在一些论著中也被理解为宽泛意义上的农民工。采用这一界定主要是考虑到,虽然同是农业户籍的非农产业劳动者,但雇员与雇主或自我雇用者,在劳动方式、经济境遇和社会地位上存在明显的差异。为了和农民工群体相比较,对城镇职工,我们也界定为非农户籍身份的从事第二、第三产业劳动的工资收入者。农民则是目前正在从事农业生产劳动的农业户籍人口。

在2006年、2008年两次调查的样本中,这三类人群的案例数以及主要的人口特征分布如下(见表4-1)。

表4-1 2006年及2008年调查中城镇职工、农民工与
农民群体的样本构成 (单位:%)

|  |  | 2006年 |  |  | 2008年 |  |  |
| --- | --- | --- | --- | --- | --- | --- | --- |
|  |  | 城镇职工 | 农民工 | 农民 | 城镇职工 | 农民工 | 农民 |
|  | 人数 | 1152 | 769 | 2703 | 981 | 820 | 2514 |
| 性别 | 男 | 60.1 | 66.7 | 48.5 | 62.5 | 57.7 | 48.3 |
|  | 女 | 39.9 | 33.3 | 51.5 | 37.5 | 42.3 | 51.7 |
| 年龄分组 | 18—24岁 | 9.6 | 14.6 | 4.2 | 9.5 | 37.7 | 7.5 |
|  | 25—34岁 | 38.5 | 37.1 | 18.7 | 25.9 | 26.3 | 13.4 |
|  | 35—44岁 | 29.2 | 29.4 | 29.7 | 34.4 | 21.5 | 28.8 |
|  | 45—54岁 | 17.9 | 14.7 | 26.2 | 23.2 | 10.8 | 24.7 |
|  | 55岁及以上 | 4.7 | 4.2 | 21.2 | 7.1 | 3.8 | 25.5 |
| 受教育程度 | 小学及以下 | 8.0 | 38.4 | 72.0 | 4.3 | 15.0 | 56.2 |
|  | 初中 | 22.6 | 45.0 | 23.8 | 33.6 | 64.0 | 39.7 |
|  | 高中(职高技校中专) | 33.6 | 13.6 | 4.1 | 31.2 | 18.1 | 3.8 |
|  | 大专及以上 | 35.7 | 3.0 | 0.1 | 30.9 | 2.9 | 0.0 |

调查结果显示,与2006年相比,2008年农民工的工作条件和待遇得到了一定程度的改善,但和城镇职工相比,仍有较大差距。农民工最大的收益是工资收入的提升。与2006年相比,2008年农民工的平均月工资从921元涨到了1270元,提高了近38%。在2006年,有近80%的农民工月工资在1000元以下,而在2008年1000元以上月收入的农民工占53.9%。农民工工资增加的速度快于城镇职工的工资增长,因此农民工的工资收入和城镇职工的差距在缩小。但尽管如此,农民工和城镇职工的收入差距还是十分明显的,只相当于城镇职工平均月工资的76.3%(见表4-2)。

表4-2　　　　　农民工与城镇职工的月收入比较　　　　(单位:%、元)

| 月工资收入 | 2006年 农民工 N=738 | 2006年 城镇职工 N=1126 | 2008年 农民工 N=813 | 2008年 城镇职工 N=971 |
| --- | --- | --- | --- | --- |
| 500元及以下 | 27.1 | 17.1 | 8.8 | 8.0 |
| 501—1000元 | 52.2 | 37.0 | 37.3 | 31.2 |
| 1001—1500元 | 13.9 | 21.8 | 30.3 | 21.3 |
| 1501—2000元 | 3.8 | 11.2 | 15.9 | 17.7 |
| 2000元以上 | 3.0 | 12.8 | 7.7 | 21.8 |
| 总计 | 100.00 | 100.00 | 100.00 | 100.00 |
| 平均月薪 | 921 | 1346 | 1270 | 1665 |
|  | $X^2=111.83$, $P<0.001$ |  | $X^2=77.01$, $P<0.001$ |  |

尽管农民工的工资收入与2006年相比有较大的提升,然而

劳动强度仍然很高。从劳动时间上看，农民工的周平均工作时间2008年为56.2小时，2006年为56.6小时，几乎相同。城镇职工的周平均工作时间2008年为47.4小时，2006年为47.9小时，也基本没有变化。在平均收入远低于城镇职工的情况下，农民工周平均劳动时间高于城镇职工近9小时。在2006年和2008年，分别有81%和77%的农民工每周实际劳动时间超过40小时，约1/3的农民工每周工作在60小时以上（见表4-3）。

表4-3　　　　农民工与城镇职工的周工作时间比较　　（单位:%、小时）

| 每周工作时间 | 2006年 农民工 N=762 | 2006年 城镇职工 N=1146 | 2008年 农民工 N=807 | 2008年 城镇职工 N=960 |
| --- | --- | --- | --- | --- |
| 不足20小时 | 2.3 | 2.6 | 2.1 | 1.5 |
| 21—40小时 | 16.3 | 44.2 | 20.6 | 45.0 |
| 41—60小时 | 47.8 | 39.5 | 42.4 | 41.9 |
| 61—80小时 | 25.9 | 10.3 | 23.3 | 7.9 |
| 80小时以上 | 7.7 | 3.4 | 11.6 | 3.7 |
| 总计 | 100.00 | 100.00 | 100.00 | 100.00 |
| 平均每周工作时长 | 56.6 | 47.9 | 56.2 | 47.4 |
|  | $X^2=199.53$，$P<0.001$ |  | $X^2=185.3$，$P<0.001$ |  |

农民工和城镇职工更重要的工作待遇差异，是在社会保障方面。如在养老保险方面，有9%的农民工拥有基本养老保险，在城镇职工中为59.9%；在医疗保险方面，农民工享有职工医疗险或居民医疗险的比例为17.4%，而城镇职工的享有率为

71.3%；农民工失业保险的覆盖率为8%，城镇职工为38.7%；工伤保险方面农民工和城镇职工相比差距小一些，覆盖率分别为23.1%和33.5%[1]。不过，有2/3的农民工参加了"新型农村合作医疗"（见表4-4）。

表4-4 农民工与城镇职工享有的社会保障待遇比较（2008年） （单位:%）

| 社会保障 | 农民工<br>N=769 | 城镇职工<br>N=1152 | $X^2$ | P |
| --- | --- | --- | --- | --- |
| 基本养老保险 | 9.0 | 59.9 | 493.2 | 0.000 |
| 医疗保险 | 17.4 | 71.3 | 517.7 | 0.000 |
| 失业保险 | 8.0 | 38.7 | 222.3 | 0.000 |
| 工伤保险 | 23.1 | 33.5 | 34.2 | 0.000 |
| 生育保险 | 3.0 | 15.3 | 89.9 | 0.000 |
| 新农合 | 66.7 | 5.7[2] | 759.9 | 0.000 |

在劳动权益保障方面农民工和城镇职工也有较大的差距。尽管《劳动合同法》于2008年1月1日开始施行，我们在半

---

[1] 据人力资源社会保障部公布的2008年全国社会保险情况，当年全国参加基本养老保险、医疗保险、失业险、工伤险的农民工分别为2416万人、4266万人、1549万人和4942万人。根据人力资源社会保障部和国家统计局对农民工就业状况的调查，2008年年底农民工就业人数为2.25亿人。以此推算，2008年农民工基本养老保险、医疗保险、失业险、工伤险的覆盖率分别为10.74%、18.96%、6.88%和21.96%，和表4-4中我们调查所得数据极为接近。参见中国政府网（http://www.gov.cn/jrzg/2009-06/11/content_1337841.htm）。

[2] 新型农村合作医疗的参保人群应该是拥有农业户口的居民。但在调查中我们发现，在快速推进城市化的过程中，有部分原户籍身份为农业，但已转变为非农户口的城镇居民，其原先参加的新型农村合作医疗仍然生效。因此出现了城镇职工中仍有极少部分人享有"新农合"的情况。

年后的调查中仍然发现,农民工的劳动合同签订率仅有44.3%,低于城市职工61.3%的签订率17个百分点。通过不同单位的劳动合同签订率的比较,可以发现,在国有企业和三资企业中,劳动合同签订率较高,均在80%以上,其中农民工和城市职工的签订率并没有太大的差异;国有或集体事业单位的劳动合同签订率居中,为77.4%,但在此类单位就业的农民工的签订率远远低于城镇职工,其比例仅为后者的70%;集体企业和私营企业的签订率较低,平均在44%—57%,其中集体企业中的农民工劳动合同签订率和城镇职工的差距最大(35.5%:74%);个体工商经营机构的劳动合同签订率非常之低,平均为9.5%,其中农民工的签约率仅为城镇职工的43%。由此可见,依靠《劳动合同法》维护劳动者的权益,不仅要普遍提高劳动合同签订率,还要特别关注提高农民工的劳动合同签订率。

在2006年"中国社会状况综合调查"的第一次调查中,我们就发现,农民工与城镇职工的收入差距并非来自户籍身份的歧视,而是受两个群体在人力资本(受教育水平和劳动技术水平)上存在差异的影响(李培林、李炜,2007)。此次调查数据的分析结果依然相同。从受教育情况看,农民工中依然有79%的人仅具有初中及以下的教育水平,高中、中专学历者占18.1%,大专及以上学历者微乎其微,仅有2.9%;而在城镇职工中,约70%都具有高中以上的教育水平,有35%具有大专及以上学历。从所从事工作的技术水平来看，农民工中从事体力和半体力劳动的比例高达61.4%，而城镇职工有58.3%的人从事需要专业技能的工作，比农民工高出20个百分点（见表4-5）。

表4-5　　农民工与城镇职工的工作技能比较（2008年）　　（单位:%）

| 工作技能 | 农民工<br>N=819 | 城镇职工<br>N=981 |
| --- | --- | --- |
| 需要很高专业技能的工作 | 2.70 | 6.60 |
| 需要较高专业技能的工作 | 6.50 | 22.10 |
| 需要一些专业技能的工作 | 28.60 | 29.60 |
| 半技术半体力工作 | 34.90 | 24.20 |
| 体力劳动工作 | 26.50 | 15.90 |
| 其他 | 0.90 | 1.60 |
| 总计 | 100.00 | 100.00 |

$X^2=131.1$，$P<0.001$

我们采用了多元回归分析进一步考察造成农民工和城镇职工收入差距的主要原因。表4-6的多元线性回归分析中的因变量是农民工和城镇职工的月收入——由于收入的分布是右偏态的，因此采用取对数的方式进行了转换，即为半对数模型（semi-log model）。自变量涵盖了4个大类：（1）农民工身份，是农民工为1、城镇职工为0的虚拟变量；（2）人力资本，包括一组劳动技能等级的虚拟变量、受教育年限、年龄及年龄平方

(年龄与收入的关系往往是二次曲线形态)、性别(男性为1、女性为0的虚拟变量);(3)工作状况,包括每周工作时间和有无管理职位(有管理职位为1,无管理职位为0);(4)就业地点,包括一组就业场所的虚拟变量(大中城市、小城镇、农村,以农村为参照组)和一组就业区域的虚拟变量(东、中、西部,以西部为参照组)。表4-6的多元回归分析结果表明,当人力资本、工作状况、就业地点相同的条件下(即这些因素得到控制),农民工身份对应的回归系数未达到统计显著性,说明农民工与城镇职工的收入差异并非是受身份差异的影响,更主要的还是受人力资本因素的影响(见表4-6)。

表4-6 各类因素对农民工和城镇职工工资收入对数的多元回归分析(2008年)

| 变量类型 | 自变量 | 非标准回归系数 | 标准误 | 标准回归系数 |
|---|---|---|---|---|
|  | 常数 | 5.504*** | 0.157 |  |
| 身份 | 农民工(对照组:城镇职工) | -0.038 | 0.038 | -0.030 |
| 人力资本 | 劳动技能(对照组:体力工作) |  |  |  |
|  | 高级专业技能工作 | 0.697*** | 0.066 | 0.242 |
|  | 较高专业技能工作 | 0.483*** | 0.048 | 0.273 |
|  | 一些专业技能工作 | 0.291*** | 0.038 | 0.214 |
|  | 半技术半体力工作 | 0.203*** | 0.036 | 0.149 |
|  | 受教育年限 | 0.032*** | 0.006 | 0.148 |

第四章　近年来农民工的经济状况和社会态度　99

续表

| 变量类型 | 自变量 | 非标准回归系数 | 标准误 | 标准回归系数 |
|---|---|---|---|---|
| 人力资本 | 年龄 | 0.028*** | 0.007 | 0.515 |
|  | 年龄平方 | 0.000*** | 0.000 | -0.582 |
|  | 男性（对照组：女性） | 0.200*** | 0.026 | 0.157 |
| 工作状况 | 周工作时长 | 0.004*** | 0.001 | 0.108 |
|  | 管理职位（对照组：无管理职位） | 0.194*** | 0.034 | 0.123 |
| 就业地点 | 就业场所（对照组：乡村） |  |  |  |
|  | 大中城市 | 0.139*** | 0.040 | 0.110 |
|  | 小城镇 | -0.115*** | 0.039 | -0.080 |
|  | 就业区域（对照组：西部） |  |  |  |
|  | 东部 | 0.375*** | 0.036 | 0.299 |
|  | 中部 | 0.038 | 0.039 | 0.028 |
|  | N = 1708 |  |  |  |
|  | $R^2$ = 0.342 |  |  |  |

注：***P<0.001。

由于这一回归方程中含有部分虚拟变量，各自变量的标准化回归系数无从比较，因此要想得知各自变量对因变量收入的解释力大小，可以采用各自变量的净决定系数[①]（net $R^2$）相互比较的方法。从表4-7的自变量的净解释权重[②]一项中可以看出，在

---

[①] 自变量的净 $R^2$ 是某自变量对因变量收入的净决定系数。其算法是用含有所有自变量的回归方程（即全模型）的 $R^2$，减去不含某变量的回归方程（即嵌套模型）的 $R^2$。这两个模型之间 $R^2$ 的差值，可以理解为在其他解释变量都纳入的条件下，排除某一自变量，所导致的对因变量解释力的边际递减，因此可以看作该自变量的净解释力。

[②] 表4-7中的"自变量的净解释权重"是某自变量对因变量收入的净决定系数（net $R^2$）占回归方程中所有自变量的决定系数（$R^2$）的比重。在表4-7中，4大类9组变量对收入因变量的总解释力 $R^2$ = 0.3423，而9组自变量各自的净解释力合计为0.2341，占解释力 $R^2$（0.3423）的68.4%。$R^2$ 中其余的31.6%的解释当归之于自变量之间的交织重复的关系。

回归方程给定的4大类9组变量中,东、中、西部的区域差异对收入的净解释力权重最大,占21.65%;其次为劳动技能,占17.46%;受教育年限、年龄、性别、工作时长、管理职位、就业场所自变量的解释力权重分别为3.69%、3.34%、6.87%、5.06%、3.38%和6.82%,而是否农民工身份对收入的净解释力仅有0.11%。由此可以看出,能从事专业技能工作、就业于东部地区和大中城市市区、有管理职位、男性、受教育年数较多的农民工和城镇工人,都会得到较高的工资;当引入人力资本、工作状况、就业地点等因素来考察农民工和城镇职工的收入差异时,农民工身份因素对收入几乎没有什么影响(见表4-7)。

表4-7 各类因素对农民工和城镇职工工资收入影响力的分析

| 模型 | 自变量 | 模型 $R^2$ | 自变量的净 $R^2$ | 自变量的净解释权重(%) |
| --- | --- | --- | --- | --- |
| 全模型 | 包含所有自变量 | 0.3423 | — | — |
| 模型1 | 不包含农民工身份 | 0.3419 | 0.0004 | 0.11 |
| 模型2 | 不包含劳动技能 | 0.2825 | 0.0598 | 17.46 |
| 模型3 | 不包含受教育年限 | 0.3296 | 0.0126 | 3.69 |
| 模型4 | 不包含年龄及年龄平方 | 0.3308 | 0.0114 | 3.34 |
| 模型5 | 不包含性别 | 0.3187 | 0.0235 | 6.87 |
| 模型6 | 不包含周工作时长 | 0.3249 | 0.0173 | 5.06 |
| 模型7 | 不包含管理职位 | 0.3307 | 0.0116 | 3.38 |
| 模型8 | 不包含就业场所 | 0.3189 | 0.0233 | 6.82 |
| 模型9 | 不包含就业区域 | 0.2682 | 0.0741 | 21.65 |

第四章　近年来农民工的经济状况和社会态度　101

综上所述，农民工的工资水平近两年有了显著提高，与城镇职工的工资水平的相对差距有所缩小，而且这种差距主要是受区域差异以及劳动者的受教育水平和劳动技能等人力资本因素的影响，而不是户籍等身份因素的影响；与此同时，农民工的社会保障状况，虽然近两年有了显著改善，但与城镇职工相比还有很大差距，这种差异则与户籍制度有着密切的联系。这些情况及其变化说明，劳动力市场分割的情况有所改善但依然存在，建立统一的劳动力和人力资源市场必须深化体制改革，而改善农民工的经济状况，则需要加大对农民工的人力资本投入。

## 二　农民工社会态度的变化

在金融危机的背景下，农民工群体的生活压力感的方向有所变化，在社会安全感、社会公平感、对政府的满意度等方面有所降低，对社会群体利益冲突的感知出现上升趋势。

金融危机首先影响了农民工群体对于生活压力的感知。在调查中我们列举了公众经常遭遇到的10个方面的生活困扰，农民工遭受这些生活困扰的平均比例为29.3%。虽然和2006年相比变化不大，但明显可以看出，农民工群体在教育（"子女教育费用高，难以承受"）和医疗（"医疗支出大，难以承受"）方面的生活压力大幅下降了10余个百分点，而在就业方面（"家人下岗失业或无稳定收入"）的压力感上升了12个百分点。同样，农民群体2006年和2008年的生活压力感知也出现了类似的趋势。这一方面说明近年来政府推行的新型农村合作医疗、农村免费义务教育等一系列惠农措施，使农民的生活和社会保障有了明显的改善，另一方面也说明在金融危机的影响下，农民工感觉到了就业形势的严峻（见表4-8）。

表4-8　农民工、城镇职工和农民群体生活压力感知的比较　（单位:%）

| 生活压力 | 2006年 城镇职工 | 2006年 农民工 | 2006年 农民 | 2008年 城镇职工 | 2008年 农民工 | 2008年 农民 |
| --- | --- | --- | --- | --- | --- | --- |
| 住房条件差，建/买不起房 | 44.2 | 45.4 | 48.0 | 52.8 | 42.2 | 48.6 |
| 子女教育费用高，难以承受 | 34.2 | 35.1 | 34.6 | 30.9 | 22.3 | 26.1 |
| 医疗支出大，难以承受 | 33.8 | 39.4 | 50.9 | 33.1 | 26.7 | 40.4 |
| 赡养老人负担过重 | 21.3 | 25.5 | 24.0 | 18.8 | 20.4 | 20.0 |
| 家庭收入低，日常生活困难 | 34.3 | 51.6 | 60.8 | 40.3 | 49.2 | 56.4 |
| 家人下岗失业或无稳定收入 | 32.2 | 28.0 | 21.5 | 36.2 | 40.2 | 34.5 |
| 人情支出大，难以承受 | 25.3 | 30.0 | 43.9 | 28.8 | 23.6 | 41.8 |
| 家庭成员有矛盾，烦心得很 | 6.3 | 9.3 | 12.2 | 7.2 | 12.5 | 11.4 |
| 社会风气不好，担心被欺骗和家人学坏 | 29.4 | 22.6 | 19.0 | 31.9 | 28.5 | 22.7 |
| 社会治安不好，常常担惊受怕 | 32.2 | 26.7 | 18.9 | 30.8 | 27.8 | 22.2 |
| 平均 | 29.3 | 31.4 | 33.4 | 31.1 | 29.3 | 32.4 |

通过农民工、城镇职工和农民3个群体在两次调查中对近年来生活水平变化认可比例的比较，也可以发现，在金融危机

的背景下，农民工的生活状况受到了影响。2006年和2008年两次调查中都询问了"和5年前相比您的生活水平发生了什么变化"的题目，在2006年城镇职工、农民工和农民群体中分别有61.2%、69.5%和72.3%的人认为自己的生活水平有所改善（即认为"有很大提升"和"有较大提升"之和）。由此可以看出，这3个群体对生活状况改善的认可度以农民群体最高，其次为农民工，最后为城镇职工。而在2008年的调查中，城镇职工中认可生活水平改善的比例上升了4个百分点（自61.2%升至65.2%），农民群体相应的比例上升了近9个百分点（自69.5%升至78.4%），而农民工群体只上升了不到1个百分点（自72.3%升至73.1%）。

在社会安全感方面，与2006年相比，农民工的平均值有轻微下降，由73.7%降到71%。从安全感的7个方面看，农民工对劳动安全的感知下降最为突出，比2006年低了6个百分点（自75.6%降至69.3%），其余各项没有太大变化（见表4-9）。这似乎也反映出在金融危机的背景下，农民工的劳动条件和劳动关系也出现了一定程度的恶化。

与2006年相同的是，城镇职工、农民工、农民3个群体的社会安全感仍然呈现出依次由低到高的倾向，其平均值分别为69.5%、71.0%和78.8%，说明农民工群体的社会安全感相对低于农民而高于城镇职工。但同时也可以看出，城镇职工和农民群体的社会安全感都较2006年有所上升，而农民工群体的安全感不升反降，在结果上更靠近低端的城镇职工，而与安全感最高的农民群体拉开了距离。这也体现了农民工群体社会安全感的相对减弱。

表4-9　　　　农民工、城镇职工和农民的社会安全感比较　　　（单位:%）

| 安全感 | 2006年 | | | 2008年 | | |
| --- | --- | --- | --- | --- | --- | --- |
| | 城镇职工 | 农民工 | 农民 | 城镇职工 | 农民工 | 农民 |
| 财产安全 | 76.1 | 81.0 | 77.8 | 77.0 | 79.0 | 82.2 |
| 人身安全 | 74.8 | 84.4 | 84.2 | 80.7 | 79.6 | 85.6 |
| 交通安全 | 59.9 | 62.8 | 67.4 | 58.7 | 60.9 | 67.7 |
| 医疗安全 | 57.0 | 65.8 | 66.4 | 66.6 | 66.5 | 77.8 |
| 食品安全 | 44.5 | 62.7 | 68.8 | 59.2 | 63.1 | 72.7 |
| 劳动安全 | 75.8 | 75.6 | 81.7 | 76.6 | 69.3 | 82.3 |
| 个人信息隐私安全 | 75.3 | 83.4 | 78.6 | 67.7 | 78.3 | 83.5 |
| 平均 | 66.2 | 73.7 | 75.0 | 69.5 | 71.0 | 78.8 |

与2006年相比，农民工的总体社会公平感也有所下降，自61.8%降至58.7%。下降最明显的方面有"财富及收入的分配"，自42.2%明显下降到27.4%；"工作与就业机会"也下降了6个百分点。这些方面的公平感减弱，可能与金融危机带来的失业风险加大、收入紧缩有关。但在"提拔干部""公共医疗""义务教育""城乡之间的待遇""养老等社会保障待遇"5个方面又有明显的提升（见表4-10）。这些变化也反映

出农民工群体对近年来城乡社会保障成效的认可。

表4-10　农民工、城镇职工和农民的社会公平感的比较　　（单位：%）

| 社会公平感 | 2006年 城镇职工 | 2006年 农民工 | 2006年 农民 | 2008年 城镇职工 | 2008年 农民工 | 2008年 农民 |
| --- | --- | --- | --- | --- | --- | --- |
| 财富及收入的分配 | 31.5 | 42.2 | 44.9 | 21.5 | 27.4 | 35.2 |
| 工作与就业机会 | 39.5 | 51.4 | 50.8 | 36.8 | 45.6 | 45.9 |
| 高考制度 | 75.9 | 73.8 | 68.6 | 81.0 | 71.6 | 71.4 |
| 提拔干部 | 30.1 | 33.0 | 39.5 | 42.9 | 47.3 | 54.8 |
| 公共医疗 | 49.7 | 52.5 | 52.1 | 63.8 | 60.8 | 71.8 |
| 义务教育 | 75.8 | 76.8 | 77.4 | 84.0 | 87.6 | 86.9 |
| 实际享有的政治权利 | 61.9 | 66.5 | 61.4 | 64.2 | 61.8 | 67.3 |
| 司法与执法 | 57.3 | 54.6 | 53.3 | 51.9 | 50.7 | 56.6 |
| 不同地区、行业之间的待遇 | 28.3 | 36.8 | 37.4 | 33.2 | 35.3 | 40.4 |
| 城乡之间的待遇 | 27.9 | 28.7 | 28.6 | 41.0 | 37.9 | 38.6 |
| 养老等社会保障待遇 | 45.2 | 37.9 | 33.5 | 61.2 | 50.5 | 47.3 |
| 总体上的社会公平状况 | 55.9 | 61.8 | 67.2 | 67.4 | 58.7 | 74.3 |

与2006年不同的另一点是，农民工总体的社会公平感明显低于城市职工和农民群体。2006年城镇职工、农民工、农民3个群体的总体社会公平感分别为55.9%、61.8%和67.2%，农民工比城镇职工高出6个百分点，并且农民工在11个领域中的社会公平感都明显高于城镇职工。但2008年上述3个群体的总体公平感比例分别为67.4%、58.7%和74.3%，在城镇职

工和农民群体总体社会公平感上升的对比下,农民工反而成了公平感最低的群体,而且仅有6个领域的社会公平感高于城镇职工。

在对地方政府工作的满意度(很满意+比较满意)方面,与2006年相比,2008年度农民工的满意度在不同方面有升有降①(见图4-1)。上升最明显的两项是"医疗卫生服务"和"社会保障和救助",分别从2006年的59.3%和48.3%,上升到70.1%和59.4%,提升了10个百分点左右。而下降最明显的两项是"发展经济"和"环境保护",分别从2006年的71.8%和57.5%降至61.5%和46.5%。这也进一步印证了农民工对政府推进社会保障的成效的赞许,以及对金融危机条件下经济环境不景气状况的忧虑。

在2006年的调查中,农民工对地方政府的满意度也明显高于城镇职工(分别为63.4%和60.5%)。但在2008年的调查中,这一趋势有所不同。农民工的平均满意度非常接近且略低于城镇职工,而和农民群体的差距较大,低于后者4个百分点(见表4-11)。其中在社会保障、基础教育、保护环境、维护社会治安等方面,都明显低于城镇职工和农民群体。

---

① 2008年的调查中,关于对当地政府满意度的题目有部分调整,措辞也不一致,因此难以和2006年调查数据完全对应。为了便于比较,图4-1中所列题目选择的是两个年度政府满意度测量中内容相同但措辞不完全相同的7个题目,在措辞上统一采用2006年问卷的表述方式,特此说明。

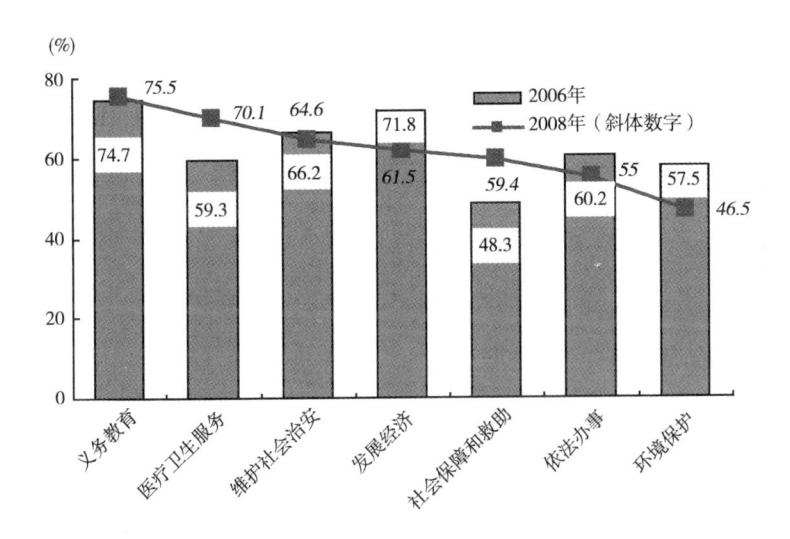

# 第四章　近年来农民工的经济状况和社会态度

图4-1　农民工群体对地方政府满意度的年度比较（2006年、2008年）

表4-11　农民工、城镇职工和农民对当地政府满意度的比较（2008年）　（单位：%）

| 政府满意度 | 城镇职工 | 农民工 | 农民 |
| --- | --- | --- | --- |
| 提供好的医疗卫生服务 | 67.9 | 70.1 | 77.9 |
| 为群众提供普遍的社会保障 | 65.5 | 59.4 | 64.6 |
| 提供优质的基础教育 | 80.7 | 75.5 | 80.2 |
| 保护环境，治理污染 | 53.3 | 46.5 | 63.6 |
| 打击犯罪，维护社会治安 | 69.6 | 64.6 | 74.3 |
| 廉洁奉公，惩治腐败 | 45.8 | 48.1 | 51.5 |
| 依法办事，执法公平 | 53.6 | 55.0 | 60.7 |
| 发展经济，增加人们的收入 | 57.8 | 61.5 | 64.3 |
| 为中低收入者提供廉租房和经济适用房 | 47.8 | 46.1 | 40.0 |
| 扩大就业，增加就业机会 | 56.9 | 58.7 | 53.1 |
| 政府信息公开，提高政府工作的透明度 | 59.2 | 57.0 | 59.8 |
| 平均 | 59.8 | 58.4 | 62.7 |

伴随着社会安全感、公平感和满意度的下降,农民工对社会群体间利益冲突的感知也有所上升。对于调查中询问的"您认为我国是否存在社会群体之间的利益冲突"这一问题,2006年城镇职工、农民工和农民3个群体回答"有严重冲突"和"有较大冲突"的比例分别为37.4%、18.6%和15.6%;在2008年的调查中,3个群体对这一问题的相同答案的比例分别为30.1%、21.6%和13.7%。由此可见城镇职工和农民群体认为我国社会群体之间有严重或较大利益冲突的比例都在下降,而农民工群体的相应回答却在上升。

同样,3个群体间对社会群体间的利益冲突未来激化可能性的判断,也出现类似的趋势。在2006年的调查中,认为社会群体利益冲突"绝对会激化"和"可能会激化"的比例,城镇职工为54.4%,农民工为38.8%,农民为31.5%。而在2008年的调查中,3个群体相应的比例为47.3%、48%和27.3%。其趋势也是农民工群体对社会群体冲突激化可能性的判断上升了,而其他两个群体相应的比例下降了。

进一步综合相关分析表明,农民工群体对生活压力的感知、对生活水平变化的感知、社会安全感、社会公平感、对政府的满意度、对社会群体利益冲突的感知等一系列社会态度,都存在一定程度的相互关联。从表4-12社会态度各层面之间的皮尔森相关系数分析可以看出,农民工面临的生活压力越高,对生活水平的提升程度的感知就越低(相关系数为-0.222),其社会安全感、社会公平感和对政府的满意度也就越低（相关系数分别为 -0.309、-0.415、-0.260），对社会群体间利益冲突的感知也就越强（相关系数为 0.198）。同样，社会安全感、公平感和满意度之间也存在中等强度的正相关，它们和社会群体利益冲突的感知也存在一定程度的负相关。农民工生活压力和社会态度之间的相关关系，预示着这样的含义：金融危机背景下农民工面临的生存压力，不但会导致对生活水准的感知的负面影响，还会将这种消极的感受逐渐扩展到社会层面。

表4-12 农民工的生活压力与社会态度各层面的相关分析①

(2008年) 相关系数 R

|  | 生活水平提升的感知 | 安全感 | 公平感 | 满意感 | 社会群体利益冲突感知 |
| --- | --- | --- | --- | --- | --- |
| 生活压力 | -0.222** | -0.309** | -0.415** | -0.260** | 0.198** |
| 生活水平提升的感知 |  | 0.085* | 0.244** | 0.306** | -0.161** |
| 安全感 |  |  | 0.559** | 0.520** | -0.166** |
| 公平感 |  |  |  | 0.678** | -0.202** |
| 满意感 |  |  |  |  | -0.270** |

注：**P<0.01，*P<0.05。

---

① 调查中，生活压力感知由13项有关日常生活中的困扰的测量题目组成，取值范围为0—14；社会安全感由7项有关社会各领域的安全度评分题目合成，取值范围7—28；社会公平感由涉及13个社会生活层面公平程度的评分合成，取值范围13—52；对政府工作满意度由11项有关政府工作的评分题目合成，取值范围11—44；社会群体利益冲突感知是一个4级分值的测量题目。上述题目的分值越低，表示某方面的程度越低（弱），分值越高，表示某方面的程度越高（强）。

## 三 农民工社会态度影响因素的分析

在 2006 年对农民工群体的研究中我们发现，农民工尽管在经济地位和社会境遇上处于弱势地位，但他们却是一个在社会态度上甚为积极的群体。可能的解释包括以下几个方面：首先，与农民工对自身境遇的归因有关。虽然农民工的经济状况和社会待遇较差，但他们倾向于认为这是自身的素质与能力所致，而非社会性因素造成的结果。其次，和农民工的生活期望与权利意识有关。农民工由于受教育水平较低，生活需求和社会期望也低，对得到的收益更容易满足，因而他们的社会安全感、公平感、满意感、信任感等社会评价也就更加积极。最后，与农民工的比较参照系有关。农民工更容易与家乡的农民相比较，与自己的过去生活相比较。换句话说，农民工的利益曲线是向上走的，更容易产生比较积极的社会态度（李培林、李炜，2007）。

但在金融危机导致的经济不景气的背景下，农民工的生活压力增加，社会态度已经产生了一定的负面变化，这就有必要进一步分析和探究那些影响其社会态度的相关因素，以便寻求有助于缓解农民工群体所面临困境的对策。

利用本次的调查数据，我们把影响农民工社会态度的因素分为以下几类：(1) 个人因素，包括性别、年龄、受教育年限等变量;(2)经济因素,以工资收入作为指标;(3)社会保障因素,包括是否拥有养老、医疗(含"新农合")、失业、工伤等社会保障;(4)生活水平变化因素,即对近年来个人生活水平提升与否的感受;(5)社会比较因素,即对本人在当地的社会经济地位等级的认定。以上述这些因素为自变量,以上述对生活压力的感知、社会安全感、社会公平感、对政府的满意度等社会态度为因变量,我们采用多元线性回归的方法来检验上述因素的影响力(见表4-13)。

回归分析一共列出了4个模型。模型1是各自变量对生活压力感知的回归方程。从模型1可以看出,年龄、月工资、生活水平提升程度和个人的社会经济地位等级认同对生活压力感知有明显的影响:年龄越大,生活压力感越强(b=0.043);工资收入的提高,可以降低生活压力感(b=-0.034);个人社会经济地位等级的主观认同越高,即和他人的社会比较中认为自己的地位越高,对生活压力的感知也就越低(b=-1.224);如果个人近年来的生活水平比以前有所改善,也会使生活压力感降低(b=-0.443)。但是社会保障类的因素,对生活压力的影响并不明显。

模型2是各自变量对社会安全感的回归方程,模型1中的因变量生活压力在此模型中又作为解释变量之一纳入。从模型2可以看出,生活压力是对社会安全感最主要的影响因素,每增强1分,对安全感会削弱0.301分。其次是社会经济地位的

表4-13　农民工的社会态度影响因素的多元回归分析（2008年）

| | 自变量 | 模型1:因变量:生活压力 回归系数 | 模型1 标准化回归系数 | 模型2:因变量:安全感 回归系数 | 模型2 标准化回归系数 | 模型3:因变量:公平感 回归系数 | 模型3 标准化回归系数 | 模型4:因变量:满意度 回归系数 | 模型4 标准化回归系数 |
|---|---|---|---|---|---|---|---|---|---|
| | 常数 | 8.007*** | 20.502*** | 29.702*** | 23.438*** | | | | |
| 个人因素 | 年龄 | 0.043*** | 0.161 | 0.016 | 0.054 | 0.013 | 0.026 | 0.080*** | 0.136 |
| | 男性（对照组：女性） | -0.298 | -0.050 | 0.552** | 0.081 | 0.223 | 0.019 | -1.044* | -0.078 |
| | 受教育年限 | 0.008 | 0.006 | -0.168*** | -0.109 | -0.464*** | -0.181 | -0.397*** | -0.134 |
| 经济因素 | 月工资收入 | -0.034** | -0.083 | -0.029 | -0.061 | 0.020 | 0.023 | -0.047 | -0.053 |
| | 养老险 | -0.176 | -0.022 | -0.178 | -0.020 | 0.652 | 0.043 | 0.623 | 0.036 |
| 社会保障因素 | 医疗险 | -0.408 | -0.052 | 1.657*** | 0.189 | 2.227*** | 0.151 | 2.306** | 0.141 |
| | 失业险 | 0.878* | 0.082 | -0.726 | -0.059 | 0.645 | 0.031 | -0.906 | -0.042 |
| | 工伤险 | -0.196 | -0.028 | 0.821* | 0.104 | -0.035 | -0.003 | 0.870 | 0.058 |
| | 新农合 | -0.188 | -0.030 | 0.969** | 0.136 | 1.325*** | 0.109 | 1.400* | 0.103 |
| | 生活水平提升 | -0.443*** | -0.135 | -0.050 | -0.013 | 0.890 | 0.137 | 2.058*** | 0.282 |
| | 社会经济地位等级 | -1.224*** | -0.351 | 0.476*** | 0.121 | 1.047*** | 0.155 | 0.463 | 0.061 |
| | 生活压力 | — | — | -0.271*** | -0.301 | -0.334 | -0.496*** | -0.216 | |
| | N | 766 | 686 | 521 | 526 | | | | |
| | 调整 $R^2$ | 0.201 | 0.187 | 0.276 | 0.226 | | | | |

注：***P<0.001，**P<0.01，*P<0.05。

自我认同，地位等级认同越高，社会安全感越强；社会保障对安全感有明显的提升作用。在其他条件相同的情况下，拥有医疗险和工伤险的农民工的社会安全感比没有此两种保险的人，安全感分别提高1.66分和0.821分。特别值得注意的是，参加新型农村合作医疗对社会安全感也有明显的提升（b=0.969）。在个人变量中，男性的社会安全感高于女性；教育程度对安全感有负面的影响，受教育年限每增加1年，社会安全感会减弱0.168分（b=-0.168）。

模型3是各自变量对社会公平感的回归方程。与模型2类似，生活压力感知对社会公平感有负面的影响（b=-0.641），社会经济地位的主观认同对公平感有提升作用（b=1.047）；在社会保障因素中，医疗险和新农合的享有会增强公平感（回归系数分别为2.227和1.325）；个人变量中教育程度对公平感有明显的减弱作用，受教育年限每增加1年，公平感得分会下降0.464分。

模型4是各自变量对政府满意度的回归方程。生活压力依然对满意度有负向作用（b=-0.496）；而生活水平的持续改善则对满意度有正向作用（b=2.058）；社会保障中医疗险和新农合的享有也对满意度有明显的提升作用（回归系数分别为2.3和1.4）；个人变量中受教育程度对满意度起到了减弱的作用（b=-0.397），男性对政府的满意度低于女性，年长者的满意度则高于年轻人（b=0.08）。

综合上述模型，可以归纳出影响农民工社会态度的因素特点如下。

（1）生活压力的感知在社会安全感、社会公平感和对政府满意度的3个模型中，都有显著的负面影响，这说明对农民工而言，生活压力加大是降低其以往积极社会态度的主要因素。而生活压力的缓解在客观上有赖于个人收入和生活状况的改善，在主观上受自我社会经济地位比较的影响。

（2）社会保障性因素在促使农民工社会态度的积极化方面有明显的作用。在上述社会安全感、社会公平感和对政府满意度的3个模型中，享有社会保障，特别是享有医疗险和新型农村合作医疗，都会增强农民工的社会安全感、社会公平感和对政府的满意度。

（3）影响农民工社会态度的个人因素中，教育的作用是最突出的。教育是最重要的人力资本，但它也开阔了人们的眼界，提高了心理预期。因此随着受教育程度的提高，反而会降低农民工的社会安全感、社会公平感和对政府的满意度。

## 四 讨论与政策启示

改革开放30多年来中国经济持续高速增长，数以亿计的农民工对此做出了巨大贡献。中国在未来的30年要继续保持经济高速增长的态势，农民工仍然是一个主要的推动力量。根

## 第四章 近年来农民工的经济状况和社会态度

据本章的研究和分析,在战略选择和政策层面有以下几点值得关注。

第一,随着中国进入工业化中期,产业结构将不断升级,技术进步对经济增长的贡献将更为显著,对劳动力技术素质的要求也会快速提高,农民工在未来必须适应这一新的要求。另外,随着中国城市化的发展、人口老龄化的影响和劳动力供给上的变化,中国劳动力低成本时代会逐渐结束,中国未来的经济增长也必须实现从"中国制造"向"中国品牌"的转变,中国劳动力的比较优势也会更加体现在劳动力素质上。从调查分析中可以看到,农民工的受教育水平和技术素质相对于城镇职工来说,仍然普遍偏低,而且这也对农民工的收入水平产生了决定性的影响。目前,绝大多数农民工还只有初中教育水平,因此,要通过制定和实施大规模的职业教育和职业培训计划,提高农民工的知识水平和劳动技能。这是一项从经济社会发展全局考虑的战略选择,要通过大规模的劳动力素质的提高,来促进全社会劳动生产率的极大提高,从而继续保持在国际竞争中的比较优势,以满足中国产业结构和世界经济格局进入新阶段的要求。

第二,随着国际市场竞争的加剧和国际贸易保护主义的抬头,中国经济增长过度依赖出口和外需的状况将难以持续,必须转变发展方式,更多地依靠国内消费的支撑。根据对调查数据的分析,农民工的收入水平和社会保障水平,相对于城镇职工来说还是较低的，但从2006年和2008年两次调查数据的对比来看，农民工在收入水平和社会保障水平方面的增长弹性很大，要在工业化和城市化的过程中，把农民工作为统筹城乡发展的关键性因素，通过改善农民工的收入水平和生活方式，使农民工成为迅速增长的消费力量，并进而带动农村消费的增长。

第三，随着农民工大规模地从农业转移到工业和服务业、从农村进入城市，农民工经历了工业化和城市化的洗礼，生活的世界和社会态度都发生了深刻变化，也使整个社会结构发生了巨变，整个社会管理体制需要为这种巨变做出调整，农民工自身也要为适应这种巨变做出改变。根据对调查数据的分析，农民工相比较而言，具有更加积极进取的社会态度，这主要是由农民工收益比较曲线持续上升的历史逻辑决定的；国际金融危机和经济不景气的影响产生的生活压力，对农民工在社会安全感、社会公平感和对政府满意度等方面的社会态度产生了负面影响，而生活压力更主要地来自就业的威胁而不是收入水平。因此，必须把农民工的就业保障问题放在首要位置上加以重视和解决。

第四，随着中国统筹城乡发展战略的实施和推进覆盖城乡社会保障体系的建设，将会逐步稳定和改变劳动者和城乡家庭居民的消费预期，扩大即期消费。但是，对于农民工来说，不同的社会保障项目，在满足需求和保持积极进取的社会态度方

### 第四章　近年来农民工的经济状况和社会态度

面,效果是不同的。调查分析发现,在各类社会保障中,城镇职工医疗保险和新型农村合作医疗,对改善农民工生活状况和社会态度效果最为明显。这可能是因为养老保险的功用在于保障劳动者退休之后的生活,对于吃"青春饭"的农民工而言,从长远来看意义重大,但对于目前正值青壮年的农民工,他们会感到并非当务之急;此外,农民工普遍采取灵活就业方式,使得他们的工作变换甚为频繁,失业保险的保障功能往往难以完全体现;工伤险则多适合于处于特殊风险岗位的劳动者。从调查情况来看,目前医疗保险对提高农民工社会保障待遇方面效果最为明显,新型农村合作医疗对农民工的积极作用,则体现了流动的农民工在城乡社会保障体系间的"两栖"状态。因此,在推进覆盖城乡的社会保障体系建设过程中,在积极完善各项社会保障制度的同时,要把完善农民工的医疗保障作为提高农民工社会保障水平的突破口。

在过去的 30 年中,农民工的工作、生活状况和社会态度,是影响中国经济社会发展全局的重要因素,在中国未来 30 年的发展中,他们的工作、生活状况和社会态度依然是影响改革发展稳定全局的重要因素。

## 参考文献

陈锡文,2009,《无工作返乡的农民工约两千万　政府积极应对》,http://news.xinhuanet.com/politics/2009 - 02/02/content_ 10750425.htm。

盛来运、王冉、阎芳，2009，《国际金融危机对农民工流动就业的影响》，《中国农村经济》第9期。

杨志明，2009，《国际金融危机下的中国农民工问题及对策》，《中国党政干部论坛》第5期。

李培林、李炜，2007，《农民工在中国转型中的经济地位与社会态度》，《社会学研究》第3期。

（原载《中国社会科学》2010年第1期）

# 第五章 中国新生代农民工：社会态度和行为选择

李培林 田 丰

摘要：农民工是中国经济快速发展的重要支持力量，经过30多年的改革开放，1980年以后出生的新生代农民工已经达到约1亿人，成为产业工人的主体。新生代农民工作为当前中国社会变迁中快速形成的一个庞大社会群体，是中国社会转型过程中破除城乡二元结构、加快推动城镇化进程的关键人群。多数新生代农民工与"老一代农民工"相比，在价值取向和行为规则等诸多方面，已经发生很大变化。本章基于中国社会科学院社会学研究所2008年5—9月进行的"全国社会状况综合调查"数据，比较分析了新生代农民工的收入状况、受教育水平、工作技能、消费特征和地位认同。本章还重点分析了"代际（新生代）"和"阶层（农民工）"这两个因素对新生代农民工的处境、行为取向和社会态度的影响，同时还分析了收入、生活压力和社会态度三者之间的关系，发现生活压力的变化和个人权利意识的增强，对新生代农民工的社会态度和行为取向具有非常重要的影响作用。

**关键词**：新生代农民工、社会态度、行为选择、生活压力

"新生代农民工"目前已经受到中国政府的高度关注。2010年中央一号文件《中共中央、国务院关于加大统筹城乡发展力度　进一步夯实农业农村发展基础的若干意见》，第一次在中央正式文件中使用了"新生代农民工"的概念。2010年2月1日，国务院新闻办公室举行新闻发布会，时任中央财经领导小组办公室副主任唐仁健在会上表示，"'新生代农民工'主要是指的'80后''90后'，这批人目前在农民工外出打工的1.5亿人里面占到60%，大约1个亿。一方面，他们出生以后就上学，上完学以后就进城打工，相对来讲，对农业、农村、土地、农民等不是那么熟悉。另一方面，他们又渴望进入、融入城市社会，享受现代城市的文明，而我们又总体上或者在很多方面也还没有完全做好接纳他们的准备"（唐仁健，2010）。

2010年1月23日至5月26日，在短短的四个多月的时间内，我国广东省深圳市台资企业富士康[①]厂区内，连续发生

---

[①] 富士康集团是著名的台资企业，主要从事计算机、通信、电子产品的制造，1974年在台湾创立，自1988年在深圳建厂以来，规模迅速扩大，共拥有60余万员工，为全球最大的电子产业专业制造商。2008年富士康出口总额达556亿美元，占中国大陆出口总额的3.9%，连续7年居大陆出口企业200强榜首。在《财富》2009年全球企业500强排位中，居第109位。

## 第五章　中国新生代农民工：社会态度和行为选择

12起令人震惊的新生代农民工的跳楼自杀事件，造成10死2重伤的悲惨结局，全国哗然，举世震惊。面对这一事件，民众、政府、学界、媒体和企业界都在询问，到底发生了什么？为什么发生？这不由得引发人们思考，究竟是什么原因使得他们对生活彻底失去信心，对现实感到绝望？如此密集的连续跳楼自杀事件，究竟是孤立个案，还是具有内在联系的集体行为？

学界和媒体对此事件的解释和看法并不一致：一些心理学家认为，新生代农民工远离家庭和社区，相比历经艰难生活磨炼的老一代农民工，心理更加脆弱，似乎认为是一个群体心理问题；一些管理学家认为，富士康对新生代农民工采取军事化管理方式，要把生产者变成纪律严明的劳动大军，但无视人的精神生活，缺乏人性化管理；一些媒体甚至在反思，是不是媒体起到了行为模仿的诱导作用，因为媒体从富士康员工发生第7起自杀事件后就密集报道，在不断的报道中相同的自杀事件却连续发生；民众则多数认为，这是被政府忽视、被社会排斥、被企业压迫的新生代农民工为一味地追求经济发展和利润所付出的生命代价，企业、社会和政府都难辞其咎。

一些社会学家则发出愤怒的呐喊，呼吁全社会从经济社会的深层原因去反思我们的发展模式。2010年5月19日，在富士康连续出现9起新生代农民工自杀事件之后，北京大学、清华大学和中国社会科学院等高校和研究机构的9名社会学家通过媒体向社会发布了《杜绝富士康事件》的"公开信"(沈原等,2010)。信中指出,"我们从富士康发生的悲剧,听到了新生代农民工以生命发出的呐喊,警示全社会共同反思这种以牺牲人的基本尊严为代价的发展模式"。不幸的是,在公开信发布之后,富士康又连续发生员工自杀事件。

这封公开信所提出的问题,也恰恰是本章要回答的问题和证明的假设,即新生代农民工的连续自杀事件,所反映的并不是一个个体心理问题或行为模仿问题,也不仅仅是一个管理方式问题,而是有其深层的经济社会原因。

## 一 新生代农民工的概念解析和文献回顾

"新生代农民工"所蕴含的第一个概念是"代"的概念。"代"在社会学中与阶层、职业、种族、性别一样,也是一个重要的社会人群划分方法和重要的社会分析概念(米德,1988;周怡,1994;武俊平,1998)。"代"一般有三种不同的含义:一是年龄差别产生的代际关系,如青年和老年;二是血缘关系产生的代际关系,如父辈和子辈;三是以共同的观念和行为特征产生的"代",如"第五代导演""80后"等。研究社会重大事件对一代人的生活历程、行为方式、价值观念等的影响,是社会学的一个重要议题。美国社会学家埃尔德(G. H. Elder)曾出版《大萧条的孩子们》一书,他利用经验调查资料,力图解释

1929年至1933年全球性的经济大萧条对孩子们成长的影响,他的研究表明,萧条、战争和极端的社会骚乱这种重大社会事件和危机时期,会重新建构个人的生命历程(埃尔德,2002)。周雪光和侯立仁把这个议题引入对当代中国的研究,他们在《文革的孩子们——当代中国的国家与生命历程》一文中,研究了"文革"中的"上山下乡"运动对一代人的影响,发现这种改变生活命运的影响是持续的,而且对不同社会阶层的孩子产生了不同的影响(周雪光、侯立仁,2003)。田丰则在《改革开放的孩子们》一文中,分析了改革开放后出生的"80后"新一代青年,发现他们的工作特征、生活方式、公平感和民主意识都与老一代有显著的差异(田丰,2009)。

以往对新生代农民工的研究多从新生代与老一代农民工之间的差异出发,或者从代际之间比较的角度出发。王春光立足于新生代农民工在身份认同和社会融入方面与老一代农民工的差异,从社会心理、日常生活行为和制度等三个层面,将新生代农民工的城市融合状况概括为"半城市化"状态,认为从中外城市化过程中都要经历一代人左右的"半城市化",一旦化解不好,可能出现另一个结构性问题——"城市贫民窟"(王春光,2006)。王正中从职业发展角度分析认为,正是新生代农民工改变了老一代农民工"有工就打"的择业路径,对职业发展和就业岗位进行"理性"选择,改变了中国劳动力"无限供给"的状况,也是东南沿海地区出现"民工荒"的重要原因

（王正中，2006）。也就是说，新生代农民工从单一的关注工资待遇，转向更多地关注自身职业前途和发展潜力，不再一味地追求赚钱多的苦、脏、累、危、重的工作，而是更希望获得"体面工作"的机会。蔡禾和王进将理性选择和迁移理论结合起来，分析农民工永久居留在城市的意愿，发现年龄小、学历较高的农民工更倾向于永久居留在城市（蔡禾、王进，2007）。丁志宏的研究表明，与老一代农民工相比，新生代农民工在外出动机、身份认同和职业发展等方面都发生了根本性变化（丁志宏，2009）。

事实上，新生代农民工除了蕴含着代际概念之外，还包含农民工这一社会阶层概念的限定性，是"阶层群体＋年龄群体"的概念。所以，将新生代农民工作为研究对象时，不仅要遵从历史逻辑来关注代际差异，而且要注重结构逻辑，重新审视他们在社会结构中所处的位置。本章将"新生代农民工"视作依照社会身份、职业和年龄这三个标准划分出的一个新社会阶层。本章使用的"新生代农民工"的概念，包括以下规定性：其一，这是一个职业群体，他们从事工商等非农产业工作，但主要是工业工作；其二，这是一个社会身份群体，他们的户籍是农民，一般来说他们的父辈身份也是农民或农民工；其三，这是一个年龄群体，属于1980年以后出生的"80后一代"，之所以选择1980年作为时间节点，是因为这也是我国改革开放的时间节点，"80后一代"生活经历与父辈完全不同

(经济快速发展、对外开放、城市出现独生子女一代、互联网和全球化背景),而"新生代农民工"更是"80后一代"中具有特殊生活经历的年龄群体(几乎没有农耕经验、不再愿意在农村生活一辈子,但难以改变农民身份、难以融入城市社会、难以忍受没有尊严的生活)。

当从历史逻辑和结构逻辑的双重视角重新审视"新生代农民工"的时候,很容易让人想到一个问题,那就是"新生代农民工"所具有的特点,究竟是由历史逻辑所决定,主要是受到新时期经济快速发展、社会剧烈变革过程的影响;还是由结构逻辑所决定,主要由他们在社会结构中所处的位置所决定?抑或是两者交融产生特殊的影响?要想解答上面的问题,需要将"新生代农民工"与"老一代农民工"进行比较,同时也需要把"新生代农民工"与"新生代"的其他社会阶层进行比较。

本章与以往研究的不同之处,在于验证历史逻辑和结构逻辑对新生代农民工的不同影响,将新生代农民工的经济收入、社会压力和社会态度作为一组变量,全面分析和审视历史逻辑和结构逻辑对新生代农民工经济收入、社会压力和社会态度三个方面的影响,并试图分析这三个方面的联系。据此,提出以下四个假设。

假设一:代际和阶层对新生代农民工经济收入、社会压力和社会态度的影响和作用是不同的,即代际和阶层各有其独立作用。

假设二:代际和阶层对新生代农民工经济收入、社会压力和社会态度也可能产生混合影响,即代际和阶层的交互项也会发生作用。

假设三:经济收入对社会态度和行为取向的影响,要通过某种中介变量来实现。

假设四:社会压力既受收入的影响,又会影响到社会态度,是一个可能的中介变量。

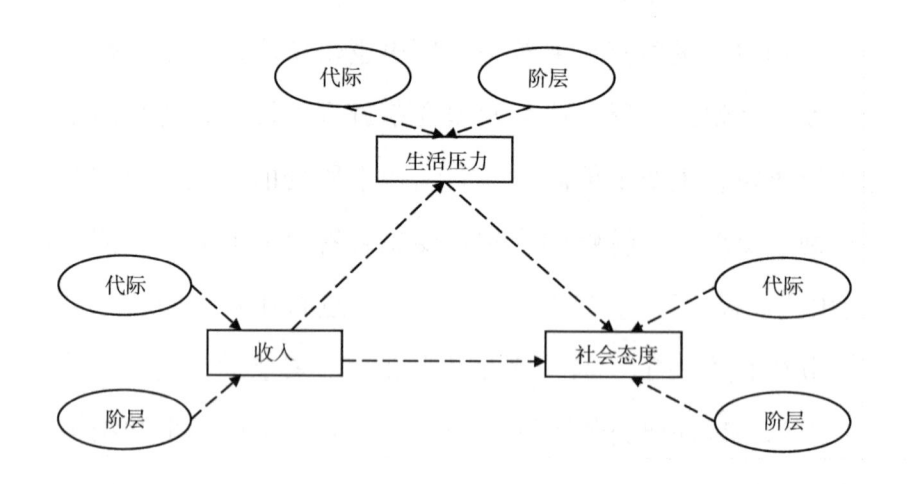

图 5-1 新生代农民工收入、生活压力和社会态度模型假设示意

## 二 数据来源与分析方法

本章使用的数据来自中国社会科学院社会学研究所 2008 年 5—9 月进行的"全国社会状况综合调查",此次调查覆盖全国 28 个省市区,130 个县(市、区),260 个乡(镇、街道),

## 第五章 中国新生代农民工：社会态度和行为选择

520个村/居委会，访问住户7100余户，获得有效问卷7139份，调查误差小于2%，符合统计推断的科学要求。调查问卷内容既包括年龄、性别、收入、职业等基本信息，还包括生活方式和社会态度等相关附加信息。

在本章中，我们的一个基本分析策略，是把"新生代农民工""新生代城市工人""新生代白领"和"老一代农民工"这四个群体放在一起进行比较分析。在概念的具体界定上，"新生代农民工"是指在2008年调查时，在1980年及之后出生的，具有农业户籍，流动到城镇地区，从事非农职业，在基层和生产第一线工作的人群；"新生代白领"是指1980年及之后出生的，具有非农户籍，在城镇地区从事非农和非体力劳动工作的人群；"老一代农民工"是指1980年以前出生的，具有农业户籍，流动到城镇地区，从事非农职业，在基层和生产第一线工作的人群。通过数据筛选，共获得310个新生代农民工样本，此外分析还使用88个新生代城市工人样本、88个新生代白领样本和882个老一代农民工样本做参照。

除了描述性分析方法外，本章主要使用相依回归（seemingly unrelated regression）方法（又名似不相关回归），分析代际、阶层、代际与阶层交互项对新生代农民工在收入、生活压力和社会态度上的影响。同时还注意观察收入、生活压力和社会态度之间的关系。似不相关回归与一般回归方程的区别在于，一般回归方程假设各个方程的误差项或者扰动项是观测不到的，并假设这些误差项或者扰动项是相互独立的，但事实上，这些误差项或者扰动项是相互影响的。因此，似不相关回归分析方法允许误差项或者扰动项相关，通过处理多个回归方程的误差项或者扰动项来控制自变量相关性的问题，并以此提高回归模型的估计效率。

## 三 新生代农民工的工作、消费和社会认同

新生代农民工作为一个社会群体，在群体内部存在一定的共性，并与其他社会群体存在相对差异，本章首先对新生代农民工与其他几个社会群体进行比较，从中分析新生代农民工的基本特征。

### （一）新生代农民工的收入、受教育水平、工作技能等基本特征

新生代农民工与新生代城市工人和新生代白领相比，平均年龄更小、平均受教育年限更短、平均工作年限更长、平均收入水平更低、平均变换工作次数更加频繁。新生代农民工与老一代农民工相比，其平均受教育年限更长、平均收入水平更高、从事技术劳动和半技术半体力劳动的人数比例更大、在非公有制单位工作的人数比例也更高（见表5-1）。总体而言，新生代农民工与新生代城市工人的职业生涯更为接近，但受到户籍制度的限制，在就业岗位、就业单位上差异还是存在的，

## 第五章 中国新生代农民工：社会态度和行为选择

新生代农民工劳动合同签订率低，从事体力劳动的比例高，在公有制单位就业比例低。

表 5-1　　新生代农民工的基本特征及比较

|  | 新生代农民工 | 新生代城市工人 | 新生代白领 | 老一代农民工 |
| --- | --- | --- | --- | --- |
| 平均年龄（岁） | 22.9 | 24.7 | 25.2 |  |
| 平均受教育年限（年） | 9.9 | 12.4 | 14.9 | 7.8 |
| 平均工作年限（年） | 7.0 | 6.3 | 4.2 |  |
| 平均年收入（元） | 13067.5 | 17077.3 | 25816.1 | 11486.6 |
| 平均工作年限（年） | 7.0 | 6.3 | 4.2 |  |
| 平均换工作次数（次） | 2.2 | 1.7 | 1.5 | 2.2 |
| 换工作频率（年/次） | 3.2 | 3.7 | 2.7 |  |
| 劳动技能 |  |  |  |  |
| 技术劳动（%） | 42.45 | 60.92 | 86.36 | 22.01 |
| 半技术半体力劳动（%） | 33.09 | 32.18 | 12.5 | 31.82 |
| 体力劳动（%） | 24.46 | 6.9 | 1.14 | 46.17 |
| 企业内部职位（%） |  |  |  |  |
| 高层管理者（%） | 0 | 0 | 1.18 | 0.96 |
| 中层管理者（%） | 0 | 2.3 | 10.59 | 0.64 |
| 低层管理者（%） | 6.15 | 5.75 | 22.35 | 1.29 |
| 普通职工（%） | 93.85 | 91.95 | 65.88 | 97.11 |
| 单位类型（%） |  |  |  |  |
| 公有制单位（%） | 8.22 | 40.91 | 39.77 | 13.82 |
| 非公有制单位（%） | 91.78 | 59.09 | 60.23 | 86.18 |
| 劳动合同签订率（%） | 53.85 | 63.22 | 80.95 | 30.19 |
| 平均每周工作时间（小时） | 57.3 | 49.0 | 44.9 | 54.5 |

## （二）新生代农民工的消费特征

从消费方式来看，新生代农民工明显不同于老一代农民工，他们购买衣物所去的场所层次更高，有17.3%和23.4%的新生代农民工去"品牌服装专卖店"和"大商场"，而老一代农民工的这两项比例是3.1%和10.2%，甚至有部分新生代农民工使用网上购物的方式。新生代农民工外出吃饭比老一代农民工更为频繁，虽然没有足够的支付能力像城市工人一样进入中高档饭店，但是在小吃店、小饭店和快餐店吃饭的比例与城市工人不相上下。不同档次饭店选择差异一定程度上也折射出新生代农民工与新生代城市工人在消费阶层上还不能划分为同一等级，但较老一代农民工更为接近和习惯城市生活方式。

新生代农民工在接触和使用传统媒体上与老一代农民工并没有特别大的差异，但是在使用新媒体方面与老一代农民工存在较大差异，"几乎每天"用手机发短信的新生代农民工占43.9%，而老一代农民工此项比例只有10.9%，"几乎每天"上网的新生代农民工高达10.8%，老一代农民工此项比例是2.9%，"从不"上网的农民工，新生代是43.9%，而老一代占90.1%。在接受新型的生活方式上，新生代农民工与老一代农民工的差异远大于与新生代城市工人的差异。这说明新生代农民工拥有比老一代农民工更高的文化程度和技能水平，他们进城务工早，受农村生活文化的影响较小，更容易告别传统的农村生活方式，转而接受城市文化和城市生活方式。但是，受到自身收入水平和财力的限制,难以达到与城市人口同等的生活水平和同样的生活方式。

### (三)新生代农民工的经济社会地位认同

通过对基本信息、工作状况和生活方式的比较分析,不难看出,新生代农民工仍然受制于户籍、文化程度等不利因素,但能够参与到城市生活中,并且能够在一些方面享受到与新生代城市工人相似的生活方式,这无疑会大大提高新生代农民工对自己的评价。从新生代农民工、新生代城市工人和老一代农民工对自身经济社会地位的评价上,他们对自身经济社会地位认同甚至高于新生代城市工人,原因可能是新生代农民工参照群体为其身边的农民、农民工或者城市工人;城市工人的参照群体则更可能是其周边的城市白领、中产阶层,所以更容易得出自己地位相对较低的评价(见表5-2)。

表5-2　　　　新生代农民工经济社会地位自评及比较　　　(单位:%)

| 经济社会地位自评 | 新生代农民工 | 新生代城市工人 | 新生代白领 | 老一代农民工 |
|---|---|---|---|---|
| 上 | 0.97 | 1.14 | 1.14 | 0.37 |
| 中上 | 5.48 | 6.82 | 18.18 | 5.22 |
| 中 | 44.84 | 29.55 | 40.91 | 36.85 |
| 中下 | 28.06 | 38.64 | 30.68 | 29.93 |
| 下 | 15.16 | 23.86 | 6.82 | 25.62 |
| 不好说 | 5.48 | 0 | 2.27 | 1.81 |

## 四 新生代农民工的生活压力和社会态度

有学者称城市农民工为"双重边缘人",即除了城市"边缘人"外,新生代城市农民工对农村和农业的依恋在减退,不愿或无法回归农村社会,只能在农村和城市之间做"候鸟型"的循环流动,呈现一种"钟摆"状态(唐斌,2002)。新生代农民工"半市民化"和"双重边缘化"(城/乡和工/农)的处境,以及他们在城市和农村夹缝之间生存的处境,是否使得新生代农民工遇到更多的社会问题,从而导致他们经历更多的社会冲突和矛盾,是研究新生代农民工难以回避的话题。

### (一) 新生代农民工的生活压力

令我们感到意外的是,调查数据分析出现与前面假设截然相反的结果,发现新生代农民工所遇到的生活压力是最小的(见表5-3)。原因可能主要有两个方面:一是他们年富力强,还较少考虑老一代农民工面临的子女教育、养老、医疗等问题;二是他们还没有完全融入城市生活,对待生活压力问题的态度与城里人完全不同,比如住房、稳定就业等问题。但是,农民工不稳定的家庭生活,使新生代农民工在一些家庭问题上,压力明显大于新生代城市工人和新生代白领,如"家庭收入低,日常生活困难""子女管教困难,十分累心""家庭成员有矛盾,烦心得很"。

表5-3　　　　新生代农民工所遇到的生活压力及其比较　　　（单位:%）

| 所遇到的社会问题 | 新生代农民工 | 新生代城市工人 | 新生代白领 | 老一代农民工 |
| --- | --- | --- | --- | --- |
| 住房条件差,建/买不起房 | 37.88 | 55.81 | 45.35 | 50.84 |
| 子女教育费用高,难以承受 | 8.33 | 9.30 | 4.65 | 36.75 |
| 子女管教困难,十分累心 | 7.58 | 5.81 | 3.49 | 23.39 |
| 医疗支出大,难以承受 | 20.45 | 29.07 | 26.74 | 36.75 |
| 物价上涨,影响生活水平 | 75.00 | 89.53 | 77.91 | 84.25 |
| 家庭收入低,日常生活困难 | 39.39 | 34.88 | 20.93 | 58.47 |
| 家人无业、失业或工作不稳定 | 38.64 | 40.70 | 23.53 | 46.78 |
| 赡养老人负担过重 | 15.15 | 13.95 | 12.79 | 22.43 |
| 工作负担过重,吃不消 | 25.76 | 30.23 | 37.21 | 31.50 |
| 人情支出大,难以承受 | 19.70 | 23.26 | 18.60 | 28.64 |
| 家庭成员有矛盾,烦心得很 | 10.61 | 4.65 | 4.65 | 12.89 |
| 社会风气不好,担心被欺骗和家人学坏 | 21.97 | 32.56 | 27.91 | 30.31 |
| 社会治安不好,常常担惊受怕 | 28.03 | 40.70 | 31.40 | 26.01 |

## (二) 新生代农民工的社会冲突感知

关于我国新阶段最容易产生的矛盾和冲突,新生代农民工认为是在管理者和被管理者之间,新生代城市工人认为是在雇主和雇员之间,新生代白领认为是在穷人和富人之间,而老一代农民工认为是在干部和群众之间。四个社会群体给出的选择完全不一样,也折射出他们看待社会矛盾和冲突的角度不同:新生代农民工和新生代城市工人关注点集中在企业内部组织结构中，因为他们处于企业中最底层；新生代白领关注点集中在社会财富的分配，因为他们必须通过积累财富来稳定其现有的社会地位；老一代农民工从计划经济体制下一路走来，他们把干群关系视为最基本的社会关系，也把各种期望更多地寄托在政府身上。

前文分析发现，新生代农民工比老一代农民工更倾向于认为自己属于社会的中上层，甚至其社会经济地位自我评价要高于新生代城市工人。李培林等人的研究结果表明，越是将自己认同为上层阶层的人，就越认为现在和将来阶级、阶层之间的冲突较小；反之则认为冲突会严重（李培林等，2005）。这一点，在下面的分析中也有体现。虽然，新生代农民工认为现阶段社会存在严重冲突的比例最高，为5.76%，但是他们认为有较大冲突的比例是最低的，为12.95%。新生代城市工人认为现阶段社会存在严重冲突的比例为4.60%，认为有较大冲突的比例为47.13%，非常显著地高于其他三个社会群体。结合前文分析结果可知，城市工人是对自己经济社会地位评价最低的社会群体，就不难理解为什么他们认为社会冲突的严重程度是最高的。

对冲突激化可能性判断的分析，发现新生代白领认为"绝对会激化"的比例是最高的，达到7.95%，新生代农民工认为"绝对会激化"的比例略低，为5.76%，新生代城市工人认为"绝对会激化"的比例不高，但认为"可能会激化"的比例最高，为54.02%。结果与对现阶段冲突严重程度的判断一致，反映出市场经济体制下，城市工人经济社会地位下降使得他们对社会冲突的感知更为强烈。

**（三）新生代农民工的生活变化和预期**

我们在过去的研究中发现，对未来的生活预期对农民工的社会态度有很大的影响。这次分析发现，新生代农民工认为自己在过去5年中，生活水平"上升很多"的比例要高于其他三个人群，达到15.11%，这说明新生代农民工的生活水平确实得到较大改善。生活水平的提高，给新生代农民工带来更好的生活预期，在被问及未来5年生活水平预期变化时，有25.9%的新生代农民工表示会"上升很多"，这一比例远远高于新生代城市工人、新生代白领和老一代农民工。可以看到，新生代农民工与老一代农民工的差距是非常大的，这可能有两点原因：第一，新生代农民工并没有遭遇过多的社会问题，他们对自己的生活处境充满信心；第二，新生代农民工对自己的生活有更高的预期，他们更加渴望通过自身的努力来实现生活的梦想。

**（四）新生代农民工的安全感**

一个人能否产生安全感，来自多方面和多层次的因素，新生代农民工对劳动安全最为忧虑，选择"很不安全"和"不大安全"的比例是四个群体中最高的。总体而言，新生代城市工人的安全感是最差的，他们在个人和家庭财产安全、人身安全、交通安全、医疗安全四个方面存有担忧的比例都是最高的。新生代白领最为担忧的是食品安全和个人信息、隐私安全。令人惊讶的是老一代农民工是安全感最高的人群，可能与他们对安全的要求较低和对危害认识较少有关。

表5-4　　　　　　新生代农民工的安全感及其比较　　　　（单位:%）

|  | 新生代农民工 | 新生代城市工人 | 新生代白领 | 老一代农民工 |
| --- | --- | --- | --- | --- |
| 个人和家庭财产安全 | 22.30 | 32.18 | 19.32 | 15.37 |
| 人身安全 | 19.43 | 24.14 | 20.45 | 14.66 |
| 交通安全 | 38.85 | 48.27 | 37.50 | 35.46 |
| 医疗安全 | 26.62 | 28.74 | 26.13 | 25.29 |
| 食品安全 | 37.41 | 29.89 | 39.77 | 34.75 |
| 劳动安全 | 32.38 | 27.59 | 19.32 | 21.28 |
| 个人信息、隐私安全 | 17.27 | 33.34 | 43.18 | 10.64 |

## 五　新生代农民工的经济地位、生活压力和社会态度之间的关系

新生代农民工作为一个快速发展的社会群体，他们"半城市化"生存状态，决定了其工作收入、生活方式和社会态度等方面，既有与老一代农民工不同之处，又与新生代城市工人和新生代白领不太一样。他们在工作和收入上已经超过了老一代

## 第五章 中国新生代农民工：社会态度和行为选择

农民工，更加适应城市生活方式，但其生活和职业"双重边缘化"处境反而使得他们感受到的生活压力较少，他们在社会态度上兼容城乡两种特点，与新生代城市工人和新生代白领存在共同之处，也具有一定差别。这些都说明，新生代农民工兼有新生代阶层和农民工阶层两种特质，那么进而要分析的是，新生代农民工经济地位、生活压力和社会态度之间存在什么样的关系？新生代人群和农民工阶层两个特质中哪一个方面更能够对新生代农民工的社会态度起到决定性的作用？

为了解决上面提出的问题，本章将个人收入对数作为代表经济地位的指标[①]；将社会问题带来的压力程度作为生活压力指数[②]；将公平感指数[③]、冲突感指数[④]和安全感指数[⑤]作为社会态度的指标。将收入对数、生活压力和社会态度作为因变量带入模型，模型分析人群界定为有收入的、18岁以上、60岁及以下被调查对象。另外，参照甘满堂的观点，将社会阶层笼统地划分为城里人、农民和农民工三个大的阶层（甘满堂，2001）。表5—5是因变量的描述性分析。

---

① 这里指个人全年总收入的对数。
② 社会问题带来的压力指数 = $\sum$（社会问题$_i$ × 压力大小$_i$）。数值越低，压力越小；数值越高，压力越大。
③ 公平感指数 = $\sum$公平感程度$_i$。数值越低，倾向越公平；数值越高，倾向越不公平。
④ 冲突感指数是将因子分析值转化为0—10的标准化值。数值越低，越倾向于可能发生冲突。
⑤ 安全感指数 = $\sum$安全感程度$_i$。数值越低，倾向越不安全；数值越高，倾向越安全。

138　上篇　农民工

表5-5　　　　　　　　　不同人群主要自变量得分情况

|  | 新生代农民工 | 新生代城市工人 | 新生代白领 | 老一代农民工 |
| --- | --- | --- | --- | --- |
| 收入对数 | 9.2 | 9.5 | 10.0 | 9.1 |
| 生活压力指数 | 5.3 | 6.4 | 5.6 | 7.6 |
| 公平感指数 | 30.5 | 31.6 | 32.7 | 30.3 |
| 冲突感指数 | 5.1 | 4.1 | 4.7 | 5.6 |
| 安全感指数 | 19.4 | 19.2 | 19.6 | 19.8 |

由于需要观察代表历史逻辑的"代际"，代表结构逻辑的"阶层"，以及是否存在两者共同作用的特殊影响，所以，将"代际""阶层"和"代际与阶层"交互项三个变量作为自变量放入。考虑到还要观察收入、生活压力和社会态度之间的关系，因而收入对数和生活压力指数既是方程的因变量，也作为方程的自变量。

分析发现，在模型一中只放入代际、阶层和代际与阶层交互项三类自变量的情况下，个人收入回归分析中，代际影响不显著，说明在控制阶层的独立作用后，新生代和老一代之间收入差异不显著；而阶层影响是显著的，与城市人口相比，农民工和农民的收入更低。但两者交互项影响不显著。

生活压力指数回归模型中，代际影响是不显著的，阶层存在一定的影响，农民工比其他阶层所遇到社会问题带来的压力更大。代际与阶层的两个交互都是显著的，新生代与农民工的交互项是负值，说明新生代农民工比其他人群遇到社会问题所带来的压力更小；与新生代农民工相反，新生代农民比其他人群遇到社会问题所带来的压力更大。代际与阶层交互项影响显著，说明在扣除了代际和阶层的独立影响之后，代际和阶层产生了合力作用。

对公平感的感知在新生代和老一代之间差异不显著，这说明代际因素对公平感的影响并不明显；城里人、农民工和农民阶层之间存在一定差异，但差异并不显著。代际与阶层交互项影响不显著，说明在扣除了代际和阶层的独立影响之后，代际和阶层并没有产生合力作用。

表5-6 新生代农民工收入、生活压力和社会态度影响因素的相依回归（SUR）模型一

|  | 收入对数 | 生活压力 | 公平感 |
| --- | --- | --- | --- |
| 常数项 | 9.400*** | 6.928*** | 30.909*** |
| 代际（以老一代为参照） |  |  |  |
| 新生代 | -0.112 | -0.311 | 0.651 |
| 阶层（以城市人口为参照） |  |  |  |
| 农民工 | -0.521*** | 0.514* | -0.514 |
| 农民 | -1.329*** | 0.087 | 0.202 |
| 交互项（以新生代与城市人口为参照） |  |  |  |
| 新生代与农民工交互项 | -0.082 | -1.579*** | -0.568 |
| 新生代与农民交互项 | -0.064 | 1.483** | -0.753 |
| $R^2$ | 0.2155 | 0.0060 | 0.0012 |

注：***$P<0.001$，**$P<0.01$，*$P<0.05$。

综合三个回归方程结果，阶层对收入的影响更为有效，阶层对社会问题带来的压力有一定影响，但代际和阶层两者共同作用的影响更大。而对公平感，无论是阶层、代际，还是两个的交互项都没有显著影响。这一定程度上验证了假设一和假设二是部分成立的，即在代际和阶层的独立作用和交互作用的影响对部分分析对象是显著存在的。

模型中还加入性别、受教育年限、社会经济地位自评、劳动技能和地区等作为控制变量，其中社会经济地位自评和收入对数之间存在较强的相关性，所以，将两者的交互项也代入方程。此外，在加入生活压力变量后，收入对社会态度的影响程度和显著性都会发生一定变化，因此，分别建立两个以公平感、冲突感和安全感三个社会态度因变量，用以观察在控制生活压力后，收入对社会态度的影响变化。最终，在模型中包含八个方程，为了方便起见，本章只列出模型的最终结果，并予以解释。

在收入决定方程中，性别、受教育年限、经济社会地位自评、劳动技能、地区、代际和阶层对收入对数均有显著的影响。性别、受教育年限和劳动技能，主要代表的是人力资本对收入的影响，从分析结果来看，男性比女性的收入更高，受教育年限、劳动技能和收入之间呈正相关关系，即受教育年限越多，劳动技能水平越高的人，收入水平越高。

代际、阶层、代际与阶层的交互项是重点观察的内容，分析发现，代际、阶层对收入有独立的影响，新生代收入水平要低于老一代，其中应当包含工作经验对收入的影响；城市人口的收入最高，农民工收入水平居中，农民的收入水平最低。代际和阶层的交互项影响并不显著，这说明在控制代际、阶层的独立影响后，两者共同作用没有形成新生代城市人口、新生代农民工和新生代农民之间显著的差异。

第二个方程的因变量是生活压力指数。在生活压力的影响因素中，性别、受教育年限两个因素对生活压力的影响均不显著，半技术半体力劳动者遇到的生活压力要大于技术劳动者。收入与生活压力呈负相关关系，收入水平越高的人，生活压力越小；社会经济地位自评对生活压力的影响不显著，而两者的交互项也有显著影响，这说明生活压力来自客观的收入状况，而非主观的经济状况判断。

代际的独立影响在 0.05 水平上仍然是显著的，说明新生代人口的生活压力要低于老一代；阶层的影响并不显著，但代际和阶层的交互项存在显著的影响，新生代农民工生活压力低于城市人口，新生代农民的生活压力要高于城市人口。在社会问题所带来的生活压力上，代际和阶层产生"化学反应"，形成共同作用的影响，甚至阶层作为独立变量的影响消失。

每一个社会态度指数都有两个方程，区别在于第二个方程中增加生活压力作为自变量，来观察控制生活压力后，收入对社会态度影响的变化。分析发现，在安全感和公平感作为因变量的方程中，没有加入生活压力的情况下，收入在 0.05 水平下影响是显著的。在加入生活压力变量后，收入影响不再显著，而方程的解释力增强。在冲突感方程中，生活压力的影响是显著的，而收入的影响始终不显著，这说明生活压力是真正影响社会态度的因素。

代际、阶层和两者交互项对社会态度三个方面的影响多不显著，只有新生代农民在安全感和公平感方程中显著高于城市人口，不存在代际和阶层显著的共同作用。其他变量对社会态度三个方面的影响没有呈现出一致的规律性。

综合模型分析结果，有两个主要发现：第一，在控制其他变量的情况下，新生代农民工的收入分别受"代际"和"阶层"两个因素的独立影响，两者交互变量的影响不显著。但就新生代农民工所遇到社会问题带来的生活压力而言，"代际"和"阶层"独立影响均不显著，两者交互变量影响却是显著的，这说明"新生代"和"农民工"两种特质在新生代农民工身上混合在一起，产生显著区别于原有"代际"和"阶层"独立影响的特殊作用。换句话说，在新生代农民工的收入决定上，结构逻辑（阶层位置）和历史逻辑（年龄段）都发挥着独立的显著作用；在生活压力上，历史逻辑和结构逻辑产生交融，新生代农民工由于其年富力强，在现实中生活压力相对较小。第二，新生代农民工的社会态度会受到各方面因素的影响，而这些影响因素所能够发挥的作用带有不确定性，比如，性别对安全感影响显著,受教育程度能够改变人们对冲突的感知。但不确定性的背后,也能发现一些带有共性的特点,即生活压力指数是收入水平和社会态度的中介变量,即收入水平高低能够间接影响到人们的社会态度,但这种影响是通过改变人们遇到社会问题所带来生活压力大小而实现的。所以,假设三和假设四均被证明。

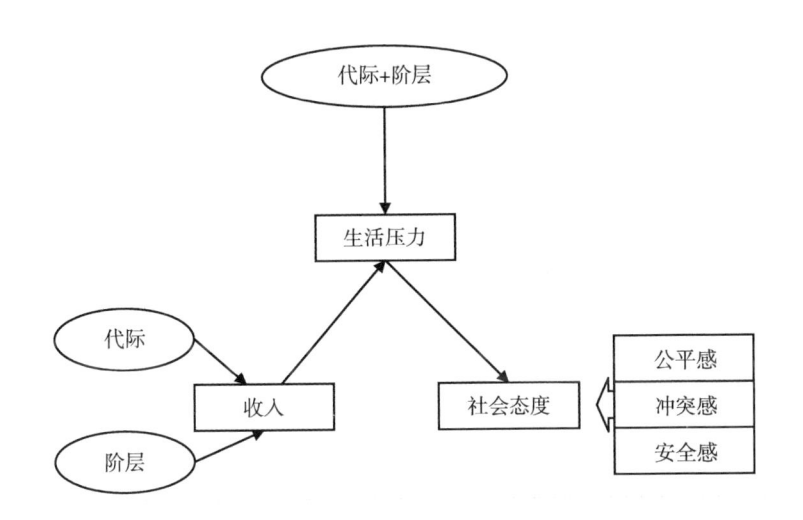

**图 5-2 新生代农民工收入、生活压力和社会态度模型验证结果示意**

虽然新生代农民工由于其年富力强,较之老一代农民工生活压力相对较少,但他们却具有比父辈更强的民主意识,更强调个人的权利。同时,新生代农民工在发生劳动纠纷时,处理方法的选择上比老一代农民工更为激进,手段也更加多元化。

表5-7 新生代农民工收入、生活压力和社会态度影响因素的相依回归(SUR)模型二

| | 收入对数 | 生活压力 | 安全感1 | 安全感2 | 冲突感1 | 冲突感2 | 公平感1 | 公平感2 |
|---|---|---|---|---|---|---|---|---|
| 常数项 | 10.627*** | 9.633*** | 30.575*** | 33.067*** | 5.493*** | 6.208*** | 17.593*** | 18.846*** |
| 性别(以男性为参照) | | | | | | | | |
| 女性 | -0.376*** | 0.159 | -0.992*** | -0.951*** | 0.117 | 0.129 | -0.304** | -0.283* |
| 受教育年限 | 0.037*** | 0.039 | 0.054 | 0.064 | -0.100*** | -0.097*** | -0.044* | -0.039* |
| 社会经济地位自评 | -0.238*** | -0.208 | -0.404 | -0.458 | 0.193 | 0.177 | 0.426 | 0.399 |
| 劳动技能(以技术劳动为参照) | | | | | | | | |
| 半技术半体力劳动 | -0.261*** | 0.650** | -0.266 | -0.098 | -0.014 | 0.034 | 0.094 | 0.179 |
| 体力劳动 | -0.535*** | -0.042 | -0.402 | -0.413 | 0.175 | 0.172 | 0.064 | 0.059 |
| 地区(以东部为参照) | | | | | | | | |
| 中部地区 | -0.315*** | -0.233 | -0.319 | -0.380 | 0.664*** | 0.647*** | 0.499*** | 0.469*** |
| 西部地区 | -0.492*** | 0.773*** | -1.100*** | -0.900 | 0.427*** | 0.485*** | -0.104 | -0.003 |
| 代际(以老一代为参照) | | | | | | | | |

续表

| | 收入对数 | 生活压力 | 安全感1 | 安全感2 | 冲突感1 | 冲突感2 | 公平感1 | 公平感2 |
|---|---|---|---|---|---|---|---|---|
| 新生代 | -0.141* | -0.661* | 0.081 | -0.090 | -0.241 | -0.290 | -0.136 | -0.222 |
| 阶层（以城市人口为参照） | | | | | | | | |
| 农民工 | -0.173*** | 0.429 | -0.350 | -0.239 | 0.152 | 0.183 | 0.323 | 0.379 |
| 农民 | -0.912*** | -0.299 | 1.065** | 0.988** | 0.268* | 0.246 | 0.919*** | 0.880*** |
| 交互项（以新生代与城市人口为参照） | | | | | | | | |
| 新生代与农民工 | -0.069 | -1.640** | -0.543 | -0.967 | 0.014 | -0.107 | -0.112 | -0.325 |
| 新生代与农民 | -0.127 | 1.731** | -0.345 | 0.103 | -0.110 | 0.018 | -0.695 | -0.470 |
| 收入对数 | | -0.717** | 0.656* | 0.470 | 0.039 | -0.014 | 0.396* | 0.303 |
| 收入对数与经济社会地位自评交互项 | | 0.127** | -0.110 | -0.077 | -0.024 | -0.015 | -0.089 | -0.073 |
| 生活压力指数 | | | 0.0436 | -0.259*** | 0.0813 | -0.074*** | 0.0351 | -0.130*** |
| $R^2$ | 0.4939 | 0.0553 | 0.0436 | 0.0680 | 0.0813 | 0.1003 | 0.0351 | 0.0633 |

注：\*\*\*P<0.001，\*\*P<0.01，\*P<0.05。

首先，新生代农民工面对劳动纠纷时，选择"无可奈何，只好忍了"和"没有采用任何办法"的比例为11.54%和19.23%，明显低于老一代农民工34.78%和28.26%的比例，这说明新生代农民工没有像老一代农民工那样消极应对劳动纠纷。其次，新生代农民工采用了老一代农民工没有使用的处理劳动纠纷的方法，比如暴力反抗和找媒体帮助，虽然比例很小，却明确反映出新生代农民工处理劳动纠纷的方法更加多样化。最后，新生代农民工更善于借用政府的力量来捍卫自己的权利。在发生劳动纠纷时，选择上访或者向政府有关部门反映的比例为30.77%，远远高于老一代农民工8.7%的比例（见表5-8）。我们的问卷调查，没有想到新生代农民工竟然会以终结生命的激烈方式与企业抗争。从富士康的连续自杀事件和2010年连续发生的罢工事件来看，新生代农民工对劳动关系纠纷已经不再像老一代农民工那样选择忍耐和无奈，而是对抗方法更加多样，更加激进。

表5-8　新生代农民工和老一代农民工在发生劳动纠纷时的处理方法比较　　　　　　（单位：%）

| 发生劳动纠纷时的处理方法 | 新生代农民工 | 老一代农民工 |
| --- | --- | --- |
| 打官司 | 7.69 | 10.87 |
| 与对方当事人/单位协商 | 34.62 | 39.13 |
| 上访/向政府有关部门反映 | 30.77 | 8.70 |

续表

| 发生劳动纠纷时的处理方法 | 新生代农民工 | 老一代农民工 |
| --- | --- | --- |
| 找关系疏通 | 7.69 | 8.70 |
| 暴力反抗 | 3.85 | 0.00 |
| 找媒体帮助 | 3.85 | 0.00 |
| 罢工/静坐/示威 | 7.69 | 6.52 |
| 无可奈何，只好忍了 | 11.54 | 34.78 |
| 没有采用任何办法 | 19.23 | 28.26 |

注：因为是多选题，故百分比累计超过100%。

## 六 主要结论和政策建议

新生代农民工作为当前中国社会变迁中快速形成的一个庞大社会群体，是中国社会转型过程中破除城乡二元结构，加快推动城镇化和工业化进程的关键人群。通过本章的分析可以看到，新生代农民工虽然在文化程度、工作技能等方面比老一代农民工有较大提高，却仍然处于整个社会结构的底层，游离于城市制度之外。

本章的分析从新生代农民工在工作收入、消费方式、生活压力、社会态度等方面的特征入手，分析新生代农民工与新生代城市工人、新生代白领和老一代农民工之间的共性与差异，发现新生代农民工在工作收入、生活方式、社会态度等特征上，兼具新生代城市工人和老一代农民工的特点。在工作技能和收入水平上接近于新生代城市工人。在消费方式上，与老一代农民工存在较大差异。在社会态度的冲突感方面，新生代农民工表现出对管理者和被管理者之间冲突的强烈感知，这与其他社会阶层有明显的差异；在生活水平变化判断上，新生代农民工选择生活水平在过去5年和未来5年"上升很多"的比例都是最高的，说明他们带着美好的生活预期；在公平感方面，虽然新生代农民工总体上并没有表现出比其他社会阶层更高的不公平感，但在工作和就业机会以及城乡居民之间享有的权利和待遇两个方面，则明显表现出比老一代农民工更高的不公平感；在安全感方面，新生代农民工最突出的特点，就是比其他社会阶层表现出更大的对劳动安全的忧虑。

新生代农民工除了像城市人口一样对房价、就业等问题的高度关注，也表现出与老一代农民工一致的对城乡差距和农民工待遇的不满。新生代农民工在工作收入、生活方式和社会态度的"半城市化"状态只是表征，其深层次的原因还是需要归结于来自历史逻辑的代际和结构逻辑的阶层两个方面的影响。当然，还可能存在新生代农民工所特有的来自历史逻辑和结构逻辑交互作用的影响，这也是本章分析的重点所在。

本章在以下两个方面有新的发现。

第一，以往的研究主要关注结构逻辑（结构位置、阶层归属）对农民工行为取向和社会态度的影响，本章加入了对历史逻辑（地位变化、代际归属）的考察，发现新生代农民工在社

## 第五章 中国新生代农民工：社会态度和行为选择

会问题所带来的生活压力中，存在代际与阶层交互变量的显著影响，这意味着"代际"与"阶层"在新生代农民工身上的作用并非仅仅是两个变量的独立影响，而是存在区别于代际和阶层的合力影响。代际与阶层交互变量影响的存在，说明历史逻辑（代际）和结构逻辑（阶层）在新生代农民工身上产生了一种特殊效应，这种特殊效应在未来会随着新生代农民工年龄的变化和社会处境的变化而变化，在很大程度上决定着新生代农民工的生活压力变化，并进而对新生代农民工的社会态度和行为取向产生重要影响。这给予我们重要的警示：新生代农民工与其他人群相比，一方面他们有美好的生活预期，另一方面他们暂时没有遭遇到更为显著的生活压力，这使得新生代农民工实际上处于一种乐观的"青春期"状态。但是，随着年龄和阶层地位的变化，如果生活压力不断加大，而美好生活预期破灭，那么新生代农民工社会态度变化的激烈和显著程度将比其他社会阶层更大。分析还发现，新生代农民工比老一代农民工的民主意识和个人权益意识更强，因此，他们在遇到劳动纠纷等事件时，采取的应对方式会更加多样，也会更加激烈。

第二，在以往的研究中，人们一般假定，收入地位会直接影响人们的社会态度，但我们的研究表明，收入地位必须经过某种中介变量才能对人们的社会态度和行为取向产生影响，这个中介变量在本章的分析中是"生活压力"，但在其他情境下也许是其他因素。本章发现，在没有控制生活压力指数变量的情况下，收入对公平感指数的影响是显著的，而控制生活压力指数变量后，收入对公平感指数影响的显著性消失，这说明生活压力指数是收入水平和公平感指数的中介变量，收入水平高低对社会态度的影响，是通过改变人们遇到社会问题所带来生活压力大小变化而实现的。进一步分析还发现，在控制收入变量后，新生代农民工社会问题指数与公平感指数的偏相关系数明显高于其他人群，意味着一旦遭遇到社会问题带来的生活压力，他们对社会不公平感知的强烈程度要远远高于其他人群。生活压力指数作为收入影响社会态度的中介变量，但并不意味着收入是决定生活压力指数的唯一变量。

从我们以上的研究发现中，可以引申出以下几点政策建议。

第一，加强对新生代农民工的权益保护。新生代农民工较之于老一代农民工，具有更高的受教育水平，他们的消费方式与老一代农民工有了很大差别，更多地使用手机和互联网等现代媒体获取信息，也具有更高的维权意识。要依法保护他们的合法权益，使他们具有合法维权的制度化渠道。新生代农民工的生活压力，有可能并不直接来自物质生活本身，而是来自合法权益的相对剥夺、实现生活预期的焦虑，等等。

第二，加快消除新生代农民工转变成市民的制度化障碍。通过分析可以看到，生活压力是影响新生代农民工社会态度的关键中介变量。新生代农民工对未来发展前景的预期，与他们对生活压力的感知密切相关，而这种生活压力的强烈感知，又可能造成他们的社会公平感低、安全感差、冲突预期强烈。他们几乎没有农耕经验，也不再可能像老一代农民工那样，在打工之后回家务农，但留在城市，面对种种制度化障碍和生活压力，似乎看不到生活出路。要把新生代农民工转变成市民作为城市化战略的重要选择，加快制定各种相应政策。

第三，改进农民工的劳动关系。"富士康事件"之后，该企业的主要应对措施就是宣布较大幅度提高工资水平。但从我们的分析结果来看，新生代农民工与老一代农民工以及其他社会阶层的一个显著差异，就是他们对管理者和被管理者的冲突具有非常强烈的感知。加薪只能作为缓解问题的辅助手段，更为重要的是改善劳动关系，包括加强劳动保障、完善沟通机制，同时控制加班时间、健全工会组织、丰富业余生活、关心精神需求、关切他们未来发展，等等。

## 参考文献

蔡禾、王进，2007，《"农民工"永久迁移意愿研究》，《社会学研究》第6期。

陈成文、彭国胜，2006，《在失衡的世界中失语——对农民工阶层话语权丧失的社会学分析》，《天府新论》第5期。

埃尔德（Elder, G. H.），2002，《大萧条的孩子们》，田禾、马春华译，南京：译林出版社。

丁志宏，2009，《我国新生代农民工的特征分析》，《兰州学刊》第7期。

甘满堂，2001，《城市农民工与转型期中国社会的三元结构》，《福州大学学报》（哲学社会科学版）第4期

国务院课题组，2006，《中国农民工调研报告》，北京：中国言实出版社。

黄平，2007，《当代中国农民寻求外出—迁移的潮流》，中国社会学网（http://www.sociology.cass.cn/shxw/nmgyj/t20030829_0984.htm）。

李培林，1996，《农民工的社会网络和社会地位》，《社会学研究》第4期。

李培林等，2005，《社会冲突与阶级意识：当代中国社会矛盾问题研究》，北京：社会科学文献出版社。

李培林主编，2003，《农民工：中国进城农民工的经济社会分析》，北京：社会科学文献出版社。

李培林、李炜，2007，《农民工在中国转型中的经济地位与社会态度》，《社会学研究》第3期。

——，2010，《近年来农民工的经济地位和社会态度》，《中国社会科学》第1期。

刘成斌，2008，《生存理性及其更替——两代农民工进城心态的转变》，《福建论坛》第7期。

刘精明，1999，《"文革"事件对升学入学模式的影响》，《社会学研究》第6期。

米德（Mead, G. H.），1988，《代沟》，曾胡译，北京：光明日报

出版社。

沈原等，2010，《杜绝富士康悲剧》，http：//tech.sina.com.cn/it/2010-05-19/13214206671.shtml。

石美遐，2007，《非正规就业劳动关系研究》，北京：中国劳动社会保障出版社。

唐斌，2002，《"双重边缘人"：城市农民工自我认同的形成及社会影响》，《中南民族大学学报》第 S1 期。

唐仁健，2010，《新生代农民工数量约一个亿》，http：//www.dzwww.com/rollnews/finance/201002/t20100201_5569823.htm。

田丰，2009，《改革开放的孩子们》，《青年研究》第 6 期。

王春光，2001，《新生代农村流动人口的社会认同与城乡融合的关系》，《社会学研究》第 3 期。

——，2006，《农村流动人口的"半城市化"问题研究》，《社会学研究》第 5 期。

王正中，2006，《"民工荒"现象与新生代农民工的理性选择》，《理论学刊》第 9 期。

"外来农民工"课题组，1995，《珠江三角洲外来农民工状况》，《中国社会科学》第 5 期。

翁定军，1999，《公平与公平感的社会心理分析》，《上海大学学报》（社会科学版）第 2 期。

吴小英，2006，《代际冲突与青年话语的变迁》，《青年研究》第 8 期。

武俊平，1998，《第五代人》，天津：天津教育出版社。

薛洁，2007，《关注公民公平感——我国部分公民公平感调查报告》，《吉林大学社会科学学报》第5期。

张翼，2004，《中国人社会地位的获得——阶级继承与代内流动》，《社会学研究》第4期。

周雪光、侯立仁，2003，《文革的孩子们——当代中国的国家与生命历程》，中国社会科学院社会学研究所编《中国社会学》第2卷，上海：上海人民出版社。

周怡，1994，《代沟现象的社会学研究》，《社会学研究》第4期。

Appleton, Simon, John Knight, Lina Song, and Qingjie Xia, 2002, "Towards a Competitive Labour Market? Urban Workers, Rural Migrants, Redundancies and Hardships in China", Institute for Contemporary China Studies, *Working Paper*, Nottingham: University of Nottingham.

Benjamin, Dwayne, Loren Brandt, Paul Glewwe, and Guo Li, 2000, "Markets, Human Capital, Inequality: Evidence from Rural China", *Working Paper*, 298, William Davidson Institute, The University of Michigan Business School.

Cai, Fang and Dewen Wang, 2003, "Migration as Marketization: What Can We Learn from China's 2000 Census Data?", *The China Review*, 3 (2).

Davis – Friedmann, Deborah, 1985, "Intergenerational Inequalities and the Chinese Revolution", *Modern China*, 11.

Deng, Quheng, Li Shi. 2009, "What Lies behind Rising Earnings Inequality in Urban China? Regression – based Decompositions", *Global COE Hi – Stat*

*Discussion Paper Series*, 021, January.

Elder, Glen H., 1999, *Children of the Great Depression*, Westview Press.

Knight, J., and L. Song, 1999, *The Urban – Rural Divide: Economic Disparities and Interactions in China*, New York: Oxford University Press.

Millimet, Daniel L., and Le Wang, 2006, "A Distributional Analysis of the Gender Earnings Gap in Urban China", *Contributions to Economic Analysis & Policy*, Vol. 5, issue 1.

Stark, O., and Taylor, J. E., 1991, "Migration Incentives, Migration Types: The Role of Relative Deprivation", *The Economic Journal*, Vol. 101.

Wan, Guanghua, 2004, "Accounting for Income Inequality in Rural China: A Regression Based Approach", *Journal of Comparative Economics*, Vol. 32, No. 2.

Zhao, Yaohui, 1997, "Labor Migration and Returns to Rural Education in China", *American Journal of Agricultural Economics*, 79, November.

(原载《社会》2011 年第 3 期)

# 第六章 我国农民工社会融入的代际比较

李培林 田丰

**摘要:** 我国城市化水平2011年突破了50%,但在这快速的城市化过程中始终没有解决好城市化滞后于工业化的问题,数以亿计的农民工仍面临着难以融入城市社会的突出问题。本章依据2011年中国社会科学院社会学研究所中国社会状况综合调查数据,描述了老一代农民工和新生代农民工在经济、社会、心理和身份四个层面的社会融入状况,分析了人力资本、社会资本和政策制度等因素对社会融入的影响。研究发现,新生代农民工社会融入状况与老一代农民工相比并没有根本差异;影响社会融入的人力资本因素更显著地体现在农民工的工作技能上;政策制度对农民工社会融入具有重要影响;农民工社会融入的经济—社会—心理—身份四个层次不存在递进关系，经济层次的融入并不必然带来其他层次的融入。

**关键词：**农民工、社会融入、城市化

## 一 问题的提出

2011年，中国城镇人口超过6.9亿人，城市化率首次突破具有里程碑意义的50%，达到51.3%（国家统计局，2012）。尽管中国用30年时间走完了西方发达国家上百年的城市化历程，但是在这一过程中始终没有从根本上解决好城市化滞后于工业化、户籍改革滞后于城市化的两大突出问题。根据国家统计局2010年公布的监测数据，全国农民工总数已达2.42亿人，其中外出就业1.53亿人，本地非农就业0.89亿人。数以亿计的进城农民工，是为中国经济社会发展做出巨大贡献的"推动力量"之一，但也普遍面临着难以融入城市社会的突出问题。

从经济发展的视角来看，帮助农民工融入城市社会，将农民工群体纳入较高水平的城市社会保障体系中，使得农民工能够长期、稳定地在城市地区安居乐业，既可以提高他们的生活质量，改变他们的生活方式和消费方式，也有利于从宏观上刺激居民消费，拉动内需，为中国经济中长期发展提供源源不断的动力。从社会和谐和维护社会秩序的角度来看，农民工无法融入城市社会，缺乏归属感，显然不利于中国社会的长治久

安。农民工群体数量庞大，一旦遇到经济周期变动，遭遇无业或失业，又想继续在城市地区居留，却无法获得城市社会的救济和保障，容易出现"自我救济式犯罪"，有可能演化成整个社会的不稳定因素（赵光伟，2010）。

正因为如此，在城市化进程中，政府和社会看待农民工的态度和应对流动人口的政策正在改变，从最初强制的控制和限制，将农民工称为"盲流"，甚至于出台一些歧视性的政策制度，逐渐转变为以引导疏导为主，把农民工称为"新市民"，出台一些市民化的管理与服务措施。这些变化确实在部分地区和局部范围内为农民工在城镇地区生活和居留提供了便利条件，但也必须看到，新生代农民工仍然在重复着父辈们——老一代农民工周而复始的足迹，徘徊于城乡之间，这意味着现行的社会政策并没有从根本上解决农民工融入城市社会的问题，这也是本章关注的重点所在，即新生代农民工与老一代农民工相比，在城市社会的融入程度上有何不同？究竟是哪些因素束缚着新生代农民工在城市的社会融入。这就迫切需要学者们进行深入的科学研究，为社会政策的制定提供充足的经验依据，绘制出如何制定解决农民工融入城市社会的路线图。

## 二 已有研究的文献回顾

社会融入理论有两个不同的理论来源：经典社会学理论和

现代社会政策理论。在经典社会学研究中，社会融入是解读社会和谐（consensus）和社会冲突（conflict）的核心概念。一些学者认为，社会融入的概念源自社会学大师涂尔干，他在劳动分工论中提出了这一概念，并由此被现代社会学家所借鉴使用（Friedkin，2004；Juppand and Nieuwenhuysen，2007；Green and Janmaat，2011）。涂尔干在研究社会为什么有能力在社会发展不同阶段保持社会成员之间的凝聚力时，从社会团结机制变化推演出来社会融入概念，并构想一个稳定的社会应该建立在集体意识、共同价值观和持续合作基础之上（Durkheim，1933）。社会融入的着眼点和研究视角偏重于宏观，是基于人群特征来研究整个社会中的社会链接和社会融入，比如种族、移民等。除了宏观的理论视角之外，在微观方面，社会心理学家对社会融入理论的发展也做出了重要贡献，他们把社会融入指标区分为态度和行为两个方面，并据此测量个体认同和群体融入（McPherson and Smith‐Lovin，2002）。Friedkin认为，早期的社会心理学对社会融入的定义侧重于个体的态度和行为，随着社会融入研究的深入，其焦点不再简单地集中在个体层次上，越来越多的研究者开始关注群体性社会融入（Fredkin，2004）。后来，研究者们还关注到，社会网络、社会链接与社会融入具有密切联系，较强的人际关系纽带有助于社会融入。比如Lawler和Yoon，就将社会融入界定为个人在社区层次上建立主要的社会网络，把社会瓦解（social dissolution）视为与社会融入相对应的概念（Lawler and Yoon，1996）。

在中国这样一个强调社会关系的国家中，社会网络和社会链接与社会融入之间的关系也多为研究者们所强调，可谓是一个非常重要的理论视角。

在现有的文献中，很多学者将社会融入（social cohesion）和社会融合（social assimilation）交互使用，实际上，这两个概念确实有很多共通之处。芝加哥学派对社会融合理论的发展做出了非常重要的贡献。帕克（R. E. Park）把社会融合视为一个渐进的和不可逆的社会过程，认为移民族群融入有四个阶段：相遇（contact）、竞争（competition）、适应（accommodation）和融合（assimilation），并发展出"边缘人""陌生人"以及"社会距离"一些概念。Warner 和 Srole 开创性地提出了"直线型融合"概念，指出社会融合有许多步骤，但随着时间的推移，移民在新的社会环境中，其行为与本地原住民会越来越相似（Warner and Srole，1945）。随着越来越多新移民的涌入，即便是崇尚多元文化的美国社会对新移民的吸纳也出现了一些问题。学者们通过对美国 20 世纪 60 年代纽约这样的大城市的研究发现，移民越来越多地保留了他们来源地的传统和习惯。这一发现开启了后来社会融合的多元文化论（multiculturalism）（Glazer and Moyniham，1970）。对芝加哥学派"直线型融合"的批判来自 Gans，他提出了"曲线型融合"（bumpy line theory）的研究范式，认为移民未必能够在新社会环境中实

## 第六章 我国农民工社会融入的代际比较

现经济和社会条件的改善,即便是第二代移民,也可能被主流社会边缘化,无法真正融入新的社会环境(Gans,1979、1996)。关于社会融合比较新近的理论是"区隔型融合"(segmented assimilation)的研究范式,Portes和Zou认为,新移民适应新社会有多种不同的方式:他们既可能按照传统直线型融合模式,融入主流社会或者中产阶级圈子,也可能被迫融合到下层社会。当然,进入下层社会的移民也有可能通过其他路径实现向上的社会流动(Portes and Zou,1993)。由于户籍制度、人力资本和关系网络的现实,区隔型融入理论对学者们研究中国农民工在城市的社会融入具有更强的借鉴意义。

社会融入和社会融合产生的社会现实基础有显著差别,前者是来自涂尔干关于前工业社会向工业社会过渡时期,如何维系社会稳定和社会团结的思考。社会融合则是产生在工业化、城市化和全球化背景下,试图解决从农村向城市、从农业向工业、从欠发达国家到发达国家的大规模移民如何适应和融入新的社会的问题。这两个概念虽然来源不同,却有异曲同工之妙。在西方学者对这两个概念的使用中,前者偏重于宏观社会,后者多与个人和群体相联系。但随着社会政策理论对社会融入概念的使用和推广,前者的政策意义和可操作性强于后者,因而本章统一使用社会融入的概念。

现代社会政策理论是社会融入的另一个理论来源,这一理论产生的时间并不长,但影响却越来越大。其原因在于,近年来学界对移民问题研究的焦点,已经从类似成本收益分析等经济学视角转向社会价值观(social value)和国家认同(national identity)等社会学视角(Bischoff, 2002)。其原因并不是经济学视角不再重要,而是人们对经济学的观点已经耳熟能详,而社会政策制定者更需要知道新移民在社会生活中的真实需要(Ritzen, 2002)。

自20世纪90年代中期以来,社会融入如同全球化一样,成为一个国际社会和国际组织的流行语(Joseph Chan, Ho - Pong To and Elaine Chan, 2006)。经合组织(OCED)和世界银行等国际组织开始意识到社会融入等社会文化因素在经济增长和社会发展中的重要作用。加拿大联邦政府在1996年组建了"社会融入工作网络"(Social Cohesion Network)。社会融入这一概念还被引入讨论反恐和穆斯林人口在西方社会的融入问题,如在法国,作为第二代移民的阿拉伯人、罗姆人,他们已经是本土出生的法国人,但仍难以融入社会,并成为城市骚乱的主力(Martin, 2006)。

第一个把社会融入作为政策工具来界定的是马克斯威尔。他认为:社会融入包括建立共享的价值观,缩减财富和收入差距,总体上让人们感觉到他们融入一个共同体中,作为共同体的成员,面对共同的挑战(Maxwell, 1996)。Jenson发展出一套理论,用五个连续维度的指标来衡量社会融入程度(Jenson, 1998),Bernard在Jenson的基础上发展为六个维度,包括:

"归属感（belonging）—孤独感（isolation）、包容（inclusion）—排斥（exclusion）、参与（participation）—不参与（non-involvement）、认可（recognition）—拒绝（rejection）、合法化（legitimacy）—非法化（illegitimacy）、平等（equality）—不平等（inequality）"（Bernard，1999）。Bernard 还把这六个维度按照经济、政治和社会文化区分为形式的和本质的两组测量指标。这一政策工具在不同的国家和地区被操作化为不同的具体指标，广泛地用于测量社会融入状况的政策研究中。可见，虽然经典社会学家提供了社会融入这个概念的基本界定，但社会融入被引入具体的政策实施却是在最近十几年由政策制定者和基于政策取向的研究者来完成的。

表 6-1　　　　　　　　Bernard 关于社会融入的类型划分

| 行为的层面 | 关系的特征 | |
| --- | --- | --- |
|  | 形式 | 本质 |
| 经济层面 | 包容—排斥 | 平等—不平等 |
| 政治层面 | 合法化—非法化 | 参与—不参与/漠视 |
| 社会文化层面 | 认可—拒绝 | 归属感—孤独感 |

与西方发达国家大量的关于移民社会融入研究的文献相比，国内学者关于农民工社会融入的研究还刚起步，且多沿袭着西方社会融入理论的脉络。一些学者归纳和改进了已有

的关于社会融入的研究范式和指标体系，但并未根据中国的经验进行验证。比如：梁波和王海英归纳了关于移民融入的类型化的研究，列举了以戈登（Gordon）为代表的结构性和文化性"二维度"模型，以杨格 - 塔斯（J. Junger - Tas）等人为代表的结构性融入、社会—文化性融入以及政治—合法性融入"三维度"模型，以及以恩泽格尔（H. Entzinger）等人为代表的社会经济融入、政治融入、文化融入、主体社会对移民的接纳或拒斥等"四维度"模型（梁波、王海英，2010）。杨菊华的观点更接近于直线型融入，她认为，在经济整合、文化接纳、行为适应和身份认同之间，存在层级关系、先后次序和因果关系，经济整合应该在先，次为文化接纳，再次为行为适应，最后是身份认同（杨菊华，2009）。杨菊华还建立了一个三级指标体系，包括16个具体指标和若干可测量变量或参数（杨菊华，2010）。吴新慧认为由于迁入地和迁出地的文化差异，移民往往会出现一种"非整合"现象，表现为群体分割，文化多元主义和远离主体社会的三种生存状态（吴新慧，2004）。

也有一部分学者结合西方社会融入分析范式进行中国的经验研究，其中比较有代表性的包括：风笑天对三峡移民的社会适应研究（风笑天，2004）；张文宏和雷开春对上海流动人口中的白领人群的社会融入研究（张文宏、雷开春，2008）；关信平和刘建娥关于广州、昆明、上海、沈阳和天津五大城市农民工的社会融入研究（关信平、刘建娥，2009；刘建娥，2010）；周莹对青年农民工和老一代农民工社会融入的比较研究（周莹，2009）；等等。此外，任远和邬民乐（2006）、王桂新和王利民（2008）先后对近年来城市移民的社会融合研究做了较为详尽的综述，本章在此不做赘述。

社会融入理论概念的发展脉络与研究者对移民融入新社会环境的认识不断加深是一致的，因此社会融入的研究范式是一套建立在西方发达国家移民社会融入经验研究基础之上，由经验研究不断总结归纳，而非凭空推导出来的理论概念。这也给中国的研究者们提供了更多的借鉴，即从经验研究的角度不断深入挖掘和发现以农民工为代表的中国式移民的社会融入问题，从而为发展中国式的社会融入研究范式做好基础性工作。

对于国内学者实证研究的分析框架，可以做以下几点评析：一是对社会融入的测量及指标设定。尽管不同的研究者对社会融入的分类和指标设计各有不同，但在社会融入的层次划分上基本能够形成一致性观点，如将社会融入分为经济、社会、文化、行为、心理、身份等层次，而在具体的测量指标设定上分歧较大。二是对于社会融合的过程是否存在一个从经济、社会到文化或心理层面这样一个递进的逻辑关系，或者这种递进关系的顺序是什么，学者们也存有不同意见。

三是对社会融入的归因解释上,国内学者基本上达成了较为一致的意见,主要是人力资本、社会资本和政策制度三个主要原因,也有学者将流入地的社会排斥作为一个影响因素。四是研究者的研究分析主要集中在个体层次。几乎所有研究者都是以个体层次的案例和变量作为主要研究内容,样本分布主要集中在少数地区或者单一的城市,缺乏全国范围内有代表性的调查样本。

## 三 研究思路、假设和研究对象的基本特征

关于农民工群体的划分规则,可以按照农民工流动区域来划分,比如前文中提到的国家统计局监测就按照流动地域的差别分为本地农民工和流动农民工。也可以按照农民工年龄划分代际,比如国家统计局在涉及 31 个省市自治区的农民工监测调查报告中包括了对新生代农民工基本信息的详细分析(国家统计局,2011)。"新生代农民工"的提出对研究中国社会农民工的演变具有重要意义,依据社会中存在农民工代际更替的现实状况和发展趋势,王春光最早提出了新生代农民工这一概念(王春光,2001),他进一步研究发现,新生代农民在城市融入上面临着三大难以化解的张力:政策的"碎步化"调整与新生代农民工越来越强烈的城市化渴望和要求之间的张力;他们对城市化的向往与他们实现城市化的能力之间的张力;中央城市

化政策与地方落实城市化措施之间的张力。"碎步化"社会政策调整不足以满足新生代农民工这个群体的城市融入的需求（王春光，2010）。李培林和田丰的研究发现，生活压力的变化和个人权利意识的增强，对新生代农民工的社会态度和行为取向具有非常重要的影响（李培林、田丰，2011）。与按照农民工流动区域的划分方式相比，依照代际来划分农民工的方式能够更为有效地凸显出农民工的未来发展趋势和特点。因此，本章对农民工群体的划分参照以往研究，将流动农民工群体按照年龄划分为老一代农民工和新生代农民工，以1980年为界，1980年及以后出生的定义为"新生代农民工"，1980年以前出生的定义为"老一代农民工"。

与以往的研究设计相比，本项研究设计还有以下特点：第一，本项研究按照区域流动范围，将进城农民工划分为本乡镇流动、跨县流动和跨省市流动。第二，本研究划分了经济层次融入、社会层次融入、心理层次接纳、身份层次认同等四个层次，并假定四个层次之间存在递进关系。第三，在社会融入归因方面，接受以往学者总结的人力资本、社会资本和制度政策三个因素。根据研究设计，提出以下三个研究假设。

首先，中国的农民工流动是城市化、工业化过程中，人口从农村向城市转移的过程。与其他国家和地区相比，中国人口流动的显著特征是受到户籍制度等社会制度的影响，导致数以亿计的农民工难以在城市社会扎根,从而形成与西方社会"二代移民"不同的新生代农民工群体。关于新生代农民工和老一代农民工在社会融入状况上的差异,至少可以从以下三个层次来理解。第一,从代际差异来看,一般西方移民理论认为"二代"移民由于其在迁入地的城市社会中成长起来,其社会融入状况要比"一代"移民更好,但中国新生代农民工却是与父辈一样,仍然在迁入地的农村地区长大成人之后才流动到城市社会的,因而,其社会融入状况是否优于老一代农民工,还是存有疑问的。第二,从社会政策的影响来看,针对农民工的社会制度和社会政策有较大改善,至少从政策设计者的意图上看,试图增加农民工在城市化过程中融入城市的可能性,制度环境改善的受益者显然是刚进入城市社会的新生代农民工。第三,从劳动力结构需求变化来看,以廉价劳动力为基础的经济发展模式正在悄然发生着改变,对劳动力结构的需求也出现了相应的变化,技术工人短缺的状况越来越明显。作为廉价劳动力的老一代农民工已经在逐步退出城市劳动力市场,而新生代农民工具有更高的技能水平,其适应程度应该好于老一代农民工。综合上述三个层面的影响,提出第一个假设。

假设一:新生代农民的社会融入状况要好于老一代农民工。

其次,从以往的研究成果中可以看到,人力资本和社会资本是最受关注的农民工在城市社会融入的影响因素，而且现有研究认为人力资本和社会资本越高的农民工在城市的社会融入程度越好。此外，考虑到中国不平衡的城市化过程，不同地区的政策制度因素存在显著差别，且政策制度对农民工社会融入程度存在潜在影响，故而提出第二个假设。

假设二：人力资本、社会资本、政策制度等因素会对农民工社会融入有显著影响。

假设二A：流动农民工人力资本越高，其在城市融入程度越高。

假设二B：流动农民工社会资本越高，其在城市融入程度越高。

假设二C：流动农民工获得保障越多，其在城市融入程度越高。

最后，根据西方社会融入和社会融合理论，学者对社会融入的认识从直线型融入到曲线型融入，再发展出多元文化论和区隔型融入理论。而中国学者多强调直线型融入的理论脉络，本章则试图提出一个近似于直线型融入的研究假设，并加以验证。

假设三：经济层次融入、社会层次融入、心理层次接纳和身份层次认同存在依次递进的因果关系（见图6-1）。

经济 ➡ 社会 ➡ 心理 ➡ 身份

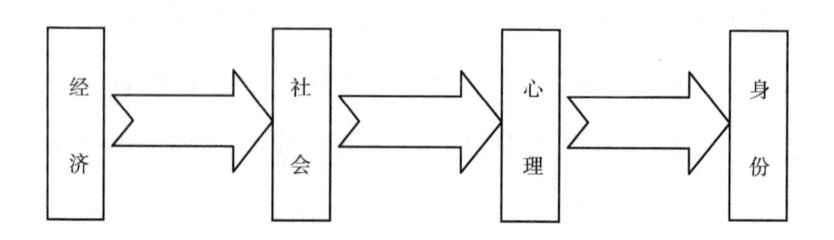

**图6-1　社会融入不同层面的递进关系**

本章的数据来自中国社会科学院社会学研究所于2011年7月至11月开展的第三次"中国社会状况综合调查"。该调查在全国通过PPS抽样，覆盖了全国28个省市自治区的100个县（市、区）的480个村居，共入户访问了7036位年满18周岁的城乡居民。

根据中国社会科学院社会学研究所2011年社会状况综合调查的结果，老一代农民工平均年龄为44.76岁，新生代农民工的平均年龄为25.58岁。老一代农民工的平均受教育年限为6.97年，新生代农民工平均受教育年限为10.17年，两者之间的差异非常显著，说明新生代农民工比老一代农民工具备更好的文化知识储备。老一代农民工中男性比例占到64%，新生代农民工中男性比例为54%，两者相差10个百分点，这与农民工的流动模式相关，一些女性农民工在婚后或者生育子女后就不再外出打工，所以年龄较大的老一代农民中女性比例较少。

由于本次调查在抽样设计上是以住户为主的地图抽样，将工厂、企业和工棚等农民工可能高度集中居住的地点排除在地图抽样范围之外,因此,本次调查居住在工厂、企业和工棚的农民工样本相对较少。从分析结果来看,居住在集体宿舍/工棚/其他的老一代农民工不到2%,居住在集体宿舍/工棚/其他的新生代农民工也仅略高于5%。老一代农民工中居住在自建或者自购房屋的比例为78%,新生代农民工居住在自建或者自购房屋的比例为60%;老一代农民工租/借公房或者他人住房的比例为21%,新生代农民工租/借公房或者他人住房的比例为35%。农民工的居住模式很大程度上取决于他们的流动区域,在本乡镇流动的农民工显然更可能居住在自建或者自购房屋中,而离开家乡到外地流动的农民工则需要居住在租住房屋或者集体宿舍等地方,因此,农民工的居住模式和流动区域存在较强的相关性,这一点在农民工流动区域中也可以体现出来(见表6-2)。

老一代农民工流动区域主要集中在本乡镇,新生代农民工的流动区域要更为广泛。老一代农民工中本乡镇流动的比例达到72%,本县市流动的老一代农民工比例为13%,跨县市流动的老一代农民工比例为16%;新生代农民工中,在本乡镇流动的比例为49%,本县市流动的新生代农民工为17%,跨县市流动的农民工比例为34%。流动区域对农民工社会融入影响是不同的,比如在本乡镇流动农民工在生活方式和习惯上与本地城镇人口差异不大,他们在本地社会融入过程要容易一些。

跨县市流动农民工则面临着不同境况，在一些大城市，农民工不但面临着经济上的困境，而且面对着在生活方式差异上的歧视，社会融入的难度显然要大一些。

表6-2　　　　　　　　新、老农民工的主要特征

| 主要特征 | 老一代农民工 |  |  | 新生代农民工 |  |  |
| --- | --- | --- | --- | --- | --- | --- |
|  | 均值 | 标准误 | 样本量 | 均值 | 标准误 | 样本量 |
| 年龄（岁） | 44.76 | 0.31 | 886 | 25.58 | 0.19 | 343 |
| 受教育年限（年） | 6.97 | 0.11 | 885 | 10.17 | 0.16 | 341 |
| 性别① | 0.64 | 0.02 | 886 | 0.54 | 0.03 | 343 |
| 居住模式 |  |  |  |  |  |  |
| 自建或者自购房屋 | 0.78 |  | 690 | 0.60 |  | 205 |
| 租/借公房或他人住房 | 0.21 |  | 182 | 0.35 |  | 120 |
| 集体宿舍/工棚/其他 | 0.02 |  | 14 | 0.05 |  | 18 |
| 流动区域 |  |  |  |  |  |  |
| 本乡镇 | 0.72 |  | 634 | 0.49 |  | 167 |
| 本县市 | 0.13 |  | 112 | 0.17 |  | 58 |
| 跨县市 | 0.16 |  | 118 | 0.34 |  | 118 |

老一代和新生代农民工在年龄、受教育年限、性别、居住模式和流动区域上具有不同的特征，新生代农民工在年龄、知识储备上具有一定优势，他们的流动区域更广。本章将在后面

---

① 性别：1为男性，0为女性。

分析这些特征对老一代和新生代农民工社会融入的影响。

## 四 社会融入及其影响因素的描述性分析

参考以往研究，本章将社会融入分为经济层次融入、社会层次融入、心理层次接纳、身份层次认同四个不同的层次，并逐次分析老一代和新生代农民工在四个不同的社会融入层次的基本状况。

### （一）经济层次融入

在任何一个国家，城市化的进程中都不可避免地面对着新移民的问题，而解决新移民问题的关键是他们的就业问题。威尔逊（2007）在底层社会研究中发现，即便是在获得了法律上平等的公民权利前提下，美国大城市里的新移民——黑人群体，由于无力应对结构性的经济变迁，比如从生产性行业向服务性行业的转移，仍然会导致新移民与大城市主流社会之间的社会断裂。梁波和王海英总结国外学者的研究认为，经济层次融入主要是指移民在劳动力就业市场、职业地位、经济收入、消费水平、消费模式、住房等方面的融合。这种融合可以通过其与流入地居民的平均水平的差距来进行测量（梁波、王海英，2010）。

在经济层次融入方面，主要强调的是农民工在劳动力就业市场中所处的职业地位，以及从事该职业的收入及家庭消费情况。

长期以来，农民工在从农村到城镇的往返流动过程中，缺乏充分的技术培训，其人力资本提高相对有限，加之企业很少有对人力资本投入的回报预期，导致农民工职业流动主要体现为低层次的水平流动，农民工职业地位的改善程度相当有限。从调查结果来看，虽然农民工群体中也有一部分接受过较高层次教育，拥有较高技术能力，但大多数农民工仍在流入地从事较低职业地位的体力劳动和半技术半体力劳动。如果按照职业类别来区分新生代农民工社会融入状况，显而易见的是，农民工在城市社会的融入是非常糟糕的，因为他们大多数从事的是一般城里人不愿意从事的艰苦和劳累的职业，老一代农民工和新生代农民工之间并没有本质差别。因此，本章通过具体的工作条件、收入和消费状况来分析老一代农民工和新生代农民工之间的差异。

老一代农民工平均每月工作23.96天，平均每天工作9.49个小时，新生代农民工平均每月工作25.68天，平均每天工作9个小时，换算成每月共计的工作小时数分别为227.38个小时和231.12个小时，两者之间差异并不是很大。老一代农民工工作技术水平比新生代农民工要低一些，同样在平均每月收入上，老一代农民工平均月收入（2549.84元）也要低于新生代农民工（2873.33元）。在扣除了最高的1%和最低1%较为偏倚分布值影响后，两者的收入分别为2152.84元和2432.05元，仍然存在比较明显的差异。在家庭年消费的差异上，新生代农民工也要高于老一代农民工（见表6-3）。

表6-3　　　　　新、老农民工的就业、收入与消费状况

| 主要特征 | 老一代农民工 ||| 新生代农民工 |||
| --- | --- | --- | --- | --- | --- | --- |
|  | 均值 | 标准误 | 样本量 | 均值 | 标准误 | 样本量 |
| 每月工作天数（天） | 23.96 | 0.29 | 871 | 25.68 | 0.53 | 339 |
| 每天工作小时数（小时） | 9.69 | 0.20 | 875 | 9.00 | 0.14 | 339 |
| 工作技术水平① | 2.00 | 0.03 | 852 | 1.61 | 0.04 | 338 |
| 月收入1②（元） | 2549.84 | 189.17 | 886 | 2873.33 | 278.30 | 343 |
| 月收入2③（元） | 2152.84 | 87.14 | 844 | 2432.05 | 134.69 | 323 |
| 家庭年消费（元） | 44680.77 | 2117.69 | 886 | 53512.84 | 4375.55 | 343 |

## （二）社会层次融入

经济层次的融入有助于迁移人口或者流动人口在社会层次的融入，社会层次的融入是在经济层次融入基础上的进一步发展。与经济层次融入强调劳动、就业和收入不同，社会层次融入更加强调流动人口在社会关系、社会互动方面的融入。一般对社会层面融入，尤其是与周边邻居社会互动的测量方法大致可以分为两类：第一类思路是从数量的角度来测量，即测量被调查者在其居住社区能够有良好互动邻居的数量来辨识其社会层面的融入程度；第二类思路是从强度的角度来测量，即测量依据被调查者与周边邻居互动行为的强度差异来辨识社会层面

---

① 工作技术水平：1为技术，2为半技术半体力，3为体力。
② 收入1根据调查原始数据计算。
③ 收入2根据调查原始数据删除最高1%和最低1%样本计算。

的融入程度。本章选取的测量指标是与流入地居民社会互动的强度。

在中国社会中邻居是一个非常宽泛的概念，比如居住在一个小区内和居住在一个楼层都可能被界定为邻居，这样就会增加调查数据的模糊性。因而，为了统一社会互动的测量标准，调查问卷中对社会互动交往的测量题目是问被调查者"您对住得最近那一家邻居有多少了解，交往有多深？"，之所以选取最近的邻居作为问题的对象，是因为与其他距离较远的邻居相比，最近的邻居产生社会互动的可能性要高一些，包括知道他们家户主的姓、知道他们是干什么工作的、知道他们家里住着几口人、平时见面是否互相打招呼、和他们家里人聊过家常、和他们家互赠过礼物、到他们家吃过饭、相互说过自己的烦恼并请对方参谋、向他们家借过钱物、各自家里长期没人住时请对方帮忙看家十个方面的社会互动的测量。调查结果显示新生代农民工社会互动状况不如老一代农民工，无论是比例最高的"见面相互打招呼"，还是比例最低的"向邻居家里借过钱物"，老一代农民工都要优于新生代农民工。这一状况与老一代和新生代农民工的流动区域有很大的关系，老一代农民工流动区域主要集中在本乡本土，故而其社会互动的频率要高一些，新生代农民工流动在异地他乡，社会互动程度明显不如老一代农民工（见表6-4）。

表6-4　　　　　　　　不同人群的社会互动状况　　　　　　　（单位:%）

| 社会互动内容 | 老一代农民工 | 新生代农民工 |
| --- | --- | --- |
| 平时见面是否互相打招呼 | 93.34 | 83.67 |
| 知道他们家户主的姓 | 82.73 | 58.89 |
| 知道他们是干什么工作的 | 81.94 | 65.89 |
| 知道他们家里住着几口人 | 82.28 | 67.35 |
| 和他们家里人聊过家常 | 81.26 | 65.01 |
| 和他们家互赠过礼物 | 55.53 | 44.61 |
| 到他们家吃过饭 | 56.21 | 40.82 |
| 相互说过自己的烦恼,并请对方参谋 | 55.76 | 35.28 |
| 向他们家借过钱物 | 46.84 | 29.45 |
| 各自家里长期没人住时,请照看房子 | 55.87 | 43.44 |

### (三) 心理层次接纳

本次调查关于被调查者心理层次接纳包括两组递进式问题。一组是:您是否愿意与农村人聊天、一起工作、成为邻居、成为亲密朋友、结成亲家;另外一组是:您是否愿意与城里人聊天、一起工作、成为邻居、成为亲密朋友、结成亲家。这两组问题从两个维度分别测量了被调查者对农村人和城里人的心理接纳程度,也就是在社会融入过程中与农村人和城市人之间的心理距离。

老一代和新生代农民工对农村人的心理接纳程度差异并不明显,只有在与农村人结为亲家上,两者有较大差距,老一代农民工有87.02%愿意与农村人结成亲家,新生代农民工这一比例为81.92%。在对城里人的接纳程度上,新生代农民工显然好于老一代农民工。新生代选择愿意与城里人聊天、一起工作、成为邻居、成为亲密朋友的比例高于83%，老一代农民工的比例低于79%。

表6-5　　　　　不同人群对城里人的心理接纳程度　　　　（单位:%）

| 是否愿意与农村人 | 老一代 | 新生代 | 是否愿意与城里人 | 老一代 | 新生代 |
| --- | --- | --- | --- | --- | --- |
| 聊天 | 96.61 | 98.25 | 聊天 | 75.06 | 85.13 |
| 一起工作 | 96.84 | 95.34 | 一起工作 | 78.89 | 85.71 |
| 成为邻居 | 98.31 | 96.79 | 成为邻居 | 78.67 | 84.55 |
| 成为亲密朋友 | 96.61 | 96.21 | 成为亲密朋友 | 78.22 | 83.38 |
| 结成亲家 | 87.02 | 81.92 | 结成亲家 | 70.09 | 72.59 |

新生代农民工与老一代农民工的生命历程不同，老一代农民工多数有农村务农的经历，或多或少带有乡土情结；新生代农民工多数直接从学校走向城市，缺少农村生活的感受，他们比老一代农民工多的是对城市生活的向往，也更渴望能够在繁华的城市中生活。故此，老一代农民工和新生代农民工对农村人和城里人的心理接纳程度是不同的，老一代农民工对农村人的心理接纳程度更高，新生代农民工对城里人的心理接纳程度更高。

(四) 身份层次认同

社会融入过程中最关键的一环，也是最后一环，即流动人口的身份认同。一个流动人口在经历了经济和社会层次的融入之后，在心理上也能够接纳，但往往在身份上最难取得自我认同。西方社会移民研究中发现,特别在跨国或者跨民族的第一代移民中,放弃对原先国籍和民族的身份认同,转而认同自己为新国家或者新民族的一员是非常困难的。这一过程远远超过了经济和社会层次的融入,有的移民甚至终身无法实现在迁入地的身份认同。

中国流动农民工难以实现"城里人"和"本地人"的身份认同,其主要原因是现实社会中存在严格的制度隔阂,这种制度隔阂很难因为流动农民工已经适应了城市生活和本地习惯而改变。也就是说,中国流动农民工身份认同的最大障碍,不是来自个人内心,而是来自外部环境。这可能是中国流动农民工与西方社会移民在身份认同上的最显著差别。正是在户籍制度的隔阂下,很多在城市里工作或者居住了较长时间的农民工也不认同自己是城里人,分析发现,老一代农民中认同自己是城里人的比例只有9.04%,新生代农民工认同自己是城里人的比例为17.6%,明显高于老一代农民工(见表6-6)。

表6-6    不同人群的身份认同    (单位:%)

|  | 老一代农民工 | 新生代农民工 |
| --- | --- | --- |
| 农村人和外地人 | 12.54 | 20.82 |
| 农村人和本地人 | 78.42 | 61.58 |
| 城里人和外地人 | 1.02 | 8.80 |
| 城里人和本地人 | 8.02 | 8.80 |

### (五) 影响因素

国内学者对流动人口社会融入的归因解释，主要可以分为流动人口自身因素和流入地环境因素两个方面。就流动人口自身而言，包括人力资本和社会资本两类。人力资本越高，流动人口在流入地的劳动力市场上找到的就业岗位越好，收入也相对较高，经济层面融入更为容易。此外，人力资本对流动人口社会融入的一个潜在影响，是在工作环境中能够更多接触人力资本较高层次的本地居民，加快其社会融入的速度和程度。对流动人口而言，受教育水平是衡量其人力资本的主要指标。前文已经分析了新生代和老一代农民工平均受教育年限的差异，调查结果显示，平均受教育年限越高的农民工，其流动区域越大，这意味着，具有较高人力资本的流动农民工更容易在经济较为发达地区找到工作。

社会资本的重要性在以往研究中也被学者们所关注，在中国更注重"社会关系"的现实环境中，社会资本可能发挥比人力资本更为重要的作用。有的学者认为，流动农民工的人力资本往往需要通过社会资本或者社会网络来发挥作用。本章根据流动人口在当地社会组织的参与程度来衡量社会资本的差异。分析结果发现，城镇人口参与社会组织的比例比农民工更高；农民工群体参与社会组织的比例与流动距离呈现出正相关关系。跨省农民工参与校友会、同乡会和联谊组织的比例要高于跨县流动农民工，而跨县流动农民参与校友会、同乡会和联谊组织的比例要高于本乡镇流动农民工。出现这一特征的原因可能是距离越远的流动农民工越希望通过参加社会组织来扩展自己的社会网络，从而获得更多的社会资本，流动区域越大，越有可能有意识地去利用社会资源，或者相应的社会资源能够帮助他们流动到更远区域。从此意义上讲，社会组织实际上是农民工获得社会网络和社会资本的指标。调查发现，新生代农民工参与社会组织的比例更高，比如参加同乡会、校友会、联谊组织和职业团体的比例都要高于老一代农民工，而老一代农民工参与宗教团体和宗亲会的比例要比新生代农民工高（见表6-7）。

表6-7　　　　　　　不同人群的社会组织参与情况　　　　　　（单位:%）

| 社会组织参与情况 | 老一代农民工 | 新生代农民工 |
| --- | --- | --- |
| 宗教团体 | 4.75 | 2.34 |
| 宗亲会 | 3.16 | 1.75 |
| 同乡会 | 3.28 | 8.19 |
| 校友会 | 6.56 | 23.68 |
| 联谊组织 | 2.49 | 11.99 |
| 民间团体 | 1.36 | 4.09 |
| 职业团体 | 4.52 | 6.43 |
| 其他团体 | 0.90 | 0.88 |

政策制度因素在欧洲国家移民研究中备受重视，特别是在欧洲一体化进程中，相关政策、法律和制度的改变对欧洲国家之间移民社会融入是非常必要的。中国的现实情况是城乡二元

分割的户籍制度没有根本性的改变，这一制度鸿沟的存在阻碍了流动农民工在城市的社会融入。随着覆盖城乡的社会保障体系逐步建立，农民工具有更多的机会获得社会保障的待遇，这有利于他们融入城市社会。因此，在户籍制度没有根本改变的情况下，本章在衡量政策制度因素影响所使用的指标是被调查者获得社会保障的情况，具体包括：养老保险、医疗保险、失业保险、工伤保险、生育保险等。从分析结果来看，新生代农民工的社会保障状况要好于老一代农民工（见表6-8）。

表6-8　　　　　　　　不同人群社会保障获得情况　　　　　（单位:%）

| 社会保障获得情况 | 老一代农民工 | 新生代农民工 |
| --- | --- | --- |
| 养老保险 | 11.44 | 16.96 |
| 医疗保险 | 9.72 | 18.37 |
| 失业保险 | 3.79 | 10.91 |
| 工伤保险 | 6.88 | 19.35 |
| 生育保险 | 2.18 | 8.90 |

除了上述影响因素外，本章还分析了关于"一般来说，您认为一个农村人要想成为城里人，下列哪些条件是重要的？"的看法，选项包括：（1）制度性因素，如获得城镇户口；（2）经济层面融入，如在城镇购买住房和在城镇工作；（3）社会层面融入，如与城里人结婚和在城里有很多熟人；（4）其他因素。分析结果显示，老一代和新生代农民工对"农村人"成为

"城里人"最为重要条件的看法较为一致,即大部分被调查者都将经济层面融入视为最重要的条件,选择在城镇购买住房和在城镇工作的比例较高。其次是选择制度性因素,即获得城镇户口;最后才是选择社会层面融入,即选择与城里人结婚和在城市有很多熟人。事实上,在严格的户籍制度下,经济层面的融入可能也是最容易实现的(见表6-9)。

表6-9　　　　　不同人群对成为城里人条件的看法　　　　（单位:%）

| 成为城里人需要哪些条件 | 老一代农民工 | 新生代农民工 |
| --- | --- | --- |
| 获得城镇户口 | 38.87 | 44.31 |
| 在城镇购买住房 | 63.62 | 66.47 |
| 在城镇工作 | 63.05 | 58.02 |
| 与城里人结婚 | 18.64 | 18.08 |
| 在城市有很多熟人 | 28.81 | 32.07 |
| 其他 | 8.47 | 6.41 |

综上所述,我们描述了新生代农民工和老一代农民工社会融入不同层面的基本状况,包括经济层面融入、社会层面融入、心理层次接纳和身份层次认同;分析了影响社会融入的几个主要影响因素,包括人力资本、社会资本、政策制度。在后面的分析中,本章将利用线性回归模型和Logit回归模型等工具来分析这些因素对社会融入各个层面的影响。

## 五　社会融入的影响因素分析

在使用回归模型分析社会融入的影响因素之前，有必要对相关因变量和自变量加以调整以方便后续的分析。这些准备阶段的数据调整包括以下几个方面。

（1）在经济层面融入的模型中，本章将流动人口与本地城镇户籍人口平均收入差异作为因变量，按照不同地区计算本地城镇户籍人口的收入均值和标准差，将流动人口与本地城镇人口的收入差距转化为相对值。同时，考虑到少数地区样本量相对较少，为避免误差的影响，将一些地区的样本进行了合并，如将北京、上海、天津三地合并和将新疆、青海、内蒙合并。此外，还对一些收入较高的奇异值进行了处理。

（2）在社会层面融入的模型中，本章将社会互动程度作为因变量，对十个不同内容的社会互动做因子分析，获取其公因子。经因子分析后，提取出一个特征根为5.00、各个因子负荷在0.61以上的公因子，作为因变量。其变量类型为连续型变量。

（3）在心理层次接纳的模型中，本章使用的因变量是流动农民工对城里人的心理接纳程度，包括是否愿意与城里人聊天、一起工作、成为邻居、成为亲密朋友、结成亲家五个方面的内容，同样是做因子分析，获取其公因子。经因子分析后提取出一个特征根为 2.98、各个因子负荷在 0.66 以上的公因子,作为因变量。其变量类型为连续型变量。

(4) 在身份层次认同的模型中,本章将流动农民工对城市人身份的认同与否作为因变量,认为自己是农村人的编码为 0,认为自己是城市人的编码为 1。变量类型为分类变量,使用 Logit 回归模型进行分析。

(5) 在影响因素中,人力资本变量使用的是受教育年限、性别、工作年限和工作年限平方;社会资本变量是被调查者参与本地组织的累计频次,其参与社会组织数量越多,视为社会资本越多;政策制度变量是被调查获得社会保障的累计频次,获得社会保障数量越多,意味着面临的政策制度环境越宽松。

模型 1 以农民工的相对收入为因变量,主要分析了农民工在经济层次上的融入。男性与女性之间相对收入的差异在统计上是显著的,男性要高于女性;工作技术水平越低,相对收入也越低,从事半技术半体力劳动农民工的相对收入在 0.1 水平上显著低于从事技术工作的农民工,从事体力劳动农民工的相对收入在 0.001 水平上显著低于从事技术工作的农民工。说明从人力资本影响来看,从事技术工作和男性农民工的相对收入和经济融入程度更高。尽管前文中分析新生代农民工的绝对收入要高于老一代农民工,但模型 1 的分析发现,在控制其他变量的情况下,新生代农民工相对收入在 0.1 水平上显著低于老一代农民工。同样,在控制其他变量情况下,跨乡镇流动农民工和跨县市流动农民工的相对收入在统计上显著高于本乡镇流动农民工。而代表人力资本的受教育年限、代表社会资本的社会组织参与数量和代表政策制度的社会保障获得数量对农民工的相对收入在统计上没有显著影响。

模型2分析了代表社会层次融入的社会互动状况。性别和工作年限在统计上有显著影响，男性比女性的社会融入程度更高；工作年限越长，社会融入程度也越高。跨乡镇流动农民工和跨县市流动农民工的社会融入显著低于本乡镇流动农民工。在控制其他变量情况下，受教育年限、工作技能水平、获得社会保障程度和社会组织参与程度在统计上对社会层面融入没有显著影响。同样，在控制其他变量情况下，新生代和老一代农民工在社会层面融入上并无显著差别，经济层面融入对社会层面融入的影响在统计上也不显著。

模型3分析了农民工对城里人的心理接纳程度。社会保障在统计上有显著影响，即社会保障数量越多，农民工对城里人的接纳程度越高。还有，经济层面融入会对农民工心理上接纳城里人有所帮助，在0.1的水平上显著，也就是说，农民工的相对收入越高，对城里人的心理接纳程度越高。其他变量均对农民工的心理接纳程度没有显著影响。实际上，导致诸多变量对农民工心理层面接纳没有显著影响的主要原因是，农民工对城里人的心理接纳程度已经很高，且彼此差异程度相对不大。

模型4使用Logit回归模型分析了农民工对自己身份的认

同。分析发现，在控制其他变量的情况下，受教育程度越高的农民工在统计上显著倾向于认同自己是城里人（exp［0.09］=1.09），男性农民工比女性农民工认同自己是城里人程度更低（exp［-0.55］=0.57）；与从事技术工作的农民工相比，从事半技术半体力工作和从事体力工作的农民工认同自己是城里人在统计上的可能性也显著更低（exp［-0.42］=0.66，exp［-1.23］=0.29）；跨乡镇流动农民工和跨县市流动农民工对自己是城里人的认同在统计上可能性显著更高（exp［0.94］=2.56，exp［1.04］=2.83）。还可以看到，在控制其他变量情况下，新生代农民工认同自己身份是城里人的可能性与老一代农民工并无显著差异。

经济层面融入对身份层面认同在统计上没有显著影响，但社会层面融入和心理层面接纳均有显著影响，但影响方向是不一样的。在控制其他变量情况下，社会层面融入程度越高的农民工，认同自己身份是城里人的可能性就越低（exp［-0.32］=0.73），心理层面接纳程度越高的农民工，认同自己身份是城里人的可能性越高（exp［0.63］=1.88）。这说明农民工的社会融入并非是融入主流的城市社会，而是接近于区隔型的融入，即融入城市底层，这种区隔型的社会融入虽然可以增加农民工的社会互动，却进一步加深了农民工群体与城市社会的裂痕（见表6-10）。

表6-10　　　　　　　农民工社会融入影响因素分析模型

|  | 模型1<br>经济 | 模型2<br>社会 | 模型3<br>心理 | 模型4<br>身份 |
| --- | --- | --- | --- | --- |
| 常数项 | -0.33 | -0.07 | 0.13 | -3.40** |
|  | (0.26) | (0.23) | (0.27) | (1.05) |
| 受教育年限 | 0.01 | -0.01 | 0.01 | 0.09* |
|  | (0.01) | (0.01) | (0.01) | (0.05) |
| 男性<br>（女性为参照组） | 0.42*** | 0.10* | -0.00 | -0.55* |
|  | (0.06) | (0.05) | (0.06) | (0.22) |
| 工作年限 | 0.00 | 0.02* | -0.01 | 0.04 |
|  | (0.01) | (0.01) | (0.01) | (0.05) |
| 工作年限平方 | -0.00+ | -0.00* | 0.00 | -0.00 |
|  | (0.00) | (0.00) | (0.00) | (0.00) |
| 半技术半体力<br>（技术工作为参照组） | -0.12+ | 0.07 | -0.02 | -0.42+ |
|  | (0.07) | (0.06) | (0.07) | (0.25) |
| 体力劳动 | -0.40*** | -0.03 | -0.06 | -1.23*** |
|  | (0.07) | (0.06) | (0.07) | (0.33) |
| 社会保障程度 | -0.00 | -0.01 | 0.06* | -0.04 |
|  | (0.03) | (0.02) | (0.03) | (0.08) |
| 社会组织参与程度 | 0.04 | 0.05 | 0.03 | 0.01 |
|  | (0.04) | (0.03) | (0.04) | (0.14) |
| 新生代农民工（老一代农民工为参照组） | -0.23+ | 0.05 | -0.08 | 0.17 |
|  | (0.12) | (0.10) | (0.12) | (0.43) |
| 跨乡镇流动农民工（本乡镇农民工为参照组） | 0.25** | -0.90*** | 0.07 | 0.94** |
|  | (0.08) | (0.07) | (0.09) | (0.30) |
| 跨县市流动农民工 | 0.30*** | -1.16*** | 0.00 | 1.04*** |
|  | (0.07) | (0.06) | (0.08) | (0.29) |

续表

|  | 模型1 | 模型2 | 模型3 | 模型4 |
|---|---|---|---|---|
|  | 经济 | 社会 | 心理 | 身份 |
| 经济层面融入 |  | -0.02 | 0.05+ | 0.15 |
|  |  | (0.03) | (0.03) | (0.10) |
| 社会层面融入 |  |  | -0.02 | -0.32** |
|  |  |  | (0.04) | (0.12) |
| 心理层面接纳 |  |  |  | 0.63*** |
|  |  |  |  | (0.18) |
| N | 1148 | 1148 | 1148 | 1146 |
| $R^2$ | 0.132 | 0.355 | 0.031 |  |
| $pseudoR^2$ |  |  |  | 0.180 |
| AIC |  |  |  | 687.92 |
| BIC |  |  |  | 763.58 |
| ll_0 |  |  |  | -401.15 |
| ll |  |  |  | -328.96 |
| df_m |  |  |  | 14.00 |

注：+P<0.10，*P<0.05，**P<0.01，***P<0.001。

综合上述四个模型的分析结果，我们可以来检验本章提出的三个假设。关于假设一，新生代农民工的社会融入状况要好于老一代农民工的假设几乎完全被推翻，新生代农民工虽然平均教育水平更高，流动区域更为广泛，但其社会融入状况较之老一代农民工，却并没有得到显著改善。关于假设二，流动农民工拥有的人力资本对其社会融入确实有一定影响，但对人力资本最具代表性的教育程度，却始终没有显著影响，因此假设二 A 只是部分成立，假设二 B 则完全被否定，在控制其他变量的情况下，社会组织参与程度与社会融入程度在统计上没有显著因果关系，而假设二 C 只在解释力较差的模型 3 中显著，因而也可以说基本上被推翻。关于假设三，我们在研究中并没有发现，经济层次融入、社会层次融入、心理层次接纳和身份层次认同存在依次递进的因果关系，在模型 4 中，社会层次融入、心理层次接纳对身份层次认同有显著影响，但社会层次融入影响是负面的，因此假设三也基本被否定。本章提出的三个看似合理的假设都难以成立，这说明对中国农民工社会融入问题的研究和认识，不能仅从看似正确的常识性判断和评价出发，这对政策制定来说是很危险的。

## 六　结论与讨论

城市化过程中城市移民的社会融入问题是一个世界性难题。这不仅是在发展中国家，即便是在美国、欧洲等发达国家（地区），新移民的社会融入也一直是令政策制定者头痛的事情。比如在欧洲，尽管欧盟国家就移民问题达成了广泛的共识，并出台了相对严格的平等、非歧视规定，但是新移民仍然会遭受到种族、文化等方面的歧视。中国当前城市化过程中出现的流动农民工融入城市的问题，其产生的机制和原因显然不同于西方发达国家。我们较少有种族、宗教等影响因素，但户

## 第六章 我国农民工社会融入的代际比较

籍身份以及子女教育、就业、医疗、住房等方面的生活制度差异影响很大,这方面的相关法律、政策和制度的改革远远滞后于城市化进程。中国用30年的时间走过了西方发达国家上百年的城市化进程,在一个较短的时间内社会结构变动剧烈,大量已经成为城市常住人口的农民工多是半城市化的,没有真正融入城市社会。现在,老一代农民工已经逐渐退出城市劳动力市场,新生代农民工已经成为外出务工的主要力量,他们的社会融入问题是真正影响到中国未来长治久安和经济可持续发展的重大社会问题。因此,本章的研究重点关注了两个方面:一是哪些因素影响农民工在城市的社会融入;二是新生代农民工在城市化过程中,在新的制度政策环境下,是否比老一代农民工更好地融入了城市社会?本章的研究主要有以下几点新的发现。

(1) 要重新思考提高农民工人力资本的途径。人力资本是一个影响流动农民工融入城市社会的重要变量,其作用是不可忽视的。但我们的研究发现,在影响农民工社会融入的变量中,受教育年限影响往往是不显著的,而农民工的工作技能水平影响要更为显著。

(2) 要重新思考社会资本和社会网络在农民工流动过程中扮演的角色。流动农民工的社会资本和社会网络根植在家乡的农村,其社会互动也是集中在流动农民工群体内部,我们的研究发现,社会资本虽然可能对农民工进入城市社会有很大帮助，但对农民工融入城市社会发挥的作用并不明显。

（3）与我们常识性的判断相反，流动农民工在心理层次上接纳城里人的程度相对较高，而且不同的流动农民工群体内部心理接纳层次差异并不明显。

（4）流动农民工是否认同自己是城里人与人力资本有密切关系，同时这种身份认同还受到社会互动的影响。

（5）流动农民工外出打工的最主要目的是获得经济利益，但经济层次的融入与其社会层次融入、心理层次接纳和身份层次认同并没有显著的相关关系，本章最初假设的从经济—社会—心理—身份依次递进的社会融入模式是不成立的，社会融入的不同层次更有可能是平行和多维的。

（6）流动农民工的社会互动主要集中在农民工群体内部，缺乏与城市人群的社会互动，比较类似于所谓的"区隔型融入"。因此，我们能够看到，流动农民工社会互动程度越高，其对自身城里人身份认同越低。

（7）不同流动区域的农民工，在经济、社会和身份等层面的社会融入上有显著差别，跨乡镇流动和跨县市流动农民工比本乡镇流动农民工的相对收入更高、社会互动更少，认同自己是城里人的可能性更大。

（8）最后一点，也是非常重要的一点，尽管新生代农民工在绝对收入、受教育年限和工作技能等方面都要好于老一代农民工，但新生代农民工的社会融入状况与老一代农民工没有出现根本性差异。

根据上述的研究发现，本章提出以下政策建议。

第一，尽快酝酿和制定未来 20 年将进城农民工转变为新市民的路线图。在我国过去的发展规划中，往往只有如何把农村富余劳动力转移出来的规划，但却没有明确的把进城农民工转变为新市民的规划。一些学者和政策制定者认为，随着时间的推移，进城农民工融入城市社会的问题会自然得到解决。一些城市管理者甚至觉得，吸纳农民工进城只是为了劳动力的补充，或者是为了土地的征用，而农民工最终留在城市则会成为城市的负担和各种社会问题的产生因素。国际经验表明，移民社会融入是非常艰难的过程，即便是在城市居住地出生并获得法律身份的第二代移民，仍然难以完成身份认同，并有可能成为社会秩序的反抗者。我们应当充分认识到城市化对引领我国在新阶段发展的意义，重视城市化在改变生活方式、促进国内消费、降低公共服务成本、形成聚集经济效益和提高社会运行效率等方面的重要作用，从国家利益的大局出发，制定出明确的路线图，通过就业、医疗、教育、住房、城乡管理等社会体制的改革，争取每年把将近 1500 万进城农民工转变成新市民，用 20 年的时间，把约 3 亿进城农民工转变成新市民。

第二，实施大规模的农民工技术培训计划。我们的研究表明，无论是从提高农民工自身收入和待遇来看，还是从提高农民工社会融入的能力来看，农民工自身所具有的人力资本，都具有重要的作用。但我们的研究发现，这里所说农民工的人力资本，更重要的并不是以学历为标志的受教育水平，而是工作技能水平。根据国际经验和我国自己的经验，快速提高农民工工作技能的方法，就是实施大规模的技术培训计划。我国在改革开放以前，曾实施过大规模的成人识字班计划和半工半读计划，把一大批文盲半文盲劳动力改造成技术工人，改革开放以后，干部的大规模在职攻读和培训也极大地提高了干部的普遍文化素质。现在，我国劳动力供求关系发生深刻变化，低成本劳动力供给时代即将结束，这种变化倒逼产业结构实现快速升级，而这方面的一个重要条件就是要有大量的技术工人。因此，国家应当设立专项资金，一方面资助大规模的职业教育，培养劳动力市场的技术工人后备军，另一方面实施大规模的农民工技术培训计划，普遍提高已经进入劳动力市场的农民工的技术水平。

第三，建立农民工向上流动的社会机制，营造社会融合的宏观环境。流动农民工在经济、社会、心理等各个层面的社会融入，既不是整体推进的，也不是逐次递进的，而是呈现出平行多维的特点。我们不能简单地认为，只要农民工解决了收入问题，社会融入的问题就能自然解决。要特别注意防止进城农民工跌入城市社会底层，形成社会底层，造成社会分离。要从舆论宣传、社会互动、社区融合、管理体制到法律制度，全面营造农民工融入城市社会的宏观环境，形成农民工不断向上流动的社会机制。

## 参考文献

风笑天，2004，《"落地生根"？——三峡移民的社会适应》，《社会学研究》第 5 期。

关信平、刘建娥，2009，《我国农民工社区融入的问题与政策研究》，《人口与经济》第 3 期。

国家统计局，2012，《中华人民共和国 2011 年国民经济和社会发展统计公报》，http：//www.stats.gov.cn/tjgb/ndtjgb/qgndtjgb/t20120222_402786440.htm。

国家统计局住户调查办公室，2011，《新生代农民工的数量、结构和特点》，http：//www.stats.gov.cn/tjfx/fxbg/t20110310_402710032.htm。

李培林、田丰，2011，《中国新生代农民工：社会态度和行为选择》，《社会》第 3 期。

梁波、王海英，2010，《国外移民社会融入研究综述》，《甘肃行政学院院报》第 2 期。

刘建娥，2010，《乡—城移民社会融入的实践策略研究：社区融入的视角》，《社会》第 1 期。

任远、邬民乐，2006，《城市流动人口的社会融合：文献述评》，《人口研究》第 5 期。

王春光，2001，《新生代农村流动人口的社会认同与城乡融合的关系》，《社会学研究》第 3 期。

——，2010，《新生代农民工社会融入进程及问题的社会学分析》，

《青年探索》第 3 期。

王桂新、王利民，2008，《城市外来人口社会融合研究综述》，《上海行政学院学报》第 6 期。

吴新慧，2004，《关注流动人口子女的社会融入状况——社会排斥视角》，《社会》第 9 期。

杨菊华，2009，《从隔离、选择融入到融合：流动人口社会融入问题的理论思考》，《人口研究》第 1 期。

——，2010，《流动人口在流入地社会融入的指标体系——基于社会融入理论的进一步研究》，《人口与经济》第 2 期。

赵光伟，2010，《农民工问题与社会稳定相关性研究》，《人民论坛》第 17 期。

周莹，2009，《青年与老一代农民工——融入城市的代际比较研究》，《中国青年研究》第 3 期。

威廉·朱利叶斯·威尔逊，2007，《真正的穷人：内城区、底层阶级和公共政策》，成伯清译，上海：上海人民出版社。

Bernard, P., 1999, "Social Cohesion: A Critique", *In CPRN Discussion Paper*, Ottawa: Canadian Policy Research Networks, Inc.

Biscoff, H., 2002, *Immigration Issues*, Westport, CN: Greenwood.

Chan, J., To, Ho-Pong, and Elaine Chan, 2006, "Reconsidering Social Cohesion: Developing a Definition and Analytical Framework for Empirical Research", *Social Indicators Research*, 75 (2).

Martin, Cynthia, 2006, "Muslims in Europe: Culture, Identity, Social Exclusion and Community", http://rozprawy-spoleczne.pswbp.pl/pdf/ii_2_

cynthia_ martin_ ok_ . pdf.

Durkheim, E., 1933, *The Division of Labor in Society*, New York: Free Press.

Glazer, N., Moynihan, D., 1970, *Beyond The Melting Pot*, Cambridge, Mass: MIT Press.

Gans, H., 1979, "Symbolic Ethnicity: The Future of Ethnic Groups and Cultures in America", *Ethnic and Racial Studies*, 2 (1).

——, 1996, "Second-Generation Decline: Scenarios for the Economic and Ethnic Futures of the Post—1965 American Immigrants", in Carmon, N. (ed.) *Immigration and Integration in Post-Industrial Societies: Theorical Analysis and Policy-related Research*, Basingstoke: Macmillan.

Green, Andy, and Jan Germen Janmaat, 2011, *Regimes of Social Cohesion: Societies and the Crisis of Globalization*, New York: Palgrave Macmillan.

Jenson, J., 1998, "Mapping social cohesion: The state of Canadian research", Ottawa: Canadian Policy Research Networks Inc.

Joseph Chan, Ho-Pong To & Elaine Chan, 2006, "Reconsidering Social Cohesion: Developing a Definition and Analytical Framework for Empirical Research", *Social Indicators Research*, 75 (2).

Lawler, E. J., and Yoon, J., 1996, "Commitment in Exchange Relations: Test of a Theory of Relational cohesion", *American Sociological Review*, 61.

Maxwell, J., 1996, "Social Dimensions of Economic Growth", Ottawa: Canadian Policy Research Networks.

McPherson, M., and Smith-Lovin, L., 2002, " Cohesion and Membership Duration: Linking Groups, Relations and Individuals in an Ecology of Affiliation", *Advanced Group Research*, 19.

Nieuwenhuysen, 2007, *Social cohesion in Australia*, New York: Cambridge University Press.

Friedkin, Noah E. , 2004, "Social Cohesion", *Annual Review of Sociology*, 30.

Portes, A. , and Zou, M. , 1993, "The New Second Generation: Segmented Assimilation and its Variants Among Post – 1965 Immigrant Youth", *The Annals of the American Academy of Political and Social Sciences*, 530.

Ritzen, J. , 2002, "Social Cohesion, Public Policy, and Economic Growth: Implications for OECD Countries", http://www.oecd.org/dataoecd/25/2/1825690.pdf.

Warner, W. L. , and Srole, L. , 1945, *The Social Systems of American Ethnic Groups*, New Haven: Yale University Press.

（原载《社会》2012 年第 5 期）

# 下篇　中产阶层

# 第七章 中国跨越"双重中等收入陷阱"的路径选择

李培林

**摘要：**中国正处于跨越"中等收入陷阱"的关键时期，推动经济增长的因素发生深刻变化，国内消费对经济增长具有更加重要的意义，因此需要通过扩大中等收入群体促进大众消费。本章提出"双重中等收入陷阱"的命题，即指一个经济体在中等收入发展阶段的人均产出的长期停滞和中等收入群体长期无法扩大，而且这两个方面是相互影响、密切联系、互为因果的。基于中国社会科学院社会学研究所中国社会状况综合调查（CSS）的数据，本章分析了我国中等收入群体的规模和发展趋势、中等收入群体与中产阶层和中层认同之间关系及中等收入群体的边际消费倾向，认为扩大中等收入群体是促进大众消费、保持经济持续稳定增长、跨越"双重中等收入陷阱"的重要举措，并提出了相关的路径选择和政策建议。

**关键词**：双重中等收入陷阱、中等收入群体、大众消费

中国近几十年的发展，在与世界各大国的比较中，有一个很特殊的方面，就是有一个长期的目标和规划，为了这个目标，几代人持续追求、矢志不渝，功成不必在我。20世纪70年代末，中国在改革开放初期，就确立了建设小康社会的奋斗目标，21世纪初又提出到2020年全面建成小康社会的目标。"全面小康社会"，这是中国人民对未来幸福生活的梦想，它的一个重要的数量化目标，就是"扩大中等收入者比重，努力缩小城乡、区域、行业收入分配差距，逐步形成橄榄型分配格局"。

当前，我国进入经济新常态和社会转型的新阶段，能否成功跨越"中等收入陷阱"，成为一个关系我国发展前途的关键问题。我们可以给"中等收入陷阱"添加一层含义，提出"双重中等收入陷阱"的假设：即一方面指一个发展中经济体难以成功跨越中等收入发展阶段，在进入高收入经济体门槛前长期徘徊；另一方面指难以有效防止社会两极分化，中等收入群体的规模和比例发展停滞，无法建成一个中等收入群体占主体的橄榄型社会。这两个方面实际上是密切相连的，因为绝大多数陷入"中等收入陷阱"的国家，都出现了贫富悬殊的问题，而贫富悬殊也成为陷入"中等收入陷阱"的重要原因。在我国这种大背景下，关于中等收入群体的研究具有非常重要的意义。

第七章 中国跨越"双重中等收入陷阱"的路径选择　203

# 一　什么是"双重中等收入陷阱"？

　　世界银行东亚与太平洋事务局的首席顾问吉尔（I. Gill）和首席经济学家卡拉斯（H. Kharas）2007年在一份题为"东亚复兴：关于经济增长的观点"的报告中，首次提出"中等收入陷阱"（Middle Income Trap）的概念（Gill and Kharas，2007）。随后，世界银行和国务院发展研究中心2013年在一份题为"中国2030：建设现代、和谐、有创造力的社会"的报告中指出，在1960年的101个中等收入经济体中，到2008年只有13个成为高收入经济体，87%的中等收入经济体，在将近50年的时间跨度里，都无法成功突破"中等收入陷阱"，进入高收入阶段（世界银行和国务院发展研究中心，2013：13）。该报告还乐观地预测，"即使未来中国经济的增速比之前慢1/3（即年均6.6%，过去30年为9.9%），中国仍将在2030年前的某个时刻成为一个高收入国家，并在经济规模上超过美国——虽然届时其人均收入水平只相当于发达国家的一个不大的比例。迈过这一里程碑就意味着中国将可以跨越'中等收入陷阱'，并在一代半人的时间内跨过低收入社会和高收入社会之间的鸿沟。这对任何国家而言都是了不起的成就，更不用说像中国这样的大国"（世界银行、国务院发展研究中心，2013：3）。

　　"中等收入陷阱"的主要含义可以概括为：在世界经济格

局中，后发国家的赶超和转型，只有极少数中等收入经济体能够成功晋升为高收入经济体，绝大多数中等收入经济体会出现经济增长的长期停滞，既无法在工资成本方面与低收入国家竞争，又无法在高端技术创新方面与高收入国家竞争，不断积累的经济社会问题形成发展瓶颈，使得经济长期在中等收入阶段徘徊，无法真正实现转型和现代化。

从世界现代化的实际进程来看，多数陷入"中等收入陷阱"的国家是拉美和中东国家，像巴西、墨西哥、智利等都是经常被提到的典型国家，也有少数亚洲国家，如马来西亚。这些国家在20世纪70年代就达到中等收入国家水平，与"亚洲四小龙"几乎处于同样的起跑线，但此后的发展遇到"天花板效应"，发展几十年到今天都没有进入高收入国家行列。对于陷入"中等收入陷阱"的经济体，人均GDP 1万美元就像是一道魔咒，跨越了也还要倒退回来。

与此相反的成功案例是所谓的"东亚模式"，主要是指日本和"亚洲四小龙"，它们都用了10年左右的时间从中等收入国家跃升为高收入国家。例如日本人均GDP在1972年接近3000美元，到1984年突破1万美元，用了12年时间，韩国人均GDP在1987年超过3000美元，1995年就达到11469美元，用了8年时间。

对于为什么会陷入"中等收入陷阱"，学术界写过很多研究文章，从很多方面进行了分析，原因涉及十几个方面，如债

## 第七章 中国跨越"双重中等收入陷阱"的路径选择

台高筑、金融失控、贫富悬殊、腐败严重、过度城市化、公共服务短缺、青年失业率高、社会分裂等。至于说哪一个方面起了决定性的作用，则莫衷一是。但是，贫富悬殊、没有形成庞大的中等收入群体，则几乎在所有的分析文章中均被提及。与此相对照的是，"东亚模式"中国家和地区，如日本、韩国和中国台湾，在跨越"中等收入陷阱"的过程中都保持了较低的收入差距。

所以，我们可以给"中等收入陷阱"添加一层含义，提出"双重中等收入陷阱"的命题，也可以说是假设：一方面指一个发展中经济体无法成功跨越中等收入发展阶段，进入高收入发展阶段和如期实现现代化；另一方面意味着在发展中无法成功防止两极分化，建成一个中等收入群体占主体的橄榄型社会。这个命题的两个方面是密切相连的，如果不能解决中等收入群体占主体的问题，也就无法成功跨越"中等收入陷阱"。对这两个方面的关系，本章无意进行重复证明，这种关系在有的情况下可能是因果关系，在另外的情况下也可能是相关关系。当然也有特例，如也属于"东亚模式"的新加坡和中国香港，都已成功进入高收入经济体行列，并且具有较好的国际竞争力，但收入差距较大的情况也比较突出。不过这两个经济体也有它们的特殊性，比如人口规模都在千万以下，实际上就是一个大城市，都是金融、贸易、港口和国际总部聚集的城市，聚集着一批国际富翁。

从经济层面看，一个经济体特别是一个较大的经济体，在其向高收入发展阶段的过渡中，无法再主要依赖于大规模投资和出口，国内消费将成为长期持续发展的稳定支撑，而没有中等收入群体的壮大和大众消费的成长，就不可能拥有强大的消费驱动。在贫富差距过大的情况下，会出现大众消费瓶颈，即在家庭消费率随收入增加而递减的情况下，少数占有大量消费能力的阶层已经基本上趋于消费饱和，而大量需要增加消费的人群却没有消费能力，消费弹性较大的中等收入群体人数比例较小，无法形成消费主体和促成大众消费时代的到来。

从社会层面看，世界各国的经验表明，一个中等收入群体占主体的橄榄型社会，才是一个能够保证社会长期和谐安定、人民安居乐业的社会。贫富悬殊和两极分化，必然导致社会的分裂和动荡，从而影响到社会的稳定和秩序，最终对经济增长产生负面的影响。

从文化层面看，中等收入群体也是主流价值观形成的基础，只有在一个中等收入群体占主体的社会中，才能有效防止各种极端主义的形成。

经济学界对如何跨越"中等收入陷阱"已经有很多关于促进经济持续增长的分析和研究，本章提出双重"中等收入陷阱"的命题，意在对扩大中等收入群体的方面进行重点分析。

## 二 我国中等收入群体的规模和发展趋势

中等收入群体一般指收入保持在全社会中等水平、就业相对稳定、生活相对宽裕的群体。学界对中等收入群体的讨论，迄今已有约 30 年的时间，关于它的讨论一般都是与研究收入和消费问题、分配问题、贫困问题、社会不平等问题、社会结构变动趋势问题等相联系。所以说，对中等收入群体的研究，从一开始就不仅仅是一个学术问题，而是与现实应用紧密联系的。这种联系比较集中在两个方面：一方面是与社会政策的制定相联系，即为了在基本生活保障、困难家庭补助、鼓励消费、刺激就业等方面制定相关社会政策，需要界定中等收入群体、低收入群体和贫困人口；另一方面是与全球消费市场发展趋势的判断相联系，即通过对全球中等收入群体的变化趋势分析，来判断未来各国在全球消费市场发展中的地位变化。从研究主体来看，关于中等收入群体的相关研究，更多地集中在国家统计部门、国际组织（如联合国、世界银行、OECD 等）和智库组织。

直到目前，关于中等收入群体的界定，还没有一个像国际贫困线那样的统一标准，但已经有很多的探索，包括关于绝对标准的探索和相对标准的探索。一般来说，绝对标准更多地被用于国际比较和分析全球中等收入群体的发展趋势，而相对标准则更多地被用于国内收入分配结构的分析和社会政策的制定。中国国家统计局以家庭年可支配收入9万—45万元人民币为标准，测算出2015年我国中等收入家庭占24.3%，这也是一些媒体报道中国中等收入群体达到3亿多人的重要依据。

在国际上众多关于中等收入群体绝对标准的研究探索中，有三项研究因为被应用于国际组织和调查机构的研究报告而广受关注。其一，世界银行经济学家米兰诺维克（Brando Milanovic）和伊扎基（Shlomo Yitzhaki）在2002年分析全球收入不平等时，把巴西年平均收入和意大利年平均收入作为全球中等收入群体（中产阶层）标准的上限和下限，以世界银行2000年购买力平价转换，把每人每天收入10—50美元（PPP$）作为中等收入群体的标准（Milanovic and Yitzhaki, 2002）。世界银行的2007年全球发展报告采用了这一标准，测算结果显示，全球中等收入群体（中产阶层）占全球人口的比例，在1993—2000年期间几乎没有什么变化，维持在约8%，但2000年以后比例显著上升，并预测到2030年全球中等收入群体的人口占比将达到16%（World Bank, 2007）。其二，布鲁金斯学会的经济学家卡拉斯（Homi Kharas）在2010年OECD研究报告中提出，按购买力平价计算，每人每天收入10—100美元（PPP$）为中等收入群体（中产阶层），这个标准上限的制定，参考了欧洲发达国家中最富裕国家卢森堡的收入中位值，下限的制定则参考了贫困线最低的葡萄牙和意大利的平均贫困线。卡拉斯（H. Kharas）认为，这一收入范围内的家庭，其消费弹性最大，因此他也把中等收入群体称为"消费阶层"（consumer class），他按这一标准估算，2009年全球中等收入群体（中产阶层）总数为18亿人，其中欧洲有6.64亿人；亚洲有5.25亿人；北美洲有3.38亿人，而未来中国和印度是中等收入群体增长最快的国家（Kharas，2010）。其三，美国皮尤研究中心2015年的研究报告提出，全球中等收入群体（中产阶层）的标准为按购买力平价计算每人每天收入10—20美元（PPP＄），按此标准，2011年全球人口的13%是中等收入群体，该报告还预测，2001—2011的10年间，中国中等收入群体的比例从3%增长到18%，印度从1%增长到3%（Pew Research Center，2015a、2015b、2015c）。

以上这些对中等收入群体绝对标准的探索有一些共同的特点，他们都是把全球视为一个统一的收入和消费体系，都是从全球的视野来考察收入水平和消费市场的变化，都认为亚洲，特别是中国和印度是未来中等收入群体成长最快的国家；他们都把按购买力平价计算的每人每天10美元（PPP＄）作为中等收入群体的下限；这些研究者多数都是经济学家，在他们的研究中，中等收入群体（middle income group 或 middle income）和中产阶层（middle class）具有同样的含义，更经常使用的是为大众所熟悉的"中产阶层"的概念。这种对中等收入群体的界定方法，有它的优点，比如操作简便易行，能够清晰地反映一个在发展中经济体内中等收入群体的成长,但也有其显而易见的弱点,一是它只适用于对全球发展中国家中等收入群体现状和变化趋势的研究,因为在此标准下的中等收入群体在发达国家中大概都只是属于低收入群体甚至一部分属于贫困人口;二是按照绝对标准来测定中等收入群体,其变化并不能反映一个国家和地区内部的收入分配结构的变动,在人均收入增长的条件下,即便贫富差距的情况没有变化甚至加剧,中等收入群体的规模和比例也会增加。

鉴于用绝对标准界定中等收入群体所存在的弱点,国际学术界也展开了对中等收入群体相对标准的探讨。有一种简单的办法,就是把贫困线作为基线,把高于贫困线1.3—3倍的收入群体定义为中等收入群体,这种方法一般是为了适应落实社会福利政策的需要,但带来的问题是,由于每个国家甚至一个国家内的每个行政区域以及不同的家庭类型,可能都有不同的贫困线,所以中等收入群体的标准会出现碎片化。如美国48个相邻州,2013年的贫困收入标准中,一人户家庭的贫困收入线为11490美元,三人户家庭的贫困收入线为19530美元。

在学术界使用更普遍的中等收入群体相对标准,是以收入分布的中位值或平均收入为基线,下限设定为50%—75%的一个点,上限设定为1.5—2.5倍的一个点。沃福森(M. C. Wolfson)以及金肯斯(S. P. Jenkins)和樊可姆(Ph. Van Kerm)等人较系统地梳理了收入不平等的各种测量指标,提出

## 第七章 中国跨越"双重中等收入陷阱"的路径选择

把收入处于中位值的75%—150%的人群（家庭）或60%—225%的人群（家庭）定义为"中等收入者"（Wolfson，1994；Jenkins and Van Kerm，2009）。美国布鲁金斯学会的经济学家伯兹奥（N. Birdsall）、格莱哈姆（C. Graham）和佩蒂纳托（S. Pettinato）在一篇产生广泛影响的文章中提出，以收入中位值的50%—125%作为界定中等收入群体（中产阶层）的标准（Birdsall，Graham and Pettinato，2000）。美国皮尤研究中心几乎每年发布美国中产阶层报告，2015年底发布的报告定义美国中等收入群体的标准是收入中位值的67%—200%（Pew Research Center，2015）。美国经济学家普雷斯曼（S. Pressman）在这方面的一项研究，引起了很大社会反响，他使用知名的卢森堡收入调查数据库，按照收入中位值的67%—200%来定义中产阶层（中等收入群体），分析了20世纪70年代以来9个发达国家（美国、加拿大、英国、法国、德国、意大利、芬兰、瑞典和挪威）的中产阶层的比例变化，发现2008年国际金融危机以后，这些发达国家的中产阶层的比例，几乎都有所下降（Pressman，2015）。这项研究结果被一些媒体用以证明，发达国家大选中民粹主义、排外主义和反全球化浪潮的兴起是由于"中产阶级的分裂和愤怒"。

中国也有一些学者采用类似的相对标准来分析中等收入群体，但分析的结果往往显示，在收入差距扩大的背景下，中等收入群体的比例会不升反降。李培林和张翼将家庭人均收入在平均线至平均线2.5倍的人群定义为中等收入者,使用2006年中国社会状况综合调查数据得到中等收入者在全国占13%。龙莹将中等收入群体定义为收入中位值的75%—125%,采用1988—2010年中国健康营养调查数据（CHNS）,发现中等收入群体比重从1988年的27.9%下降到2010年的21.1%（龙莹,2015）。李培林和朱迪采用收入分位值替代中位值,把中等收入群体定义为扣除5%高收入者和25%低收入者后的中间收入区间,测算出2006年、2008年、2011年和2013年的中等收入群体比重分别为27%、28%、24%和25%（李培林、朱迪,2015）。

最近,中国社会科学院社会学研究所和俄罗斯科学院社会学研究所正在进行中俄中等收入群体的比较研究项目,由笔者和俄罗斯科学院的院士戈尔什克夫（M. K. Gorshkov）所长共同主持。双方学者经过反复研究、测算和磋商,放弃了用绝对标准界定中等收入群体的简单易行方法,采用相对标准界定收入群体的位置,收入中位值的75%及以下为低收入群体（细分为脆弱人群和极端贫困人群）,76%—200%为中等收入群体（细分为中高收入群体和中低收入群体）,201%及以上为高收入群体（细分为富裕群体和高富裕群体）。按此标准,2015年,俄罗斯低收入群体占33.96%,中国占39.45%;俄罗斯中低收入群体占34.55%,中国占20.22%;俄罗斯中高收入群体占21.93%,中国占18.05%;俄罗斯高收入群体占9.57%,中国占22.28%。从中俄之间比较来看,中俄低收入群体的比例差不多,但其中中国的极端贫困人群的比例比俄罗斯高十几个百分点,俄罗斯的中等收入群体比例则比中国高18个百分点,中国的高收入群体比例又比俄罗斯高近13个百分点(见表7-1)。也就是说,俄罗斯的收入结构与中国相比,更近似橄榄型。俄罗斯经历了与中国几乎同样的收入基尼系数变化,从1992年的0.289迅速扩大到2012年的0.420,此后开始下降,至2015年降到0.412,而2015年中国的基尼系数为0.462。

表7-1　　　　2015年中国和俄罗斯不同收入群体的比例

| 收入群体 | | 收入标准<br>(占中位值的百分比) | 俄罗斯<br>(%) | 中国<br>(%) |
| --- | --- | --- | --- | --- |
| 低收入群体 | 极端贫困人群 | 中位值的25%及以下 | 1.43 | 12.57 |
| | 脆弱人群 | 中位值的26%—75% | 32.53 | 26.88 |
| 中等收入群体 | 中低收入群体 | 中位值的76%—125% | 34.55 | 20.22 |
| | 中高收入群体 | 中位值的126%—200% | 21.93 | 18.05 |
| 高收入群体 | 富裕群体 | 中位值的201%—400% | 8.49 | 16.37 |
| | 高富裕群体 | 中位值的401%及以上 | 1.08 | 5.91 |

资料来源:俄罗斯的数据来自第三期全国监测社会调查"当代俄罗斯的社会转型动态:以社会经济、政治、社会文化和民族宗教为背景",调查时间为2015年10月。中国的数据来自中国社会科学院社会学研究所2015年社会状况综合调查(CSS)。

我们按照不同的标准,包括绝对标准(世界银行的标准和国家统计局的标准)和相对标准,对我国中等收入群体比例的变化趋势分别进行了测算。测算结果显示,在1989年至2015年长达26年的时间里,按照世界银行关于中等收入群体每人每天10—100美元(PPP$)的标准计算,我国中等收入群体的比例从0%上升到44%;按照我国国家统计局关于中等收入家庭年可支配收入9万—45万元人民币计算,我国中等收入群体的比例从0%上升到20%;而按照收入中位数75%—200%定义中等收入群体,则我国中等收入群体的比例一直在37%—50%徘徊,其小幅变动的趋势,似乎与收入差距的变化趋势总体一致,即1989年到2006年中等收入群体的比例是下降的,而2008年迄今则是上升的,当然其中个别年份也有不符合这种趋势的情况(见图7-1)。

总之,根据对中等收入群体的变化趋势的分析,我们可以得出结论,如果以绝对标准定义中等收入群体,那么随着一个国家或地区的经济持续发展和人均收入水平不断提高,就像一定标准下的贫困人口会不断减少一样,中等收入群体的比例和人数规模都会持续地增加。但是,如果以相对标准来定义中等收入群体,在收入结构没有发生重要变化的情况下,中等收入群体的比例也不会发生重大变化。

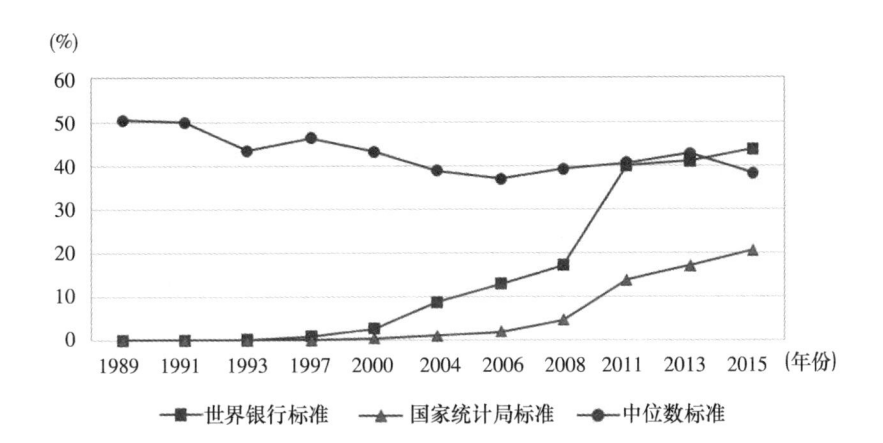

第七章 中国跨越"双重中等收入陷阱"的路径选择 215

**图 7-1 我国中等收入群体比例的变化趋势（1989—2015 年）**

注：世界银行标准指，按购买力平价计算，每人每天收入 10—100 美元（PPP＄）的人群为中等收入群体。根据 2011 年 ICP（International Comparison Program）的 GDP 测算结果，1 美元（PPP＄）约合人民币 3.5 元。按照全年 365 天计算，家庭人均年收入在 12797—127969 元的为中等收入群体。国家统计局标准指家庭年可支配收入 9 万—45 万元的人群为中等收入群体。中位数标准将家庭人均收入占中位数的 75%—200% 定义为中等收入群体。

资料来源：中国社会状况综合调查（CSS）（2006—2015 年）和中国健康与营养调查（CHNS）（1989—2004 年）。

## 三 中等收入群体、中产阶层和中层认同之间的相关性

相比中等收入群体，社会学界对中产阶层的定义更加多样，收入、财产、职业、教育、权力、社会声望甚至消费品位

等，都曾被用于对中产阶层的界定和分析。但比较一致的意见是，与中等收入群体的界定不同，界定中产阶层的核心指标是职业，也就是在职业分层量表的400多个职业中，划定中间一定位置的职业区间为中产阶层，或者采取简单的办法，在基本的职业分层中，把扣除农民、蓝领工人、无业者和大资本者后的人群，统一称为中产阶层，甚至把中小资产人群称为老中产阶层，把白领阶层称为新中产阶层。还有的用收入、职业和教育三个指标定义中产阶层，即把一定收入区间、大专教育以上、白领职业作为界定中产阶层的标准，并确定不同的权数，划分出核心中产、半边缘中产、边缘中产。

无论用什么标准界定中产阶层，在中等收入群体和中产阶层的相关分析中，二者的重合度实际上是很高的，2015年我国的职业中产阶层中，85%属于中等收入及以上的收入群体，而在中等收入群体中（包括中低收入群体和中高收入群体），则有约26.47%的人属于职业中产阶层（城镇中等收入群体中，35.32%属于职业中产阶层）。尽管中国俗话说"三百六十行，行行出状元"，但是一些技术和受教育程度门槛较高的职业，其收入水平也会普遍更好一些，人力资本收益规则是普遍存在的，一些发展前景好的职业，其收入的比较优势是非常明显的。这也是为什么中等收入群体的扩大总是伴随着产业结构转型升级的原因。

## 第七章 中国跨越"双重中等收入陷阱"的路径选择

表 7-2 中等收入群体与职业中产阶层的交互分析（2015 年） （单位:%）

|  | 低收入群体 | 中低收入群体 | 中高收入群体 | 高收入群体 |
| --- | --- | --- | --- | --- |
| 中产阶层 | 9.61 | 21.59 | 31.94 | 47.66 |
| 中低阶层 | 90.39 | 78.41 | 68.06 | 52.34 |
| 合计 | 100.00 | 100.00 | 100.00 | 100.00 |

注：本表中的中等收入群体的定义使用相对指标，标准与表 7-1 相同。中产阶层用非体力劳动职业人群定义，中低阶层用体力劳动职业人群定义。

资料来源：2015 年中国社会状况综合调查（CSS）数据。

在中等收入研究的国际比较中，中国一个备受关注的特殊性是，对中层经济社会地位的主观认同普遍偏低，这一点被很多社会调查的结果所证明。在世界其他大国的社会调查中，无论是发达大国还是发展中大国，一般认为自己的经济社会地位属于中层的人群都会占到全部人口的60%左右，而且这种经济社会地位的认同结果，似乎与一个国家的收入分配状况并没有直接的逻辑关系。换句话说，即便是收入差距较大的国家，在制度长期稳定的情况下，也会出现大多数人认同中层的情况。中国的情况似乎是这一普遍规则的特例，根据中国社会科学院社会学研究所的中国社会状况综合调查，2015 年中国居民认同自己属于中层的比例只有37.38%，认同中上层（3.95%）和上层（0.27%）的仅有4.22%，而认同中下层（30.54%）和下层（27.87%）的合计高达58.41%。中国的这种特例，可能与三个方面的原因有关系，一是在近几十年中国社会流动加快，社会成员经济社会地位变化较大，经济地位与社会地位出现了一些背离的现象，一部分经济地位上升较快的人，其社会地位并不高，而一些社会地位较高的人，经济地位却较低；二是媒体对富人炫耀性消费的渲染，使一般居民对"中层"生活标准普遍高估；三是中国文化传统中"藏拙"的为人准则，使一些人有意地隐富。从表7-3中我们可以看到，在中低收入群体中，仅有35.99%的人认为自己属于中层，认为自己属于中下层和下层的则高达60.41%；在中高收入群体中，认同中层的占40.46%，认同中下层和下层的则占55.68%；甚至在高收入群体中，认同中层的也只占49.16%，认同中下层和下层的也占到42.41%。当然，从低收入群体到高收入群体，认同中层的比例还是递增的。但这并不表明，经济收入较高的人群，其阶层认同就会普遍较高。调查结果显示，也存在一些特殊的情况，阶层认同会受到个人利益曲线的变化方向的影响，如农民工的经济收入虽然较低，但其阶层认同相对较高，而效益不好的国有企业职工，其阶层认同往往普遍较低。所以，从维护社会和谐稳定来说，要特别注意利益曲线下降的社会群体的社会感受和社会情绪。这种阶层认同普遍偏下的情况，对消费观念和消费行为也会产生重要影响。

表7-3　　各收入群体的社会经济地位认同（2015年）　　（单位:%）

| 您认为您本人的社会经济地位在本地大体属于哪个层次？ | 低收入群体 | 中低收入群体 | 中高收入群体 | 高收入群体 |
| --- | --- | --- | --- | --- |
| 上层 | 0.16 | 0.10 | 0.29 | 0.56 |
| 中上层 | 2.21 | 3.50 | 3.57 | 7.87 |
| 中层 | 29.71 | 35.99 | 40.46 | 49.16 |
| 中下层 | 29.23 | 32.39 | 34.01 | 29.14 |
| 下层 | 38.69 | 28.02 | 21.67 | 13.27 |
| 合计 | 100.00 | 100.00 | 100.00 | 100.00 |

注：本表格使用2015年中国社会状况综合调查数据，显示了各收入群体所认为的本人社会经济地位。如果将中低收入群体和中高收入群体合并，38.1%的中等收入群体认为自己属于中层。

## 四　我国中等收入群体的边际消费倾向

我们知道，凯恩斯的三大心理规律的第一条规律，就是边际消费倾向递减，即居民消费会随收入的增加而增加，但在新增加的收入中消费所占的比例会随收入的增加而递减，用于储蓄的比例会越来越大。富人的边际消费倾向通常低于穷人的边际消费倾向，如果贫富差距太大，新增的收入绝大部分集中在边际消费倾向较低的富人手里，就会造成有效需求不足，商品卖不出去，导致生产过剩，这是指消费的需求侧问题。消费的有效需求不足也有供给侧的问题，即在居民消费结构转型升级的过程中，商品的供给不能适应居民消费需求的变化，造成有些消费品严重滞销。

在经济学关于居民消费一般规律研究的基础上，社会学更强调把社会分层的视角引入对消费的研究。也就是说，社会学假设一些社会阶层或社会群体，其消费行为也会受一些特殊的规则支配。如凡勃仑（T. B. Veblen）研究了有闲阶级或暴富者的"炫耀性消费"或"挥霍性"消费（凡勃仑，1964），某些商品价格定得越高越畅销的现象也被称为"凡勃仑效应"；贝克尔（G. S. Becker）研究了追求享受感效应的所谓"非理性"消费行为（贝克尔，1987），类似人们所说的"放鞭炮效应"；布尔迪厄（P. Bourdieu）研究了"消费品位"对社会分层的意义（布尔迪厄，2015），类似人们所说的"消费的品位身份象征"或"消费观念"。我们在1998年亚洲金融危机之后，也曾专门研究了不同消费阶层的消费趋向以及消费对刺激经济的意义（李培林、张翼，2001）；李春玲对中产阶层的消费特征进行了系统的分析（李春玲，2011）；张翼则对我国居民消费从生存型到发展型的升级过程中的社会各阶层消费倾向进行了研究（张翼，2016）。

我国目前的国内消费，已经成为经济增长的主要拉动力量，2016年国内消费对经济增长的贡献率已经超过70%。但这种消费贡献率的快速增长，主要还不是因为国内消费出现超常规的变化，而是因为投资和出口对经济拉动作用的减弱而产生的相对比例变化。我国的居民消费仍然具有很大的发展潜力,大众消费时代还没有真正到来。根据对 2015 年中国社会科学院社会学研究所中国社会状况综合调查(CSS)数据的分析,我国居民家庭消费也存在明显的边际消费倾向递减的现象,在把城镇居民家庭按人均收入从低到高划成十等份的情况下,家庭消费率(家庭人均消费占人均收入的比重)总体上呈现递减(见图 7-2),收入最低 10% 家庭的家庭消费率高达 85%,而收入最高 10% 家庭的家庭消费率只有 49%,20% 收入最高的家庭所拥有的收入占城镇家庭总收入的 53.3%。

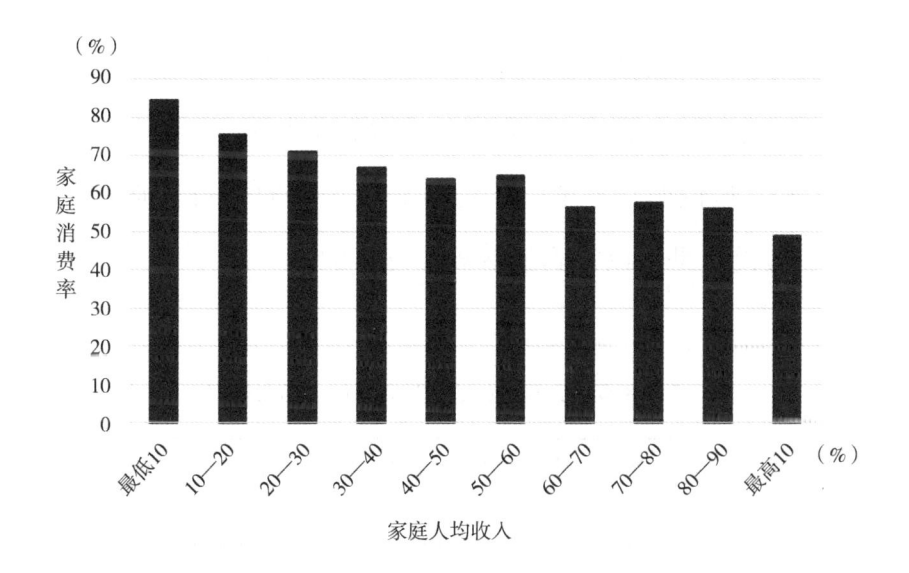

**图 7-2 城镇家庭人均收入十等份分组的边际消费倾向(2015 年)**

资料来源:2015 年中国社会状况综合调查(CSS)。

回归模型的分析结果也表明,在生存性消费(指家庭在饮食、衣着、水电、住房、医疗、赡养老人及红白喜事等方面的消费支出)的影响因素中,家庭的人均年收入、居住地、人均受教育水平和家庭阶层总体来说都有显著的影响。就生存性消费来讲,中高收入群体的边际消费倾向最高,回归系数达到0.713,远高于低收入群体和高收入群体;而高收入群体的生存性消费受到家庭居住地和家庭人均受教育水平的影响更大。在发展性消费(指家庭在教育、旅游、娱乐、家电、通信、交通方面的消费支出)的影响因素中,模型显示出与生存性消费几乎同样的结果,只是家庭居住地的影响减弱。

总之,无论是生存性消费还是发展性消费,中等收入群体特别是中高收入群体都呈现出较高的边际消费倾向(见表7-4)。这说明,本章关于通过扩大中等收入群体促进大众消费的假设,是可以得到消费规律支持的。

表7-4　2015年不同收入群体的边际消费倾向(回归模型)

| 模型1　生存性消费<br>常量 | 低收入群体<br>5356*** | 中低收入群体<br>6176 | 中高收入群体<br>-6520 | 高收入群体<br>3050 |
| --- | --- | --- | --- | --- |
| 家庭人均年收入 | 0.178** | 0.116 | 0.713*** | 0.0759*** |
| 家庭居住区域<br>(城镇=1) | 1967*** | 1654 | 3345** | 6588** |
| 家庭人均受教育年限 | 129.7** | 314.4 | 553.4*** | 709.6*** |
| 家庭阶层(中产=1) | 2339*** | -918.8 | -296.3 | 5303*** |

续表

| 模型1 生存性消费常量 | 低收入群体 5356*** | 中低收入群体 6176 | 中高收入群体 -6520 | 高收入群体 3050 |
| --- | --- | --- | --- | --- |
| N | 3814 | 1954 | 1743 | 2148 |
| 模型2 发展性消费常量 | 低收入群体 21.49 | 中低收入群体 -501.5 | 中高收入群体 -1640 | 高收入群体 549.0 |
| 家庭人均年收入 | 0.194 | 0.233*** | 0.218*** | 0.0677*** |
| 家庭居住区域（城镇=1） | 2341* | 163.5 | -132.3 | 2301* |
| 家庭人均受教育年限 | 114.3 | 81.92** | 170.4*** | 202.8* |
| 家庭阶层（中产=1） | -467.2 | 753.6** | 1093*** | 3876*** |
| N | 3809 | 1953 | 1742 | 2149 |

注：（1）***P<0.01，**P<0.05，*P<0.1。

（2）模型的因变量生存性消费指家庭人均饮食、衣着、水电、住房、医疗、赡养老人及红白喜事等支出，发展性消费指家庭人均教育、旅游、娱乐、家电、通信、交通等支出。

（3）模型的自变量中，家庭人均受教育年限指18岁及以上家庭成员的受教育年限平均值。以被访者的职业阶层代表家庭的阶层，非体力劳动职业人群定义为中产阶层，体力劳动职业人群定义为中低阶层。

资料来源：2015年中国社会状况综合调查（CSS）。

## 五 跨越双重"中等收入陷阱"路径选择

跨越双重"中等收入陷阱"涉及两个问题，一是解决人均GDP的水平到一定阶段后可能长期处于停滞状态的问题，二是解决中等收入群体的比例可能出现的长期停滞甚至下降的问题。而且，即便是前一个问题得到解决，后一个问题也有可能发生，并对前一个问题产生影响。

沃勒斯坦（I. M. Wallerstein）曾提出"世界体系"概念，并把世界各国分为核心国家、半边缘国家和边缘国家，他认为，从边缘进入半边缘和从半边缘进入核心，都是非常困难的（沃勒斯坦，2013）。纵观第二次世界大战后的世界史，真正从边缘和半边缘进入核心（发达国家和地区）的经济体，也就是"亚洲四小龙"、拉美个别国家、东欧少数新兴经济体国家和少数石油输出国，总共加起来1亿多人口。相当一批国家陷入"中等收入陷阱"，在人均GDP 8000—10000美元这个水平长期停滞和徘徊。中国改革开放以来进入经济起飞和快速发展阶段，从1978年人均GDP不足200美元到2000年人均GDP超过800美元，用20多年时间人均GDP增加了500多美元。但从2000年人均GDP 800多美元增加到2015年人均GDP 8000多美元，仅用15年时间人均GDP就增加了7000多美元。1978年至2015年的37年中，中国的GDP年均增长9.6%。在这样的快速发展中，发展的不协调问题也格外突出，特别是城乡、区域之间发展的不协调、不平衡问题以及社会成员之间收入差距过大问题，在国际比较中成为我国发展的一个突出短板。

按世界银行最新公布的数据，2015年收入分组标准为：人均国民总收入低于1025美元为低收入国家，在1026—4035美元为中等偏下收入国家，在4036—12475美元为中等偏上收入国家，高于12476美元为高收入国家（World Bank，2016）。

## 第七章 中国跨越"双重中等收入陷阱"的路径选择

2015年世界银行所统计的218个经济体中，高收入经济体79个，中等偏上收入经济体52个，中等偏下收入经济体56个，低收入经济体31个。高收入国家像中等收入国家一样，内部有很大差异，如果上不封顶的话，最高的卢森堡人均GDP高达11万多美元，如果排除最富的7—8个特殊国家，发达国家可以说是从人均2万多美元到5万美元以上，包括了从韩国到美国的几十个国家。

我国"十三五"时期（2016—2020年）是全面建成小康社会的决胜时期，是跨越从中高收入国家走向高收入国家门槛的关键时期。按照目前到2020年我国GDP每年增长6.5%的潜在增长率计算，我国大概在2022—2024年跨越世界银行所说的高收入国家门槛，目前的标准是人均GDP约1.27万美元。中国具有跨越"中等收入陷阱"的许多有利条件，比如中国的经济社会结构还有很大的变动弹性，特别是制造业的创新能力在持续增强，区域发展的梯度格局形成雁形方队，2015年已经有10个省市跨越了人均GDP 1万美元的门槛，中国人力资本增长的潜力也依然巨大，人均受教育水平与发达国家相比还有广阔的发展空间。但我们也不能轻言中国没有陷入"中等收入陷阱"的风险，毕竟一个世纪以来从边缘进入核心的大国十分罕见。

跨越双重"中等收入陷阱"的真正难点是中等收入群体的比例持续扩大。我们通过本章的分析已经看到，即便是在2008

年至 2015 年我国人均收入水平快速增长和全国居民收入基尼系数持续微弱降低的情况下，中等收入群体的比例仍然没有显著扩大。而世界各国的经验都表明，收入差距的扩大会比较快，但要缩小收入差距则是一个相当缓慢的过程。在理论上，关于收入分配的变化趋势，无论是美国经济学家库兹涅茨的"倒 U 型曲线"显示的乐观估计，还是法国经济学家皮凯蒂对西方社会 300 多年贫富差距扩大测算显示的悲观结果，都还是一种假设，很难说是定律。但是，2008 年金融危机以来，一些西方发达国家出现的中产阶层平均收入水平的降低、社会分裂和民粹主义思潮的兴起，值得高度关注和反思，这也是发达国家的一种新的"中等收入陷阱"。

跨越双重"中等收入陷阱"，面临着诸多选择和挑战，从政策制定的角度看，我们建议对以下几个方面予以重点关注。

（1）实施人力资本优先发展的战略。在收入决定的诸因素中，人力资本的作用非常突出。2015 年我国 15 岁以上人口的平均受教育年限超过 9 年，高等教育的毛入学率达到 40%，虽然发展很快，但与发达国家相比还有较大差距，也意味着还有较大的发展潜力。要通过实施人力资本优先发展战略，全面提高劳动力素质，促进劳动者收入地位的改进。

（2）实施促进大众消费的税收政策。大众消费时代的到来，基础是形成庞大的中等收入群体，但也与促进大众消费的税收政策有密切联系。现在很多国家为了促进国内消费，都实施了消费与税收挂钩的办法。我国对个人所得税的征收，也应当根据家庭在基本生活、教育、医疗、子女抚养、赡养老人等方面的支出占家庭收入的比例情况，给予适当扣除或减免。

（3）完善以知识为导向的分配政策。我国经济的转型升级能否成功，取决于未来的创新能力。一个国家和社会，创新的主体往往是企业家、科技人员、技术工人和广大专业人员，包括教师、医生、律师、金融从业人员、信息服务人员、社会组织管理者等，这些人群一般也是中等收入群体的主要组成部分。要推进教育、医疗、科研机构的工资制度改革，使专业技术人员工资体现其人力资本和知识劳动价值。要提高科研人员成果转化分享比例，探索对创新人才的股权、期权、分红激励。

（4）让大学毕业生和农民工成为扩大中等收入群体的主力。中国中等收入群体的扩大，应主要依靠每年毕业的700万—800万人的大学毕业生和约2.5亿农民工中的技术工人，大学不应当都把人才培养的目标设为知识精英，绝大多数大学生的培养应当适应市场化的职业要求，使一部分综合大学改制为不同于职业学校的专业化大学。应在农民工中设立技术等级晋升制度，加强农民工的技能培训。

（5）让广大农民通过专业化和兼业进入中等收入群体。中国的农业产出占GDP的比重已经降到10%以下，但农业劳动者、农村劳动力的比重仍然很高，而绝大多数农户由于耕地面积都在 0.5 公顷以下，很难单靠农耕过上中等收入群体的生活。要继续通过耕地流转发展农业的规模化经营，同时促进小农户的非农兼业，让广大农民也能过上中等收入群体的生活，这也应当是我国新型城镇化的一项重要任务。

**参考文献**

加里·S. 贝克尔，1987，《家庭经济分析》，彭松建译，北京：华夏出版社。

让·波德里亚，2001，《消费社会》，刘成富、全志刚译，南京：南京大学出版社。

皮埃尔·布尔迪厄，2015，《区分：判断力的社会批判》，刘晖译，北京：商务印书馆。

戴慧思、卢汉龙，2001，《消费文化与消费革命》，《社会学研究》第 5 期。

凡勃伦，1964，《有闲阶级论》，蔡受百译，北京：商务印书馆。

李春玲，2011，《中产阶级的消费水平和消费方式》，《广东社会科学》第 4 期。

李培林、张翼，2001，《消费分层：启动经济的另外一个视角》，《中国社会科学》第 2 期。

李培林、朱迪，2015，《努力形成橄榄型分配格局——基于 2006—2013 年中国社会状况调查数据的分析》，《中国社会科学》第 1 期。

龙莹，2015，《中等收入群体比重变动的因素分解——基于收入极化指数的经验证据》，《统计研究》第 2 期。

世界银行、国务院发展研究中心，2013，《中国2030：建设现代、和谐、有创造力的社会》，北京：中国财政经济出版社。

伊曼纽尔·沃勒斯坦，2013，《现代世界体系》（第一卷），郭方等译，北京：社会科学文献出版社。

张翼，2016，《当前中国社会各阶层的消费倾向——从生存性消费到发展性消费》，《社会学研究》第4期。

Gill, Indermit and Homi Kharas, 2007, *An East Asian Renaissance: Ideas for Economic Growth*, Washington, DC: World Bank.

Jenkins, Stephen P. and Philippe Van Kerm, 2009, "The Measurement of Economic Inequality", in Wiermer Salverda, Brian Nolanand and Timothy Smeeding, eds., *The Oxford Handbook on Economic Inequality*, Oxford: Oxford University Press.

Kharas, Homi, 2010, "The Emerging Middle Class in Developing Countries", *Working Paper*, No. (285), OECD Development Centre.

Milanovic, Branko and Shlomo Yitzhaki, 2002, "Decomposing World Income Distribution: Does the World Have a Middle Class?", *Review of Income and Wealth*, No. (1), International Association for Research in Income and Wealth, Vol. 48, No. 2.

Pew Research Center, 2015a, "Are you in the global middle class?", http://www.pewresearch.org/fact-tank/2015/07/16/are-you-in-the-global-middle-class-find-out-with-our-income-calculator/.

Pew Research Center, 2015b, "China's middle class surges, while India's lags behind", http://www.pewresearch.org/fact-tank/2015/07/

15/china – india – middle – class/.

Pressman, Steven, 2015, "Defining and Measuring the Middle Class", *Working Paper*, American Institute for Economic Research (AIER), No. 7.

Wolfson, Michael C., 1994, "When Inequalities Diverge", *The American Economic Review*, 84 (2).

World Bank, 2007, *Global Economic Prospects* 2007: *Managing the Next Wave of Globalization*, Washington, DC.: World Bank.

World Bank, 2016, "World Bank Analytical Classifications", https://datahelpdesk.worldbank.org/knowledgebase/articles/378834 – how – does – the – world – bank – classify – countries.

(原载《劳动经济研究》2017 年第 1 期)

# 第八章　中产阶层成长和橄榄型社会[*]

李培林

中国改革开放 30 多年来，收入差距的基本趋势是不断扩大。党的十八届三中全会已提出，要扩大中等收入者比重，努力缩小城乡、区域、行业收入分配差距，逐步形成橄榄型分配格局。从全球来看，欧洲发达国家特别是北欧收入分配比较平均，收入差距比较严重的是拉美国家，亚洲大多数国家和地区收入分配相对比较平均，但近几年差距也有所扩大。中国要建设橄榄型社会，需要特别关注：确保到 2020 年城乡居民收入比 2010 年翻一番；继续实施大规模减贫政策；政府要让更多的新生代农民工成为中等收入者；保证绝大多数大学毕业生成

---

[*] 本章根据作者 2014 年 11 月 13 日在《国际经济评论》"国际重大问题深度关注"系列讲座上的演讲录音整理，已经本人审定。

为中等收入者；税收与消费挂钩，缓解中低收入者的生活压力；理顺收入分配秩序。

**关键词**：中等收入、中产阶层、橄榄型分配格局、中等收入陷阱、收入分配

## 一　全面小康社会走向更加公平的目标

党的十八大报告指出，到2020年，全面建成小康社会。在收入分配方面的目标是，"合理有序的收入分配格局基本形成，中等收入者占多数，绝对贫困现象基本消除"。这虽然是个描述性的目标，实际上却涉及一些约束性指标，以及一些标准的界定，特别是中等收入者的界定。比如什么是中等收入者？中等收入者占多数有无可能？绝对贫困现象能否基本消除？党的十八届三中全会决定进一步提出，要"扩大中等收入者比重，努力缩小城乡、区域、行业收入分配差距，逐步形成橄榄型分配格局"。尽管在社会学领域，橄榄型的概念已很常见，比如，对中国社会结构的描述，有金字塔型、橄榄型、纺锤型、倒丁字型等很多描述收入分配结构的词语，但是将橄榄型写进中央文件，还是第一次。怎么来界定橄榄型分配格局？

从中国的实际情况看，改革开放30多年来，收入差距的基本趋势是不断扩大。按照基尼系数测算，在改革开放的起点20世纪80年代初，其值略超0.2，在全世界属于最平等的一类

国家；发展到 2013 年，基尼系数达 0.473。在基尼系数变化发展的过程中，初期的社会共识是打破大锅饭，拉开收入差距，引进竞争机制，提高资源配置效率。邓小平同志说"要让一部分人和一部分地区先富起来"，而且认为这是带动全国的"大政策"，当时的拉开收入差距是在社会共识下形成的。

认识的转折点发生在 20 世纪 90 年代中期，即基尼系数第一次超过 0.4 的时候。按照当时学界的讨论，基本认为基尼系数位于 0.3—0.4 是比较合适的，过小或者过大都不好。一旦超过 0.4，社会学界的很多文章就说超过警戒线，达到临界点。

但是，当时经济学界的共识是效率优先、兼顾公平。这是中国改革的基本取向，认为收入差距大一些没有关系。而且因为经济学界比较深入人心的库兹涅茨（Simon Smith Kuznets）的"倒 U 型分配曲线"，认为收入达到中等国家水平以后，差距会自动缩小。这是其他国家的经验。库兹涅茨认为，发展初期由于资本和技术稀缺，所以其价格比较昂贵；达到中等收入国家水平以后，就会变成劳动力稀缺，劳动力价格上升，而资本和技术的价格相对便宜。因此，收入结构会自动调整。还有一种政治方面的解释，认为一个国家发展的过程也是民主化的过程，所以劳动者在民主化过程中工资谈判的力量会越来越强，所以也会推动劳动力收入水平上升，从而扭转收入差距。总之，当时经济学界的普遍共识是改革开放打破了大锅饭，在这个问题上不能再有犹豫。不过，在社会学界，由于比较同情弱者，已经开始比较强调收入差距对国家发展和社会稳定的影响。

新的社会共识可以说出现在2000年以后。原本根据预测，进入21世纪，中国进入中等收入国家，收入差距会自动缩小，结果2000年以后，收入差距仍继续增大。这个时候的分析就多了起来，有些人认为在全球化的进程中，财富增长模式发生了重大变化，库兹涅茨的"倒U型曲线"在中国的适用情形已经发生了很多变化。比如说财富增长，过去经由几代人才能打造成长为一个百万、千万富翁，而现在借助于虚拟经济和房地产，人们可以一夜暴富。在全球化的过程中，收入分配的差距拉大，不仅发生在发展中国家，发达国家的情况也类同，改变了以前的发展趋势。

中国从2000年以后，经济学界和社会学界在缩小收入差距方面取得了共识，无非是在讨论缩小差距的方法，是采取政府的转移支付、再分配方式，还是更多依靠市场提高公平竞争水平、减少无序差异方式。中国的基尼系数在2008年进入拐点，按照国家统计局的数字，2008年是中国收入分配差距的最高点，是0.491，接近0.5。随后到2013年，五年之内收入差距微弱缩小到0.473。如果缩小的趋势能够继续，那么到2020年，中国就能够出现库兹涅茨所描述的倒U型发展。现在争论的问题在于：收入差距缩小的趋势能否继续？数据本身是否真实？在国际学界，比如密歇根大学的学者，根据中国国内的不同统计口径的数据，测算的基尼系数的结

## 第八章 中产阶层成长和橄榄型社会

果要高于国家统计局的数字。当然，学界的大调查数字都是回忆式的，调查时问到的是上年的收入来源各是多少。而统计局的数字产生是簿记制度，簿记制度比回忆更精确。但是统计局的缺点在于样本多年不变，抽样户固定，最富和最穷的难以被抽到，所以各有利弊。

当然，现在对于收入分配趋势和规律有很多争论。新出版的法国学者托马斯·皮凯蒂（Thomas Piketty）近700页的《21世纪资本论》一书，其英文版连续数周占据亚马逊图书榜的首位，很多诺贝尔奖的获得者对这本书给予高度评价。这本书很易读，原本在对收入分配的描述中，统计的专业技能运用是比较多的，但是这本书没有用到高深的统计。这本书对过去300年来欧美国家的财富收入做了详尽探究，描述了一个大趋势：在可以观察到的300年左右的数据中，投资平均年回报率一直高于GDP平均年增长率；投资回报量每14年就能翻番，而经济增长量翻番要35年。在100年的时间里，拥有资本的人的财富翻了7番，是开始的128倍，而整体经济规模只比100年前增长了8倍，所以收入差距的总趋势是一直在扩大。而库兹涅茨的"倒U型曲线"，可能只不过是长周期中的一个偶然偏差，最终还是要回到长周期的差距上升的曲线上。虽然这本书被给予高度评价，但是社会科学所描述的轨迹，毕竟与自然科学的精确轨迹不同，任何一个变量的变化，都将导致轨迹的不同。对于这个问题，仍处于研究和探索的过程之中。

每个国家影响收入差距的因素都有所不同。对于中国而言，结合经济学界和社会学界的各种分析，意见比较一致的是，中国收入分配的基尼系数中，大概60%来自城乡和区域差异，而单单城乡差异一项，就可解释总差距的40%。与其他国家不同的是，中国城乡差距的解释力比较大。当然，现在的总趋势是，城乡和区域差距开始改善，而个体之间的差距的解释力在增长。城乡差距为何在中国起到这么大的作用呢？原因主要和中国人多地少的基本国情有关。

在中国当今的三大结构——产业结构、就业结构和城乡结构中，农业增加值在GDP中只占到10%左右。但是，农业劳动力占总劳动力人口的34%，农村居民在城乡结构的占比将近46%，而这还是剔除了农民进城居住半年以上、算作城镇常住人口后得到的比例。也就是说，54%的城市化水平并不完整，其中有相当比例是在城镇居住达到半年以上的农村户籍人口。从三大结构来看，46%的农村居民和34%的农业劳动力，分享到的GDP蛋糕只有10%，当然前提是不考虑转移支付的因素。

从这样的结构来看，农民属于低收入群体，单靠种地发家致富是极其困难的。我们曾经有过计算，欧洲农民并不是穷人，一般都属于中产阶层以上的群体，而欧洲每个农户的平均可耕作土地为30—40公顷。比较而言，中国的每个农户的平均耕地面积只有0.5公顷。这还是全国的平均水平，如果剔除东北及中原的土地富余地区，南方地区的人均耕地只有几分

## 第八章 中产阶层成长和橄榄型社会

地。一公顷合 15 亩地，常言道人均一亩二分地，要在一亩二分地上创造致富的奇迹，是非常困难的。所以在研讨会上，就开玩笑：让专门研究农业技术的专家亲自去种一亩二分地，即使再高的智商，种什么才能真正富裕起来呢？种水果、草药或者花草，都不可能完全富裕起来。除非种人民币。如果说到种人民币，那就是改变土地用途，农业用地要改成工业用地，工业用地改成商业用地，如果在土地上建造房屋，基本就跟种人民币的效果差不多了。地方财政的相当部分收入源自变更土地用途，所以各地都有变更土地用途的冲动。而现在不允许农民自行变更土地用途，必须经过国家征用。十八届三中全会后政策赋予农民更多的土地权益，但现在还正在研究具体的方案。虽然都称作农民，但是在西方的称谓是 farmers，一说到中国农民就是 Chinese peasants。Peasants 的准确翻译是小农，中国小农的称谓就说明了中国农民可以耕种的土地面积之狭小。在中国，要想整个改变城乡结构差异，最主要的途径就是劳动力转移，农业规模化经营的前提是多数农民能转移到非农领域就业或更多地兼业。而这也是正在发生的现实：现在农民收入增长最快的部分是非农收入。所以，全面建成小康社会，恐怕最大的难点是让农民普遍富裕起来，同时还要保证粮食安全。

关于收入分配本身，以前社会学界多数人认为，调整收入分配的初衷是保证公平，社会公平是人类的基本价值，要保证一个社会的人们的基本权利，就要强调社会的公平价值。但是，单从社会价值的角度强调收入分配的重要性，往往得不到经济学界的认可：效率和公平是不同的价值。以前的大锅饭过分强调公平不考虑效率是不可取的，而现在，收入差距的扩大已经影响到经济自身的发展。

如果想转变经济发展方式，就要使经济增长的驱动力更多依赖于国内消费，而非过度依赖投资和出口。可是，尽管目前消费已成为中国最重要的经济增长推动力量，超过了投资和出口，但消费的发展依然不尽如人意，而收入分配是消费的非常重要的影响因素。根据我们的调查发现，中国的家庭消费，存在家庭消费率随着收入增加而递减的规律，此处的消费率指的是家庭消费占家庭收入的比重。收入越低的家庭，其消费率越高；收入越高的家庭，其消费率越低。按照家庭收入进行五等份分组，从最低的20%到最高的20%，消费率逐级递减。如果进行十等份分组，收入最低的10%的家庭的消费率达到85%，而最高收入的10%群体，消费率则下降到50%以下。收入差距扩大以后，尽管每年的居民收入总额增长很快，但是增长的收入过分向富人集中，就会出现富人由于消费饱和而不花钱，穷人想消费而没有钱，所以就会影响到消费对经济增长的拉动。

恰恰在中国希望转变经济发展方式、将消费作为三驾马车中最有力的驱动力的期间，中国居民消费率却持续下降。2000—2011年，中国最终消费率（消费总额占GDP比重）从62.3%下降到49.1%（其中居民消费率从46.4%下降到35.4%），远低

## 第八章 中产阶层成长和橄榄型社会

于世界平均70%以上的水平。美国3亿多人一年消费10万多亿美元商品，欧盟15国消费9万亿美元商品，中国13亿多人只消费2万多亿美元商品。这也是中美关系的复杂之处：中美之间的相互依存度很高，中国是最大的生产国，但是生产的产品自己消费不了，只能往国外出售；美国是最大的市场，很大一部分中国商品都要销往美国。美国依赖中国的商品，降低自己的生活成本；中国依赖美国的市场，消化剩余产品。中美之间，既有尖锐的斗争，也有经济上的相互依赖联系。当然，现在的奇怪之处在于，在美国购买的产品比在中国国内的价格便宜，中国的游客到美国都涌到Outlets（品牌直销购物中心）商店，名牌产品比国内要便宜1/3，其中的很多产品产自中国。

对于一个国家而言，消费没有成为拉动经济增长的主要驱动力量，这是发展中国家尤其是低收入国家的典型特征。比如，美、日、英、法、德等国家都是主要依靠消费拉动经济增长，而中国过去长期依靠投资和出口，消费本身的力量相对薄弱。消费不振不完全是收入问题。现在的中国，已经不完全是个穷国，不是自己完全没有能力消费，不完全是钱的问题，且不说将近4万亿美元的外汇储备，单从国内来讲，20年以来，国家的财政收入快速增长。1994—2012年，税收总量从5000多亿元增加至10万多亿元，年均增长18%以上。这只是税收的统计口径，从财政收入增长的角度看，增长达到20%以上，因为规费的增长比税收增长要快。这还不包括掌握在政府手中的大量土地出让金的收入。所以看上去，国家很有钱，而这些钱还花不出去。当然从中央到地方的财政逐级弱化，大约2/3的乡镇负债运行。当然现在财政增长速度大幅度减缓了，2014年首次出现个别月份财政收入的下降。这个问题很严重，因为近几年来国家福利增长很快，需要大量的资金持续供应。

所以这种情况下，很多人会说：是不是中国的分配结构是国富民穷呢？但是从统计数据看，老百姓也很有钱，居民储蓄也在快速增长。1994—2012年，居民储蓄存款余额从2万多亿元增加到近40万亿元，年均增长18%以上，相当于当年GDP的约75%。由于储蓄的增速远快于GDP的增速，所以未来几年，储蓄有可能超过GDP总额。这笔钱怎么办？这是中国的特殊之处，在一般国家，居民储蓄小于居民收入减去居民消费，居民收入减去居民消费的余额才能转变成储蓄、手持现金或再投资。但是，中国每年增加的居民储蓄总额大于居民收入减去居民消费，其原因就在于相当部分为隐性收入，有说法是隐性收入占到总收入的25%—30%。打个比方，有人来调查你的月收入，工资条上有个数字，但是实际的收入远高于工资条的收入，而且实际收入能显示在银行的储蓄里。国家也很希望且鼓励老百姓的储蓄进入消费市场，实现消费对国家经济的拉动作用。其实国家的政策也有一定的引导作用，银行的储蓄率一般不高于通货膨胀率。比如说一年期的储蓄利率在3%左右，通货膨胀率为2%多一些，个别年份超过3%，基本持平。这样，存到银行的资金,不能真正保值增值,要拿出来赶紧去花,可是老百姓是"打死"也不花。从北京的情况就能看到,一旦发行年利息高于4%的国债,老大爷老太太清晨6点就来排队,排着长长的队伍,国债发行很多时候不过三天便一抢而空。这在其他国家是非常罕见的。因为其他的投资渠道不健全,老百姓总希望利息高一点算一点。实际上,老百姓不舍得花钱的真正原因,还是随着收入的提高和生活的普遍改善,家庭的不确定性风险反而升高了。比如说一个家庭越来越不清楚未来究竟要花掉多少钱。所以各大银行进行的储蓄目的调查,连续多年的结果相同:居民储蓄的基本目的排序中,第一位是子女教育;第二位是看病医疗;第三位是买房;第四位是养老。以子女教育为例,以前很容易测算:四年大学,每年的学费六千元,加上一定量的生活费,存上十万块钱,四年足够。现在一个家庭只有一个孩子,如果出国留学,在美国一年的学费大概二十几万元人民币,加上生活费十几万元,四年的大学费用至少要存上一百五十万元。还不知道毕业后有没有工作。家庭规避未来风险的意识发生了完全的改变,包括买房、养老、医疗等,都要存很多的钱。所以,消费不仅仅是文化背景的差异。不是说美国人的消费观就是信贷消费,这代人花下一代人的钱;而中国人就是习惯存钱给下一代。其实是收入分配和社会保障等情况决定了家庭消费习惯的选择,因此要改变消费习惯,不仅要调整收入分配,还需要公共服务、社会保障以及其他相关方面制度安排的配套。

在社会学界，调整中国的收入分配，关注的还不仅仅是调整结果，更加关注的是对社会问题形成的影响。现在虽然没有文章直指收入差距扩大会带来怎样的社会问题，但是各种分析都表明，群众对收入分配状况的不满意是很明显的。社会经济地位认同调查分为五层：上层、中上层、中层、中下层和下层。在所做的调查中，发现了一个很奇怪的规律：人们主观上对于收入的感受和客观上的收入之间，并没有一个很明显的因果联系。比如，美国的收入差距大于法国，但是美国人自认为属于中层的比重要超过法国；巴西的收入差距高于日本，但是巴西人自认为属于中层的占比也高于日本。大多数国家的调查结果表明，不管客观上的收入是否平等，主观上认为自己属于中层的比例都在60%左右。即使在一个不平等的制度下，通过教化、宣传、习惯、文化熏染、制度和路径依赖，就会让身处其中的人们认可自己所处的位置。不会将一切归咎于制度，而是从自身的教育水平、能力、技术等方面找主观差距。有学者写文章比较了北京和香港两个城市。两地的基尼系数接近，在香港，多数人认为收入低应该提高学历、提高能力，多打几份工，增加自己的收益。但是到了北京，就开始"骂娘"了，大家都认为自己所处的位置不应该是其理应的位置，一切是由制度决定的。

中国在这方面的特殊性，是因为正处在收入分配制度剧烈转变之中，在这个过程中出现了一些影响收入分配的不合理、不合法因素。2011年全国社会状况调查数据显示，中国人认为自己属于中层的比例只有44%，不足50%，绝大多数人认为自己属于中下层或者下层。这一结构，中国与印度的差距很大。印度的结构类似于国际通行的结构，尽管印度和中国在基尼系数上相差不多。其实印度贫富差距的对比要比中国更为鲜明，在新德里、孟买等城市的市中心，绵延几公里的用塑料布、油毡纸、纸壳、木板、铁皮搭建的贫民窟，视觉上的冲击比中国要强烈得多。有一次开国际会议，笔者还请教过印度学者，为什么印度那么多人认为自己属于中层呢？印度学者的分析有一定道理：印度与中国有两点不同。一是宗教，印度75%以上的人口信仰印度教、伊斯兰教以及佛教等东方宗教，东方宗教的基本教义是克制内心欲望，去适应环境；而中国人不信教，不仅如此，改革开放还释放出了心中的"欲望恶魔"，人人都要改变位置，人人都要发财致富，"欲望恶魔"一旦释放就很难收回。二是历史走向，印度历史上存在种姓制度，种姓制度很不平等，而民主化是逐渐走向平等。尽管中印的收入差距数据几乎在一个交汇点上，但中国是从改革开放前的平等走向现在的不平等，而印度是从不平等走向平等。走向的不同决定了人们的心态也不一样，印度住在贫民窟的人有的还认为自己属于中层。

但是在中国的调查样本中，特殊之处在于：并不是收入最低的人对现状最不满，农民工里有很多人认为自己属于中层，但是干部队伍里有相当比例认为自己属于中下层。当时,笔者要协调入户调查困难的问题,找了北京市的一位处长吃饭,请他帮忙,向他宣传调查的重要性。在上菜之前,我就先对这位干部进行了调查,问他认为自己属于哪一层。他想了半天,说自己属于中下层。我就问:你怎么会属于中下层呢?北京的处长级别的月收入大概七千块钱。七千块钱月薪,超过了农民的年纯收入。我就说,如果你认为自己属于中下层,那农民属于什么层级?还有农民工和下岗职工,还有失业者。按照这种认知,中国的调查问卷是不是还得加上一个底层?他就说:你们这些学者都是书呆子,这是在北京,不能光看收入,还要看消费。他就给我算了一笔账:他们这批人没有赶上分房,租到四环边上的60平方米的房子,租金3500元,这还属于便宜的;家里有一个孩子,请不起保姆,把农村老家的父母接到北京看孩子,挤在一起住,闹得婆媳不和;还得限定自己的父母一个月的消费约1200元。一个孩子上学的费用不高,可是周末要上辅导班,两个半天,每次三小时左右,通常每小时的课时费用是80—100元。这么算下来,辅导班的课时费比一对老人的生活费用还要高。问题是所有的孩子都在上辅导班,不能让孩子输在起跑线呀。家里还有一个妹妹,高职毕业后暂时找不到工作,每个月要资助800元。这么算下来,两人都有工资也真的所剩无几。他是一个博士,在北京已经奋斗了这么多年。可是如果他这样的处长还对社会心生抱怨,怎样让广大的低收入

## 第八章 中产阶层成长和橄榄型社会

群体、困难群体满意呢？

所以，调整收入分配是一件很复杂的事情，不是很多人简单认为的杀富济贫、把钱从富人口袋转移到穷人口袋里。实际上不是这样的。即便有大量的转移支付，使得收入差距的客观结果稍微有所调整，还不算转移支付过程中由于治理技术的不足而发生的损失，群众的不满情绪也并不一定下降。所以，很重要的一点是理顺收入分配秩序，让每个个体认同在现有竞争秩序下的位置是合理的位置，需要大家对秩序形成认同。社会主义初级阶段很长远，由于起点、资源禀赋、才能和努力程度的不同，收入分配的结果不可能相同。中国现在的分配制度是以按劳分配为主、多种分配方式并存的制度，各种要素如劳动、资本、技术、管理等都参与分配，这就决定了不可能平等。在相对平等条件下，要有道理可讲，让大家认识到这是在一定规则下形成的合理秩序。

而现在的问题恰恰是在现有秩序下，说不清楚为什么，这是很大的问题，造成了干部群体本身就很不满。本来的一些干部研讨班，到最后都变成了工资制度研讨班。有一次笔者参加一个高层的收入分配调整的调研会，还请了几个基层代表，不过也是县委书记、县长级别。有一个河北的县长，在会上就说：我们县和北京的县经济结构也差不多，中间就隔了一条河，历朝历代两个县的县官拿到的俸禄都是一样的。可是现在北京的县长比我这个县长的工资高了一倍多，都是在共产党的领导下,这是河界还是国界呢?实际上这位县长提出了一个很重要的问题:现在不是吃不饱的问题,而是大家在追求公平价值。处于同样的岗位,待遇不同的理由在哪里?而现在中国的很多差异说不出理由。

所以,调整收入分配秩序,要触及利益格局,我觉得恐怕调整起来需要很多年的时间。当然,现在影响中国收入差距的城乡和区域因素都在好转,农村居民收入增速连续五年超过城镇居民收入增速。这两年城镇居民收入增长不太理想,现在的说法是城乡居民收入增速跑赢 GDP,实际上农村居民收入增速快于 GDP,而城镇居民收入增速不及 GDP。从 GDP 的增速来看,西部和中部地区已经连续九年快于东部地区,所以区域和城乡的差距看上去已经处于转折点,如果趋势能够持续,收入差距就会发生倒 U 型变化。

现在的问题在于个体之间的收入差距更为拉大,代际之间的差距拉大。中国的老龄人口比重逐步增加,统计发现,年龄越大的阶层,收入反而越低。放在一个家庭当中,孙子的收入高于儿子,儿子的收入高于父亲,这是很明显的,未来可能会出现低收入群体老龄化的趋势,这是中国的特殊之处。

## 二 收入分配状况的国际比较

从全球来看,欧洲发达国家特别是北欧国家收入分配比较

## 第八章 中产阶层成长和橄榄型社会

平均,基尼系数较低,基本上都在 0.4 以下。当然,这从另一个侧面说明了大锅饭现象比较严重,比如希腊,国家都要破产了,可是一说要降低国民福利,老百姓就要上街游行。比较严重的是拉美国家,12 个国家的基尼系数在 0.5 以上,这也是华盛顿共识的诱导,即不惜以城乡和贫富差距为代价,试图实现跨越式增长。拉美很多国家在 20 世纪 70 年代初期的人均国民收入与"亚洲四小龙"相当,但是在人均 GDP 达到 8000 美元时遇到了"天花板",就是现在所谓的"中等收入陷阱"。值得称道的是,亚洲四小龙在起飞阶段保持了收入分配差距比较小的状态,尽管现在差距也有所扩大(见表 8-1)。

表 8-1　　基尼系数的国际比较(2010—2012 年)

| 基尼系数 | 欧洲 | 北美洲 | 拉丁美洲 | 大洋洲 | 非洲 | 亚洲 | 合计 |
| --- | --- | --- | --- | --- | --- | --- | --- |
| 0.2—0.299 | 19 | 0 | 0 | 0 | 0 | 1 | 20 |
| 0.3—0.399 | 21 | 1 | 0 | 2 | 11 | 17 | 52 |
| 0.4—0.499 | 2 | 1 | 8 | 0 | 13 | 8 | 32 |
| 0.5—0.599 | 0 | 1 | 12 | 1 | 5 | 3 | 22 |
| 0.6 以上 | 0 | 0 | 0 | 5 | 5 | 0 | 5 |
| 合计 | 42 | 3 | 20 | 3 | 34 | 29 | 131 |
| 最高值 | 俄罗斯 0.413 | 墨西哥 0.509 | 玻利维亚 0.592 | 巴布亚新几内亚 0.509 | 纳米比亚 0.707 | 新加坡 0.522 | |

资料来源:世界银行(http://data.worldbank.org/indicator/SI.POV.GINI)。

本来亚洲大多数国家和地区受到儒家文化圈"均贫富"思想的影响，收入分配相对比较平均，但是近几年差距也有所扩大。亚洲的收入分配差距大的经济体有两类，第一类是新加坡、中国香港等，属于城市经济体，不过它们又属于国际上公认的竞争力比较强、发展较好的地区。两地的收入差距，主要在于两套工资制度，政府供养的工资制度和市场竞争的工资制度差异太大。政府采取高薪养廉的措施，香港教授的月工资大约为16万港币，相当于台湾教授月收入的四五倍，台湾地区的教授月收入约为十二三万台币。如果是香港的官员，工资会更高。我的一位朋友从大学研究所换职到港署，工资从16万港币提升为30多万港币。但是，市场竞争工资相对较低，大学毕业生找工作，月薪只为0.8万—1.2万港币。第二类是中国和印度，城乡差距和区域差距是解释收入分配差距的主要因素。

从收入分配差距看，大国中巴西贫富差距较严重。如果把金砖国家中的巴西、俄罗斯、印度、中国和美国做比较，巴西的高收入群体（收入最高的20%）所占份额最高，低收入群体（收入最低的20%）所占收入份额最低，而中低收入群体和中等收入群体的收入份额明显萎缩，这种不合理的收入分配结构，使得巴西的贫富差距很悬殊。图8-1是同一时段的横向比较。

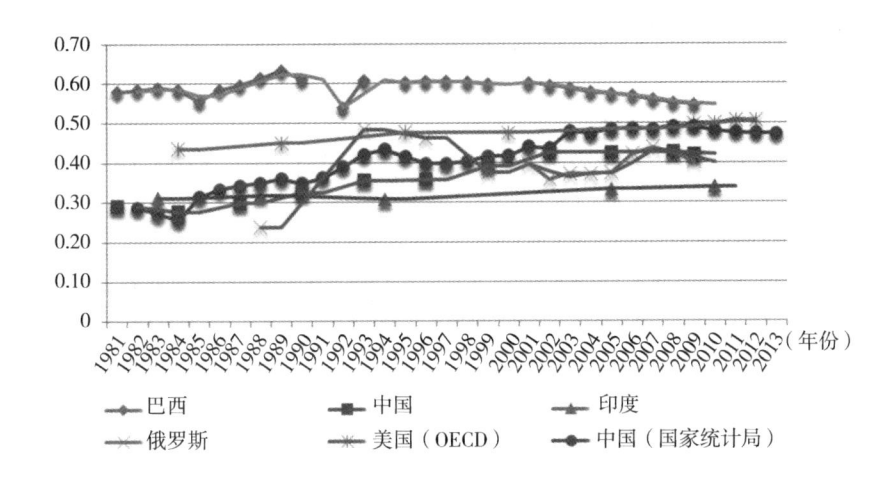

**图 8-1　金砖大国与美国的收入差距变化趋势（基尼系数）**

资料来源：世界银行、OECD 和中国国家统计局。

而从发展趋势看，这五大国当中只有巴西反而处于收入差距下降的态势。近十几年来，尽管巴西基尼系数的绝对值仍然在大国中位居最高，但是在全世界大国的收入差距普遍扩大的时候，巴西的收入差距反而在缩小，这种趋势是全世界少见的。所以，巴西的经验值得中国学习，尤其是在调整收入分配时经济还能保持适量增长，这是非常不容易的。

世界银行按照消费也计算出中国的基尼系数，趋势与中国国家统计局的测算结果一致。巴西、中国、印度、俄罗斯的数据来自世界银行，其中中国、印度、俄罗斯基尼系数的计算基于消费，巴西基尼系数的计算基于收入。美国的基尼系数来自OECD的统计，使用税前收入计算。中国国家统计局基尼系数的计算基于住户调查中的收入记账。从趋势上来看，巴西虽然基尼系数较高，但是自2003年开始呈下降趋势，印度却呈上升趋势，中国的基尼系数自2003年显著上升，但是近些年呈平稳回落的态势。

巴西自2003年开始基尼系数下降，原因与贫困人口大量减少、中低和低收入人群的收入增长速度超过高收入人群有关。按照联合国的贫困标准——人均生活费每天不足2美元（PPP＄），巴西这部分贫困人口的比例从2002年的23.2%减少到2012年的5.9%。最贫困的10%人口在这九年中的收入增长速度是最富裕的10%人口的3倍。这是巴西的特殊之处，越低收入群体的收入增速越高，所以才能实现收入差距的改善。

巴西中产阶层显著扩大缓和了巴西的收入差距。巴西1雷亚尔约为2.47元人民币。图8-2中C阶层——家庭月收入在1734—7475雷亚尔（约合人民币4283—18463元），代表中产阶层，从2003年的6600万人增长到2011年的1.15亿人，而低收入和中低收入阶层（E和D）则显著减少；当然，中低收入阶层进入中产阶层的速度要超过中产阶层进入富裕阶层的速度。巴西的这种发展路径对中国调整收入分配结构、缩小收入差距有一定启发意义。因为众所周知，收入分配差距一旦形成，要想改变态势是很难的。笔者还没有详细研究过巴西的收入差距与税收、消费等其他方面到底有哪些关系，但是巴西能实现这一点非常不容易。

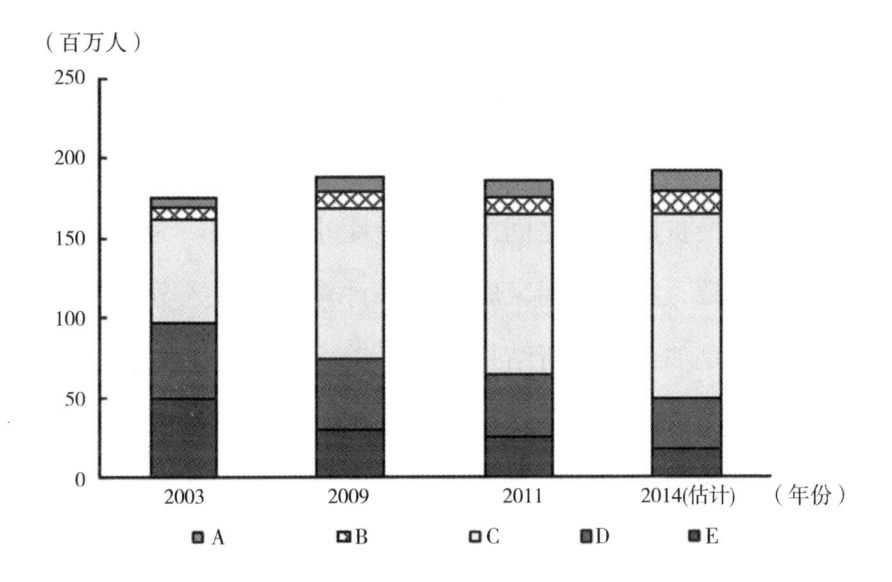

第八章 中产阶层成长和橄榄型社会　251

**图 8-2　巴西各收入阶层的人口规模**

注：A＞9745 巴西雷亚尔（家庭月收入）；B 7475—9745 巴西雷亚尔；C 1734—7475 巴西雷亚尔；D 1085—1734 巴西雷亚尔；E＜1085 巴西雷亚尔。

资料来源：Arnold Jens M. and Joao Jalles, "Dividing the Pie in Brazil: Income Distribution, Social Policies and the New Middle Class", *Economics Department Working Papers*, No. 1105. http://www.oecd.org/eco/economicsdepartmentworkingpapers.htm, 20140928。

再看美国和中国收入差距比较。前段时间有学者写过文章，说中国的收入差距超过美国，引起了中国高层的关注。所以，我们也做了比较。比较的方法很多，基尼系数、五等分等，这里采取的是比较复杂的、全面的最高与最低收入分位值比率的比较。在多数比率下，美国的数值高于中国，也就是说美国的收入差距还是大于中国。

表8-2显示，中国最高和最低收入分位值之间的比率显著低于美国，比如第90百分位与第10百分位、第95百分位与第20百分位、第80百分位与第20百分位的收入比率，说明中国最富裕和最贫困群体之间的收入差距小于美国。为了与美国的该指标一致，我们使用家庭收入来计算不同收入分位值的比率，结果也是如此。分析结果说明了美国的贫富差距也非常显著，但也应当考虑一个干扰因素是中国人倾向低报收入，因而调查数据中的收入即使经过调整仍可能被低估，从而掩盖了真实的收入差距。同美国的收入结构类似，中国城镇的收入差距主要存在于高收入与低收入之间，而中等收入与中低收入、中低收入与低收入之间的收入差距较小。

表8-2　中国与美国的最高与最低收入分位值比率

| 收入比率 | 中国（家庭人均收入） | 中国（家庭收入） | 美国（家庭收入） |
| --- | --- | --- | --- |
| 90th/10th | 8.52 | 7.22 | 11.93 |
| 95th/20th | 7.32 | 6.45 | 9.28 |
| 95th/50th | 3.57 | 3.84 | 3.75 |
| 80th/50th | 1.90 | 2.00 | 2.04 |
| 80th/20th | 3.90 | 3.36 | 5.05 |
| 20th/50th | 0.49 | 0.60 | 0.41 |

资料来源：中国数据来自中国社会科学院社会学研究所2013年中国社会状况综合调查（城镇居民样本），美国数据来自美国人口普查局（U. S. Census Bureau, *2013 Current Population Survey Annual Social and Economic Supplement*）。

## 第八章 中产阶层成长和橄榄型社会

美国的特点是中等收入者强势。根据美国人口普查局数据，2012 年美国家庭（户）收入中位值是 51017 美元。按收入等级将家庭（户）进行五等份分组，最低 20% 家庭（户）收入在 20599 美元及以下，大概在图 8-3 中的长划线以下。图 8-3 为 2012 年美国家庭（户）的收入分布，也存在较大的收入差距，收入结构的顶端也存在长尾，表示部分人口的收入相当高。但是，处于中等收入水平——35000—100000 美元——的家庭占到了 43%，见图 8-3 中两条划线之间的家庭（户）。这个比值高于中国，而一个国家的消费市场主要取决于中等收入群体。

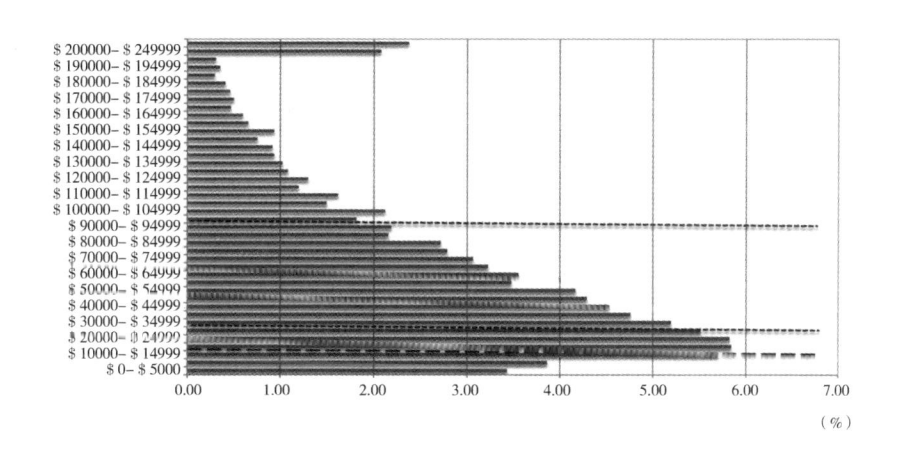

图 8-3 2012 年美国家庭（户）的年收入结构

资料来源：美国人口普查局（U. S. Census Bureau, *2013 Current Population Survey Annual Social and Economic Supplement*）。

对于中产阶层世界人口规模以及消费，美国布鲁金斯学会高级研究员、经济学家霍米·卡拉斯（Homi Kharas）认为，在当代社会，中产阶层通过消费为全球的经济增长做出了重要贡献，特别是亚洲的中产阶层，将快速增长并壮大，从而使得亚洲将取代美国和欧洲，成为驱动全球经济增长的主要力量。为了测量这一"消费阶层"（the consumer class）并进行全球性的比较，卡拉斯使用经济含义的绝对指标来定义中产阶层，认为每人每天支出 10—100 美元（PPP＄）的家庭为中产阶层。这个支出范围的下限参考了两个贫困线最严格的欧洲发达国家——葡萄牙和意大利——的平均贫困线，上限为最富裕的发达国家卢森堡的收入中位值，由此排除了最贫穷的发达国家中的穷人和最富裕的发达国家中的富人。PPP 指 purchasing power parity，是购买力平价指标，卡拉斯使用的是 2005 年国际购买力平价，1 美元（PPP＄）相当于 3.45 元人民币。亚太的中产消费目前占全球中产消费的 23%，排在欧洲和北美之后，而人口占比为 28%，但未来将成为主导力量。

图 8-4 显示了 2000—2050 年全球中产阶层的消费比重变化。虽然亚洲中产消费在 2000 年只占全球中产消费的 23%，但是卡拉斯预测，到 2030 年亚洲中产消费就能占全球的 45% 以上，其中中国和印度的贡献最显著，到 2050 年中国和印度的中产消费加在一起将占到全球中产阶层消费的几乎一半。而美国和欧洲在全球中产阶层消费中的份额将在未来的二三十年

第八章 中产阶层成长和橄榄型社会　255

中呈下降趋势。如何扩大中国中产阶层的规模？调整收入分配结构固然是根本的、长远的措施，但是在卡拉斯看来，最佳的中期策略应当是提高消费在 GDP 中的比重，也即通过提高居民消费来促进中产阶层的成长。卡拉斯也特别提到国企改革的作用，需要使国企的巨额利润惠及全体居民或者利用这些利润来完善社会保障体系，以此提高居民的购买力，从而扩大消费。

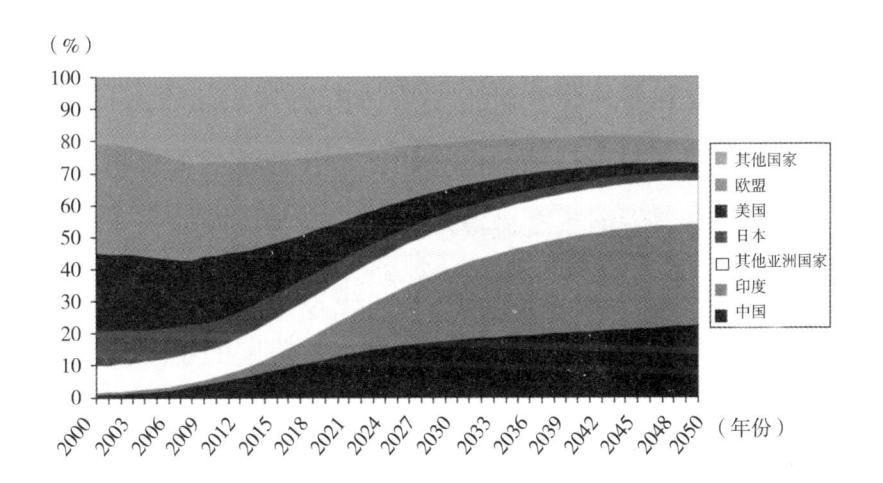

图 8-4　中国和印度将主导未来全球中产阶层消费

资料来源：Kharas Homi，"The Emerging Middle Class in Developing Countries", OECD Development Centre Working Paper, No. 285, 2010。

在笔者看来，预测数字乐观了些，不过趋势是对的。国际上很多智库和大公司对中国中产阶层的研究非常感兴趣，就是因为中国的人口基数大，中产阶层的比重在人口总量中每增加

1个百分点,就是上千万的消费人群,这是庞大的、潜在的、快速增长的消费市场。相比较而言,中产阶层的消费弹性最高,是形成大众消费的主体。2014年"双十一"成为网购狂欢节,网购再创新纪录,实现571亿元交易额,刷新了全球移动电商单日成交纪录。网购群体中,绝大多数属于中产阶层。

## 三 扩大中产阶层,建设橄榄型社会

社会学家和经济学家对于"中产阶层"(middle class)的定义不尽相同。与经济学的概念相比,社会学的概念更富有想象力;不过另一方面,又显得不严谨。尽管以职业为主要指标的中产阶层的概念,从美国著名社会学家赖特·米尔斯(Wright Mills)1951年出版的《白领——美国的中产阶级》一书中首次提出算起,已有60多年的历史,但是直到目前还没有统一的定义。按照社会学界早期社会分层的三个基本维度——财富、权力、社会声望等不同的标准,企业界的以财富论英雄,政界的按权力论高低,知识分子依据社会声望划层,不同的人按照不同的标准进行分类。如果对整个社会进行分层,就要把不同的指标综合起来,每个指标赋予相应的权重。还有学者加入职业、收入、教育水平等指标,法国著名社会学家布迪厄(Pierre Bourdieu)还加入消费品位的指标,后来被许多人引用。中产阶层的消费品位并不完全由收入决定,而是

## 第八章 中产阶层成长和橄榄型社会

受阶层的时尚、观念影响,形成社会主流后被其他阶层所模仿,有一定的消费品位才符合消费潮流。他认为消费行为和偏好不一定完全取决于收入,当然这是对抗经济学的定律。比如中国的月光族的消费就与其他阶层不一样,完全是消费理念的差异。

社会学界在划分中产阶层时,更为关注职业。因为当初,这是作为职业结构和产业结构变化的最大指标,也就是最早的白领、服务业阶层。当社会的服务业比重超过制造业时,白领工人超过蓝领工人,意味着社会结构的巨大变化。中产阶层是在职业结构发生巨变背景下提出的概念,而不仅仅是收入和财富的概念。现代社会结构的转变,就是从金字塔型到橄榄型,这是职业角度的分析。其中暗含的假定是,收入的结构也是从金字塔型到橄榄型的转变过程。

怎么来衡量中产阶层?中国与日本、韩国的情况类似,所以三国社会学界为了比较上的方便选用了统一的指标:收入、职业和教育,三个指标合在一起,作为中产阶层的衡量标准。这与经济学界的界定有很大差异。因为经济学界认为有房有车有钱,就是中产阶层,社会学界增加了教育和职业指标,需要是白领职业、具备大专以上的教育背景等。据此测算,就分为核心中产、半核心中产和边缘中产,三块加在一起,在中国城镇社会大概占到35%。同韩国、日本相比,这个比例相对较低。

中央提出"中等收入者"以后,我们又来测算中等收入群体的比重。中等收入群体与中产阶层的概念不同。国外文献也有这个概念——middle income group,与 middle class 不同。单从字面上来看,中等收入是一个收入概念,不包含职业。翻阅了很多国外文献,中等收入者从收入上衡量,有两种办法:一是绝对指标,二是相对指标。

绝对标准就像贫困线一样,可以有国际标准和国别标准,中国的标准肯定不能照搬美国的标准。卡拉斯提出了一个国际中产阶层的绝对标准,就是按购买力平价计算,每人每天消费在10—100美元(PPP$)的群体,也就是35—350元人民币的群体。随着生活水平的普遍提高,这个群体的人数肯定会日益壮大。绝对标准的好处是简单明了,容易测算和比较。但欠缺的是难以反映收入结构的变化,因为水涨船高,中等收入线与贫困线一样,在收入结构的变化中实际上是会变动的。换句话说,随着生活水平的普遍提高,即使达到特定中等收入线的人群扩大,如果收入分配结构不改善的话,收入分配的结构可能还是金字塔型,而不是橄榄型,处在水涨船高了的平均收入线以下的,可能还是绝大多数。要建设橄榄型社会,就意味着要改变现有的收入分配结构,所以需要采用相对标准,排除最富裕的5%和25%的最低收入者,这是一种比较通行的相对标准。

按照这种相对的中等收入者的标准,基于对中国社科院社会学研究所的全国四次跟踪抽样大调查数据的分析，2006—2013年，中国城镇居民中中等收入者群体的规模，一直稳定在28%左右，这28%的中等收入者的收入，占了城镇居民总收入的46%，也就是说不足1/3的群体分享了收入的近半，可以说已经成为消费的主导力量。但问题是，如果他们在总人口中的比重不增加，就难以缩小收入差距，难以形成橄榄型分配格局。

其实中产阶层与中等收入群体在很大程度上是重合的。我们把按照收入、职业、教育三个指标定义的中产阶层与中等收入群体做了交互分析，结果发现高收入和中等收入群体中有70%属于中产阶层，两个概念并不冲突和矛盾。

从收入维度看，中等收入群体的平均收入要高于中产阶层的平均收入；从受教育水平维度看，中产阶层的平均受教育程度要高于中等收入群体；从职业维度看，中等收入群体中，还有一部分人是蓝领。中产阶层一般定义为白领，但是有相当部分的中等收入者属于蓝领，比如技工和月嫂。

让人比较忧虑的是，城乡居民的收入结构整体上仍呈现金字塔结构，低收入者和中低收入者占据了整个金字塔的底端，而从中等收入者开始人口逐渐减少，到了金字塔顶端人口迅速减少，但是收入非常高的高收入者又形成了一个波峰，这种长尾效应体现了明显的收入差距。

如何才能向橄榄型社会过渡呢？通过计算机模拟，这也是国际上通用的倒推法，给出不同的参数，不断模拟出相应结果，最后模拟出最有可能实现的橄榄型分配格局以及实现这一格局的条件。模拟的橄榄型社会中中等收入群体占42%。这是可以解释的。党的十八大报告中说到2020年中等收入者占多数，但是没有提具体的数字，多数也可以有不同的比例，如果这个群体的人数最多，就可以算作占多数。在这种格局中，中等收入者的比重可达到42%，可以说是一种中等收入者占高比例的格局。

形成橄榄型分配格局，关键在于扩大中等收入者的比重。必须通过大幅度增加低收入者和中低收入者的收入，使得更多的低收入者和中低收入者实现向上流动。基于对2013年中国社会状况综合调查数据的分析，根据经过努力可能达到的收入增长条件，通过多次模拟，我们预测了到2020年中国城镇地区可能达到的橄榄型收入分配格局。模拟的假设是在各阶层收入水平普遍提高的情况下，收入分配结构更加合理。具体来讲，2012—2020年，中等收入者的平均收入翻一番，高收入者的平均收入翻一番，同时低收入者和中低收入者的收入增长更快一些，平均需要翻两番，这样，中等收入者在城镇居民中可以达到42%，可以说是占到多数了。

## 四 建设橄榄型社会的政策选择

要建设橄榄型社会,形成橄榄型分配格局,需要多方面的政策支持,以下几个方面是需要特别关注的。

第一,确保到2020年城乡居民人均收入比2010年翻一番,这是写入党的十八大报告的全面建成小康社会的约束性条件。GDP翻一番容易实现,但是人均收入翻一番就要难一些。因为人口每年还有净增长,人口基数不断扩大,人均收入增长必须快于GDP的增长才能实现翻一番。据测算,GDP年均增长6.9%就能实现到2020年翻一番。近两年,合并计算的城乡居民收入增长跑赢了GDP,但是城镇居民收入增长慢于GDP。笔者看到各省的"十二五"规划中,都写进了居民收入增长要快于GDP增速,"十三五"规划应进一步对此加以强调。

第二,继续实施大规模减贫政策。贫困有国际标准和国别标准,中国按照国别标准,农村贫困线是年人均纯收入低于2300元(2010年价格),大体相当于按照购买力平价计算的每人每天2美元。据此标准,中国农村目前还有7000多万人处于贫困线以下。要争取每年继续减贫1000多万人。

第三,政府对农民工实施普遍的职业培训补贴,让更多的新生代农民工成为中等收入者。按照其他国家的发展规律,农民工至少有一半以上能够进入中等收入群体。怎么进去呢?不能仅仅靠提高最低工资。在中国GDP增速出现下行趋势后，出现的反常现象是就业依然强劲，劳动力成本还在快速增加，这意味着劳动力市场供求关系发生了非常大的变化。当时预计的农村将近2亿富余劳动者，大多属于40岁以上群体，不能变成真实有效的非农劳动力的供给。根据研究，教育和培训是提高农民工工资最为有效的因素。农民工如果能多接受一年教育，多参加一年技术培训，就会使收入增长更快，现在高级技工是最短缺的。在这方面，国家要舍得投入。中国现在的专业教育课程，很多都通识化，缺乏专业化。很多国家的职业教育文凭是很值钱的，比如欧洲的法国和德国，3—5年拿下来的工程师文凭，比一般的大学文凭要值钱，短时间内就能找到很好的工作，当然接受专业教育的成本要比一般大学高。企业的大规模职业培训，也需要政府提供资金支持。现在也有一些政府培训项目，但是效果不太明显。如果在这方面大规模改善，新生代农民工进入中等收入群体的效果会非常明显。

第四，进一步促进大学毕业生就业创业，保证绝大多数大学毕业生成为中等收入者。现在每年将近900万的大学毕业生，要使他们能够成为中等收入群体。如果大学毕业生跌到中等收入群体以下的话，那么中等收入群体就很难扩大了。虽然中国现代服务业比重在扩大，可以吸纳就业增量，但是转变思路仍然太慢，给大学生创造不了足够的就业机会。在这种供大于求的情况下，大学生的平均就业工资相对水平下降，全国调查的数据是毕业半年后月平均收入3300元，相比之下农民工的工资上升到近2500元。这就不符合人力资本投资规则，高校也要反思大学教育与就业的关系。大学到底学什么？有的校长说大学不是职业培训所，大学是人类精神家园。可是首先得给饭碗啊！大学课程到底怎么设置，怎么与职业市场相衔接？教育目标设置得很高，学生想得很实际，一入学首先想的就是就业，这方面教育改革的责任重大。

第五，税收与消费挂钩，缓解中低收入者的生活压力。发达国家的税收基本都是和消费挂钩，但中国还没有挂钩，造成中等收入者和中低收入者多纳税的情况。税收与消费挂钩，也需要技术和制度支持，总之目标是向家庭消费负担重的人群返还部分税收，鼓励消费。

第六，理顺收入分配秩序，提高收入分配满意度。收入差距的调整需要更长一个阶段，关键是要建立起让人民群众认同的收入分配制度。公平实际上有两层意思，一是客观测量上的平等（equality），二是价值判断上的公正（justice），有时公正比平等还重要，老百姓有时要的就是个"说法"，"说法"也是幸福和满意的来源。公平公正的社会，才是和谐稳定的社会。

（原载《国际经济评论》2015年第1期）

# 第九章 努力形成橄榄型分配格局[*]

## ——基于2006—2013年中国社会状况调查数据的分析

李培林 朱 迪

**摘要：** 扩大中等收入者比重是我国缩小收入差距、形成橄榄型分配格局的关键所在。通过分析2006—2013年的中国社会状况调查数据，发现中等收入者的规模近年来在27%—28%左右摆动。根据测算，到2020年，如果低收入者和中低收入者的平均收入翻两番，中等收入者和高收入者的平均收入翻一番，可以初步实现中间大、两头小的"橄榄型分配格局"。为此，需要确保居民收入增长快于GDP的增长，继续大规模减少贫困，着力解决和改善大学毕业生和新生代农民工的就业状

---

[*] 感谢"中国社会状况综合调查"课题组成员李炜、张丽萍和崔岩提供数据使用方面的技术支持和建议。感谢《中国社会科学》匿名评审专家的宝贵意见，文责自负。

况，同时也应完善社会保障体系、稳定物价和房价，缓解中低收入者的生活压力。

**关键词：**收入分配、中等收入者、橄榄型分配格局

党的十八大报告提出，到 2020 年我国在收入分配领域要实现的目标是："合理有序的收入分配格局基本形成，中等收入者占多数，绝对贫困现象基本消除。"党的十八届三中全会通过的《中共中央关于全面深化改革若干重大问题的决定》进一步提出，要"扩大中等收入者比重，努力缩小城乡、区域、行业收入分配差距，逐步形成橄榄型分配格局"。这是第一次把形成"橄榄型分配格局"作为改革和发展的目标写入党的文件。

究竟什么是"中等收入者"的标准？这个群体在目前我国收入分配格局中占多大比重？通过什么途径才能实现中等收入者占多数的橄榄型分配格局？这些问题在目前学术界的研究中还没有完全厘清。

## 一  中等收入者的概念和界定

"橄榄型分配格局"或"橄榄型社会"是学术界关于中等收入者占多数的分配格局或中产阶层为主的社会的一种形象描述。在国内外社会学界和经济学界，很多学者都习惯于用一些

物品的形象来描述社会结构，如橄榄型、金字塔型、哑铃型、纺锤型、钻石型、洋葱型、倒丁字型等。这些描述基本上是在讨论两种典型的社会结构，一种是收入差距较大、穷人占绝大多数的金字塔型，另一种是中等收入者占多数的橄榄型，其他都是这两种典型类型的变型。这种讨论背后的基本假设，是从传统社会向现代社会的转型，也是在收入分配方面从金字塔型向橄榄型的转变。

美国社会学家布劳认为："一些社会结构是金字塔，底端分布着最多的人口，越往上人口数量越少。组织权威和社会财富都典型地以这种形态分布。还有一些社会结构则类似钻石型，底端往上人口数量先是增加然后再减少。西方社会的收入分配结构属于这种情况。"（Peter M. Blau，1977：26-54）布劳强调，收入不平等既是群体内部收入不平等的结果，也是群体之间收入不平等的结果。英国社会学家帕尔总结了一些发达国家20世纪七八十年代收入分配结构的不同发展趋势，认为英国的收入结构可能从金字塔型向洋葱型转变，生活舒适、拥有自己房产的中产大众（middle mass）逐步扩大；而美国的收入结构可能会从金字塔型转变为哑铃型，穷人和富人都变多了，但中间群体越来越少，这是另一形态的收入两极化，如1986年时美国5%最富裕家庭占有43%的家庭收入，5%最贫困家庭仅拥有4.7%的家庭收入（R. E. Pahl，1988：247-267）。

美国经济学家库兹涅茨在1955年美国经济协会的演讲中

提出体现收入分配变化趋势的"倒 U 型曲线",又称"库兹涅茨曲线"(Kuznets curve)。他基于对 18 个国家经济增长与收入差距实证资料的分析,得出收入分配的长期变动轨迹是"先恶化,后改进",收入差距"在前工业文明向工业文明过渡的经济增长早期阶段迅速扩大,尔后是短暂的稳定,然后在增长的后期阶段逐渐缩小",处于发展早期阶段的发展中国家比处于发展后期阶段的发达国家有更高的收入不平等(Simon Kuznets, 1955: 1 - 28)。这一研究成果得到多国经验资料的支持,但也并非所有国家收入分配变化趋势都呈现这种轨迹。

法国经济学家皮凯蒂在《21 世纪资本论》中,通过研究西方社会 300 多年来收入分配的长期变动趋势,得出与库兹涅茨完全不同的结论。他认为资本的规律就是贫富差距扩大的规律,如果 GDP 的增速没有投资回报率高,就会富者更富、穷者更穷。但根据对可以观察到的 300 多年数据的分析,投资回报率维持在年均 4%—5%,而 GDP 年均增长只有 1%—2%(Thomas Piketty, 2013)。

我国自改革开放以来,经济快速发展,人民生活水平和资源配置效率大幅度提高,整个社会充满活力。但与此同时,收入差距也不断扩大,1982—2013 年,全国人均年收入的基尼系数从 0.2 多上升到 0.473,2008 年达到最高点 0.491,随后逐年微弱回落(见图 9 - 1)。在这种背景下,调整收入分配格局,缩小收入差距,扩大中等收入者的比重,建立公平合理的收入分配秩序,减少贫困，扩大国内消费，形成橄榄型分配格局，促进社会和谐和经济持续增长，成为我国在收入分配方面的主要政策取向。

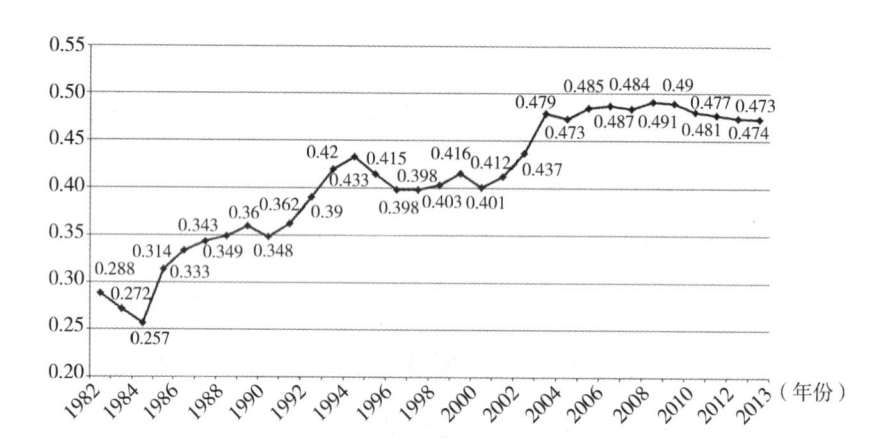

**图 9 - 1　1982—2013 年我国人均年收入基尼系数变化**

注：关于我国收入分配的基尼系数，我国学者、世界银行、经济合作与发展组织都有基于国家统计局收入数据或学界调查收入数据的多种估算，结果不尽一致，有时还有较大差别，这里尽可能采用比较有共识的测算结果。

资料来源：1982—1999 年数据来自毕先萍、简新华《论经济结构变动与收入分配差距的关系》，《经济评论》2002 年第 4 期；2000—2002 年数据来自胡志军、刘宗明、龚志明《中国总体收入基尼系数的估计：1985—2008》，《经济学》（季刊）2011 年第 4 期。2003—2013 年数据来自国家统计局公布数据。

中等收入者一般是指在一个国家和社会中，生活比较宽裕，相对于高收入者和收入较低的贫困人口来说，收入处于中等水平的群体。中等收入者的概念与学界广泛使用的中产阶层

(middle class) 的概念有很大区别，尽管二者都是指一个国家或社会中属于中层的群体。中等收入者主要是反映收入分配格局变化，使用收入单一指标来测量；而中产阶层的发展伴随着经济、社会和科学技术的发展进步，更多地反映职业结构和社会结构的变动，即劳动者群体中白领劳动者大量增加、蓝领劳动者大量减少的趋势，因而使用以职业指标为主的多种指标测量，所以中产阶层也往往被称为"白领阶层"（C. 莱特·米尔斯，2006）。本章主要关注收入分配格局的改善，因而，以"中等收入者"为核心概念。

对扩大中等收入者比重，学术界一般从发展水平和收入结构两种意义上理解（李培林，2007）。也就是说，中等收入者的标准，就像贫困人口的标准一样，有绝对标准，也有相对标准。绝对标准是从发展水平的意义上理解中等收入者，也就是说我们设定一个中等收入者的收入线，随着收入和生活水平的普遍提高，中等收入者群体的比重也会逐步扩大。比如国家统计局课题组以城市居民家庭年收入为口径，参照全面建设小康社会的相关指标、国际中等收入标准以及地区间收入差距，把年收入在6万—50万元的城市家庭定义为中等收入者家庭，根据2004年全国城市住户调查数据，测算出2004年我国中等收入者家庭约占城市家庭总数的5%（国家统计局城调总队课题组，2005）。国家发改委课题组以2020年全面建成小康社会时的城乡人均收入预测值作为中等收入者的收入标准，把家庭人均年收入在22000—65000元定义为中等收入者，使用国家统计局数据和外推预测法，估算1995—2010年我国城乡中等收入者的比例，得出1995年城镇中等收入者只占0.86%，2000年增长至4.34%，到2010年达到37%（国家发改委社会发展研究所课题组，2012）。

相对标准是从收入结构的意义上理解中等收入者，也就是说，决定中等收入者比重的因素，不仅是普遍的收入水平的提高，更主要的是收入分配结构的变化，如果随着普遍收入水平的增长，收入差距也不断扩大，中等收入者的比重不但不会扩大，还可能减少。比如，李培林将家庭人均收入在平均线至平均线2.5倍的人群定义为中等收入者，使用2006年中国社会状况综合调查数据得到中等收入者在全国占13%（李培林，2007）。徐建华等人把收入中位值以下和以上各六分之一的人群定义为中等收入者，认为该群体的成长壮大代表着收入分配的合理化（徐建华、陈承明、安翔，2003）。

国外学术界关于"中等收入家庭（户）"（middle income family/household）和"中等收入群体（人口）"（middle income group/population）的研究中，对中等收入者也主要有两类界定方法，分别使用绝对标准和相对标准，但大多数研究使用相对标准。

布鲁金斯学会高级研究员、经济学家霍米·卡拉斯认为，在当代社会，中产阶层通过消费为全球的经济增长做出了重要贡献，特别是亚洲的中产阶层，将快速增长并壮大，从而取代美国，成为驱动全球经济增长的主要力量（Homi Kharas，2010）。为了测量这一"消费阶层"（the consumer class）并进行全球性比较，卡拉斯使用绝对指标来定义中产阶层，认为每人每天支出10美元至100美元（购买力平价指标）的家庭为中产阶层（Homi Kharas，2010）。这个支出范围的下限参考了两个贫困线最低的欧洲发达国家——葡萄牙和意大利的平均贫困线，上限为最富裕的发达国家卢森堡的收入中位值，由此排除了最贫穷的发达国家中的穷人和最富裕的发达国家中的富人。

使用相对标准有两类：一类以贫困收入线作为参照标准，另一类使用收入中位值作为参照标准。在以贫困线作为参照标准的方法中，埃文斯和马斯尼塞依（Evansand and Marcynyszyn）将收入处于贫困收入线及以下的家庭定义为低收入家庭，将收入处于贫困收入线以上但等于或低于4倍贫困收入线的家庭定义为中等收入家庭（Gary W. Evansand and Lyscha A. Marcynyszyn，2004）。美国卫生和公共服务部每年公布贫困收入线，作为社会救济和保障申请的标准（美国卫生和公共服务部，2013）。贫困收入线以家庭为单位，根据不同的家庭人口数，设置了不同的家庭收入贫困线，这些贫困标准也有地域差异。以美国48个相邻州为例，在2013年的贫困收入标准中，一人户家庭的贫困收入线为11490美元，三人户家庭的贫困收入线为19530美元。阿莱莫等人的研究，则将收入处于贫困收入线1.3倍及以下的家庭定义为低收入家庭，将收入处于贫困收入线1.3倍以上但等于或低于3倍贫困收入线的家庭定义为中等收入家庭,将收入高于3倍贫困收入线的家庭定义为高收入家庭(Katherine Alaimo, Christime M. Olsonand and Edward A. Fronyillo Jr., 2001)。这种对不同收入家庭的界定方法也是为了与社会保障政策保持一致,基本的医疗、失业等社会保障一般针对的是低收入家庭和中等收入家庭。按照埃文斯和马斯尼塞依的定义,参照2013年贫困收入标准,美国中等收入者为家庭收入11490—45960美元(1人户)或者19530—78120美元(3人户)的人群(Gary W. Evans and Lyscha A. Marcynyszyn, 2004: 1942 – 1944)。根据托马森和海凯(Thompson and Hickey, 2005)的研究,典型的美国中下阶层(lower middle class)家庭收入大致在35000—75000美元。也就是说,这种定义下的中等收入者仍然类似"夹心层"的概念,包括了中下阶层和一部分底层人群。

在以收入中位值作为界定标准的方法中,沃福森(Wolfson, 1994: 353 – 358)以及金肯斯和樊可姆(Jenkins and Van Kerm, 2009)等人较系统地梳理了收入不平等的测量指标,其中一个较有意义的指标是将收入处于中位值的75%—150%的人群(家庭)或60%—225%的人群(家庭)定义为"中等收入者",但到底使用哪种比例区间也存在争议。

美国和英国的政府统计,都使用简单的五分法来定义中等收入者,通过中间20%家庭的平均收入及其占全部收入的份额,以及不同百分位的收入比率等指标考察收入分配和收入不平等情况。根据英国国家统计局报告,2010 年英国中间 20% 家庭的平均收入为(扣除价格上涨因素后的可支配收入) 24400 英镑,65% 拥有自有产权的住房(Office for National Statistics,2013)。根据美国人口普查局报告,1967—1998 年间,美国中间 20% 家庭的收入占全部收入的比重由 17.3% 降至 15%,而最富裕的 5% 家庭的收入占全部收入的比重由 17.5% 上升到 21.4%(United States Census Bureau,2013)。2010 年,美国中间 20% 家庭的平均收入为 49842 美元,是近十年来的最低值。

根据美国人口普查局数据,2012 年美国家庭(户)收入中位值为 51017 美元。按收入等级将家庭(户)进行五等分,最低 20% 家庭(户)收入在 20599 美元及以下,中低 20% 家庭(户)收入为 20600—39764 美元,中间 20% 家庭(户)收入在 39765—64582 美元——低于家庭(户)收入的均值 71274 美元,中高 20% 家庭(户)收入在 64583—104096 美元,最高 20% 家庭(户)收入在 104097 美元及以上,最高 5% 的家庭(户)收入在 191157 美元及以上(Carmen DeNavas – Walt,Bernadette D. Proctor and Jessica C. Smith,2014)。

在英国和美国的政府统计中,中间 20% 家庭所定义的中等收入者并非生活优裕的中产阶层群体,而是类似"夹心层"。并且,学术界对于以中间 20% 家庭为中等收入者的界定方法大都持有异议,认为难以反映收入分配格局的变化,从而不能恰当测量收入不平等。

综合以上分析，我们认为使用相对标准来定义中等收入者较为恰当，既考虑了收入差距，也能够衡量中等收入者的比重及其发展趋势，并且排除了货币购买力差异带来的干扰，因而能够从收入水平和人口比重两个维度来分析中等收入者。由于城乡居民收入差距较大，农村居民同城市居民在收入的构成和收入的影响机制上也有较大差异，本章暂时只针对城镇居民。

国内外现有的使用相对标准的测量方法均存在一些不足，参照贫困线、收入中位值的方法也并不适合我国，因为我国的贫困线以及城市居民最低生活保障标准都相对较低，收入中位值也远远低于收入均值，不适合描述中等收入者的收入和生活水平。在有关收入的统计指标中，比较适合测量差异的是收入分位值，这也是国内外政府统计中常用的测量收入分配结构的指标，本章在此基础上构建中等收入者的操作定义。

前文提到，中等收入者应该是收入处于中等水平、生活较宽裕的人群。借鉴卡拉斯的思路，我们使用"排除法"定义这部分中等收入者的收入范围——排除最富裕和生活较困难的人群。如果将城镇居民的收入进行由低到高的排序，根据所使用数据的收入分布，处于收入分布中第95百分位以上的应当属于最富裕的人群，本章称为"高收入者"，处于收入分布中第25百分位及以下的应当属于生活较困难的人群（包括贫困人口）。排除这两部分人群，其余的即为中等收入者，其收入上限为城镇居民收入的第 95 百分位（含），收入下限为城镇居民收入的第 25 百分位。我们将生活较困难的人群进一步分为"中低收入者"——处于城镇居民收入第 5 百分位至第 25 百分位（含）之间的人群，和"低收入者"——处于城镇居民收入第 5 百分位及以下的人群。本章从收入结构的意义来理解中等收入者，需要考察收入结构及其发展趋势，所以也关心其他收入阶层，包括低收入者、中低收入者和高收入者。

本文所定义的中等收入者的收入范围的计算方法为：

上限 = 中值 +（全距/20）×9

下限 = 中值 −（全距/20）×5

以此类推，中低收入者的收入范围的计算方法为：

上限 = 中值 −（全距/20）×5

下限 = 中值 −（全距/20）×9

全距指最高收入水平与最低收入水平之差，中值指最高收入水平与最低收入水平之和的二分之一。其中，最高收入水平定义为 10% 最高收入家庭的人均年收入，最低收入水平定义为 10% 最低收入家庭的人均年收入。

虽然这种通过收入分布来定义的方法存在一定局限性，比如不同收入阶层边界的设置以及最高和最低收入水平的定义可能有一定随意性，但是基于研究者对我国居民收入的经验认识及对现有研究的参照，这一定义具有理论依据，因而能够很大程度保证测量的精度和效度。相比现有的使用相对标准的测量方法，本文使用的定义和计算方法更科学，操作上简单易行，应用范围也较广泛，既能应用于原始数据，也能使用于聚合数据。

本研究使用家庭人均年收入，而非被访者汇报的个人收入，作为收入的测量指标，因为一个人的生活机会不仅受到个人收入的影响，很大程度上也受到共同生活的家庭成员收入的影响。基于这样的假设和收入定义，根据在文中所起到的作用，"中等收入者"可以在家庭或个人的层次上理解。当计算所占比重和发展趋势时，强调其统计学意义，"中等收入者"指涉的是家庭层次的概念，"中等收入者"的规模和发展趋势实质上测量的是"中等收入家庭"的规模和发展趋势。同时，"中等收入家庭"的成员当然也可以从个人层次被理解为"中等收入者"；当与中产阶层的概念进行类比、讨论阶层认同以及主观生活预期时，"中等收入者"指涉的是个人层次的概念，因而可以用个人层次的变量来理解。

## 二 我国城镇中等收入者的规模估计

在数据来源方面，现有研究有的使用国家统计数据，有的使用学界调查数据，这可能也是造成研究发现存在分歧的原因之一。国家统计数据通过抽样调查户的簿记收集收入数据，较为可

## 第九章　努力形成橄榄型分配格局　　277

靠，但样本户中最富裕的群体难以抽到，学者也难以获得原始数据；学界调查数据依靠被访者的回忆获得收入数据，较易出现漏报、错报，但数据公开，可以验证。本文使用的数据来源于中国社会科学院社会学研究所主持的中国社会状况综合调查 2006 年、2008 年、2011 年和 2013 年调查数据（文中简称"CSS2006""CSS2008""CSS2011""CSS2013"）。该调查使用多阶随机抽样法，范围覆盖全国各省/自治区的城乡区域，抽样设计基本保证数据能够分别代表城镇和农村地区，调查对象为 18 周岁及以上的中国公民。2013 年数据的有效样本约 10206 个，2011 年为 7036 个，2008 年为 7139 个，2006 年为 7061 个。

CSS 系列调查收集的是被访者前一年的家庭收入数据，也即 CSS2006、CSS2008、CSS2011、CSS2013 分别收集的是 2005 年、2007 年、2010 年和 2012 年的家庭收入数据，但为了便于同其他变量一起分析，本章统称为当年的数据。本研究针对城镇地区，因此数据分析只保留了城市样本。由于收入是主要分析变量，也去掉了家庭人均年收入缺失的样本以及收入的极端值。[①] 处理之后，CSS2013、CSS2011、CSS2008 和 CSS2006 进入分析的样本分别为 5162 个、3990 个、3658 个和 3421 个。

按照调查经验，学界调查数据的收入指标在回答时容易被

---

[①] CSS2013 去掉的是家庭人均年收入为 0 的样本。CSS2011 去掉的是家庭人均年收入小于 240 和等于 2000000 的样本。CSS2008 去掉的是家庭人均年收入小于 100 的样本。CSS2006 去掉的是家庭人均年收入小于 100 和等于 1500000 的样本。

低估（李培林、张翼，2008），为此我们参照国家收入统计数据，按照1.3—1.5的系数对数据进行了调整。调整后的各年城镇家庭人均收入为2013年27081元，2011年21263元，2008年16347元，2006年12872元。

表9-1　　　　城镇各收入群体的家庭人均年收入下限　　　　（单位：元）

|  | 2006年 | 2008年 | 2011年 | 2013年 |
| --- | --- | --- | --- | --- |
| 低收入者 | — | — | — | — |
| 中低收入者 | 4014 | 5276 | 6783 | 8536 |
| 中等收入者 | 13178 | 16788 | 23211 | 28760 |
| 高收入者 | 45252 | 57080 | 80709 | 99544 |

根据前文定义，2013年，中等收入者的收入范围为家庭人均年收入28760—99544元，中低收入者的收入范围为家庭人均年收入8536—28760元，低收入者和高收入者的收入范围分别为家庭人均年收入8536元及以下和99544元及以上。2011年，中等收入者的收入范围为家庭人均年收入23211—80709元，中低收入者的收入范围为家庭人均年收入6783—23211元，低收入者和高收入者的收入范围分别为家庭人均年收入6783元及以下和80709元及以上。2008年中等收入者的收入范围为家庭人均年收入16788—57080元。2006年中等收入者的收入范围为家庭人均年收入13178—45252元。这四年各收入群体的收入范围如

表9-1所示。虽然各收入群体的收入都有所增长,但是高收入者的收入下限增长更快,而低收入者的收入上限和中低收入者的收入上限都增长较慢,因而城镇地区的收入差距在逐渐扩大。

表9-2　　　　　　城镇各收入群体的规模　　　　　（单位:%)

|  | 2006年 | 2008年 | 2011年 | 2013年 |
|---|---|---|---|---|
| 低收入者 | 20 | 20 | 22 | 18 |
| 中低收入者 | 50 | 49 | 51 | 55 |
| 中等收入者 | 27 | 28 | 24 | 25 |
| 高收入者 | 3 | 3 | 3 | 2 |

注:统计的单位为家庭。

表9-2列出了2006—2013年城镇各收入群体的规模,总体来看,各收入群体所占人口比例变动不大,中等收入者在27%和28%附近摆动,中低收入者维持在50%左右,低收入者在20%左右,高收入者在3%左右。本质上可能反映了收入分配改革的艰难,既有利益格局难以突破,高收入者的利益垄断已经形成,低收入者和中低收入者缺乏向上流动的通道和机会。较积极的信号是,2013年部分低收入者的生活有所改善,上升为中低收入者,低收入者的比重缩小至18%,中低收入者增长至55%,但是中等收入者的规模发展仍处于停滞状态。后文将对此研究发现做详细分析。

本章也将上述估算同卡拉斯的定义进行比较,结果显示,按照相对标准估算的中国中等收入者规模，比按照卡拉斯使用的绝对标准估算的规模要小一些。卡拉斯使用2005年国际购买力平价（2005 International Comparison Program），1美元相当于3.45元人民币[①]，那么每人每天支出10—100美元相当于人民币34.5—345元，符合此标准的人群为中等收入者。按照每年365天计算，家庭人均年支出在12592.5—125925元的人为中等收入者。以2011年为例，国家统计局报告城镇居民平均消费倾向为70.5%。如果将卡拉斯的定义应用于CSS2011数据，换算得到城镇家庭人均年收入在17862—178617元的城镇居民为中等收入者，城镇中等收入者占城镇人口的38%，远高于按相对标准测算的24%。

2006—2013年间，各个收入群体的平均收入都在增长，但高收入者的收入增长显然更快（如图9-2）。以2006年收入为基准，2013年低收入者的家庭人均年收入为198%，中低收入者的家庭人均年收入为216%，中等收入者的家庭人均年收入为204%，而高收入者的家庭人均年收入为292%。尤其在2008年至2013年间，在其他收入群体的平均收入增长1万多元、几千元甚至几百元的情况下，高收入者的家庭人均年收入增长了14万多元，五年间增长了147%。

---

[①] http://siteresources.worldbank.org/ICPINT/Resources/icp-final-tables.pdf，2013年12月10日。

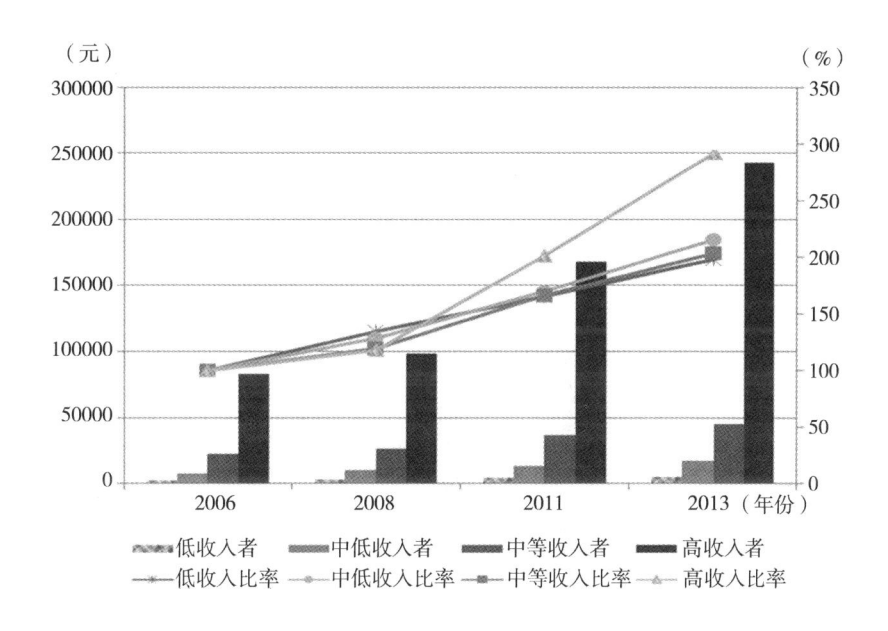

图 9-2 城镇各收入群体的家庭人均年收入和以 2006 年为参考的家庭人均年收入比率

收入所占份额（该群体收入总和/总体收入总和）是反映收入结构的一个指标。图 9-3 比较了城镇各收入群体的人口所占比重和收入所占份额。2013 年，占 2% 城镇人口的高收入者占 20% 的收入份额，18% 生活困难的低收入者却仅占 3% 的收入份额。2006 年至今，中等收入者所占收入份额呈下降趋势，从 2006 年的 48%、2008 年的 46%、2011 年的 43% 降至 2013 年的 42%，而高收入者所占收入份额呈现微弱上升趋势，从 2006 年的 18%、2008 年的 19% 增长至 2011 年和 2013 年的 20%，反映收入差距的拉大。2006 年以来，中低收入者的收入份额微弱增长，并且这一增长的态势在2013年得到进一步强化，这同该群体的人口比重逐年扩大有关。

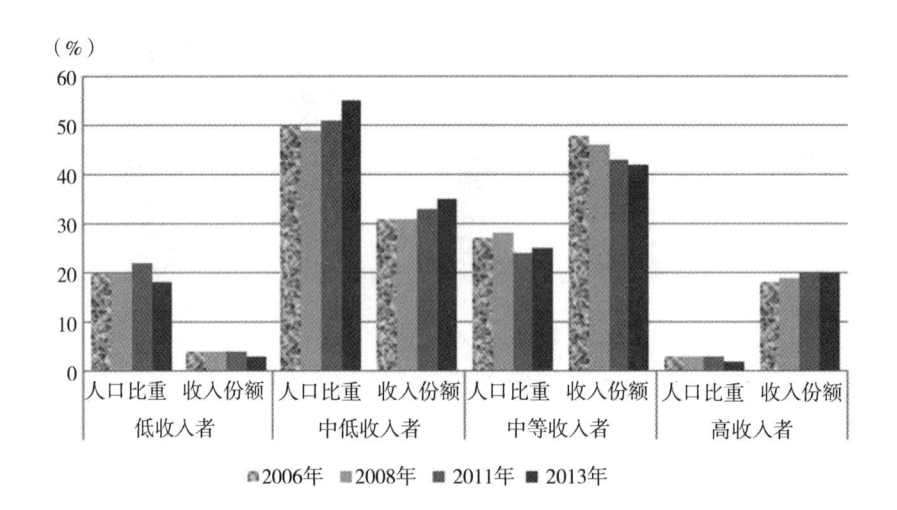

图9-3 城镇各收入群体的规模和收入份额

注：统计的单位为家庭。

综观2006—2013年城镇居民的收入结构，收入差距的状况仍较严峻，尤其体现在收入分配结构的两端——高收入者和低收入者，并且中等收入者仍处于非常弱势的地位，无论从人口比重还是从收入所占份额来讲都是如此。但是，中低收入者收入水平的上升和发展释放了一个积极的信号，可能成为收入分配结构调整的突破点，当然，收入分配结构是否朝着健康的趋势发展还需要未来几年数据的监测。

为了与欧美国家的收入结构进行比较，本章也从收入分位值比率的指标来比较收入差距,分析结果表明,中国城镇地区的收入差距比较突出,但是相对来讲,收入差距小于美国。最高和最低收入分位值之间的比率显著低于美国,比如第90百分位与第10百分位、第95百分位与第20百分位、第80百分位与第20百分位的收入比率,说明最富裕和最贫困群体之间的收入差距小于美国(见表9-3)。为了与美国的收入比率指标一致,我们使用家庭收入来计算不同收入分位值的比率,结果也是如此。同美国的收入结构类似,我国城镇的收入差距主要存在于高收入与低收入之间,而中等收入与中低收入、中低收入与低收入之间的收入差距较小。

表9-3　　2012年中国城镇居民和美国居民收入比率的比较

| 收入比率 | 中国(家庭人均收入) | 中国(家庭收入) | 美国(家庭收入) |
| --- | --- | --- | --- |
| 90 th/10 th | 8.52 | 7.22 | 11.93 |
| 95 th/20 th | 7.32 | 6.45 | 9.28 |
| 95 th/50 th | 3.57 | 3.84 | 3.75 |
| 80 th/50 th | 1.90 | 2.00 | 2.04 |
| 80 th/20 th | 3.90 | 3.36 | 5.05 |
| 20 th/50 th | 0.49 | 0.60 | 0.41 |

资料来源:美国数据来源于美国人口普查局(U.S. Census Bureau, *Current Population Survey 2013, Annual Socialand Economic Supplement*)。

从收入的构成来看,城镇各收入群体间差异显著。在高收入家庭中，高回报的收入来源明显较丰富，经营利润分红占家庭收入比例最高，为61%，此外，金融投资收入占3%，出租房屋和土地收入占2%，而工资收入只占家庭收入的31%。但在其他群体的家庭收入构成中，收入来源明显较单一，工资收入都是最大的一块，分别占中等收入家庭收入的67%，中低收入家庭收入的71%和低收入家庭收入的59%（低收入家庭的社会救助福利收入和社保收入等的比例较高）。此外，经营收入所占份额最高的为中等收入家庭，占16%，但是中等收入家庭、中低收入家庭和低收入家庭中金融投资和出租房屋土地的收入所占比例都不足3%。因此，收入来源主要是劳动所得、缺乏多样化的收入渠道是中等收入家庭、中低收入家庭和低收入家庭的收入较低、增长幅度较小的主要原因之一。

除了微观层面的收入来源因素，宏观层面的收入分配制度对收入结构也产生重要影响。一般来说，首先，劳动者报酬总额占GDP的比重越高，国民收入初次分配越公平，但我国的劳动报酬增长缓慢，该比重低于大多数发达国家（孙慧，2012）；上文分析可见，劳动报酬是中等收入及以下家庭的主要收入来源，因而可以解释这些家庭同高收入家庭之间的收入差距。其次，收入分配向资源性和垄断性行业倾斜，使得这些行业的从业人员（尤其高管）收入过高（王小鲁，2010）。最后，由腐败、逃税、管理漏洞而获得的灰色收入是高收入阶层收入快速增长的重要原因（王小鲁，2007）。高收入阶层通过各种非正常手段使其收入比低收入阶层以更快速度增长，是导致我国居民收入差距非正常扩大的最主要原因（陈宗胜、周云波，2001）。21 世纪初以来，我国经济持续增长，但这种增长更多依赖大规模投资，在很大程度上给灰色收入和垄断收入提供了机会，这些因素促成稳定坚固、错综复杂的利益集团的形成，若要打破这种"收入关系网"，需要我国经济发展方式的转型以及多项制度改革和监管措施的配合。

此外，城镇化对于收入结构变动也产生一定影响。城镇化进程吸收了农村的剩余劳动力，但对于劳动力的选择进一步加大了收入差距。（李实，2012）高技术、高学历人才将会更受欢迎，带动这些人群的工资水平快速上升，同时也加剧了农村贫困问题和失业问题，年龄较大、缺乏技术的劳动力收入增加的空间越来越小。每年 800 万—900 万的大学毕业生同样面临劳动力竞争问题，学历技能、就业方向符合市场需求的毕业生更有竞争力，而自身规划不合理或被动就业的毕业生则面临更少的机会，城镇化和经济发展推动的市场竞争也会拉大这部分较高层次劳动力之间的收入差距（李春玲，2012）。因此需要采取措施推进农村的扶贫、减贫，加强对农民工尤其是新生代农民工的技术培训，促进大学生合理就业，由此提高低收入者的收入水平，使有技术和有知识的劳动力成长为中等收入者。

## 三 中等收入者的阶层认同和生活预期

为更深刻理解收入分配格局变化与社会结构变动的关系，有必要考察中等收入者与中产阶层的关系，从而阐明中等收入者的发展前景和意义。

按照国际社会学界的通常标准，从职业、受教育程度和收入三个维度定义中产阶层。把职业上属于国家机关、党群组织、企事业单位负责人，专业技术人员以及收入（家庭人均年收入）高于城镇居民平均水平的办事人员、商业服务业职员等非体力劳动者统称为中产阶层。

我们使用CSS2011数据，分析了中产阶层与中等收入者的交互情况（见表9-4）。分析结果显示，有70%的中等收入者属于中产阶层，另有30%的中等收入者虽然收入较优越但在职业或者受教育程度上不符合中产阶层的标准，属于非中产阶层。进一步的分析显示，这部分属于非中产阶层的中等收入者，主要由蓝领高技术工人和个体户构成。由表9-4也可看到，11%的中低收入者属于中产阶层，说明部分白领或者接受过高等教育的人群虽然职业地位较高，但实际收入并未达到中等收入者。进一步的比较显示，"中等收入者"的家庭人均年收入52639元，高于中产阶层的家庭人均年收入42976元，而中产阶层的受教育程度显著较高（中等收入者和中产阶层的本科及以上学历的比例分别为29%和37%），同时中产阶层的职业地位较高（中产阶层全部为脑力和半体力职业，而中等收入者只有70%为脑力和半体力职业）。所以，相较中产阶层，中等收入者的经济地位较高，但文化资本和职业地位较低；从社会发展的层面来讲，社会结构的发展和调整，不仅需要收入分配格局的改善，也需要职业结构的变动和受教育水平的普遍提高。

表9-4　中产阶层与中等收入者的交互分析（CSS2011）　（单位:%、个）

|  | 中等收入者 | 中低收入者 | 合计 |
| --- | --- | --- | --- |
| 中产阶层 | 70 | 11 | 27 |
| 非中产阶层 | 30 | 89 | 73 |
| 合计 | 100 | 100 | 100 |
| 总样本 | 803 | 2142 | 2945 |

注：1. 去掉了家庭人均年收入小于240元和等于2000000元的样本、中产阶层相关变量的缺失样本以及年龄大于60岁的样本，因而样本量比前面只估算中等收入者的样本量要小。

2. 表中"中等收入者"包括了本章的中等收入者和高收入者，"中低收入者"包括了本章的中低收入者和低收入者。

在不同发展阶段，人们对收入分配格局的感受差异很大。在经济发展鼎盛时期的日本，认为自己经济社会地位属于"中层"的人群曾达到绝大多数，号称"1亿皆中流"。一般认为，在分配制度稳定的情况下，大多数国家社会经济地位认同属于

"中层"的人群,都远高于中等收入者的比重和中产阶层的比重。这个指标在社会分析中具有重要意义,社会经济地位认同普遍较高,人们会有积极的社会态度和较好的社会预期;社会经济地位认同普遍较低,则反映了人们对分配格局和地位结构的不满及求变心理。

在我国当前的发展阶段,各收入群体的主观阶层认同一定程度反映了客观的经济地位,但是也不尽一致(见表9-5)。二者之间的差异主要在于主观的阶层认同不仅依赖于个人和家庭当下的社会经济地位,还依赖于比较参照体系以及对未来的预期。具体来说,高收入者倾向认同"中上层"和"中层",分别占26%和48%;中等收入者倾向认同"中层",占到近一半的比例;中低收入者倾向认同"中层"和"中下层",分别占38%和35%;而低收入者倾向认同"中下层"和"下层",分别占32%和35%。认同自己的社会经济地位属于"中层"的居民只占城镇居民的39%,其中高收入者和中等收入者的比例较高,也包括了一定比例的中低收入者。

从国际比较来看,我国居民在目前发展阶段存在主观阶层认同普遍偏下的现象,不仅城镇居民中认同"中层"的比例较低,城乡全部居民中认为自己属于"中层"的比例也仅为41%,大大低于国际上大多数国家一般在近60%的常规比例。这反映了很大一部分人群对生活现状不甚满意及其对改变现状的期冀。某些不合理、不公平的收入分配现象也是人们主观阶层认同普遍偏低的重要影响因素,2013年调查数据显示,中等收入者和中低收入者认为当前的财富和收入分配"不太公平"的比例最高,分别占46%和47%。但具体到不同地区、行业之间的待遇,高收入者对不公平的感受更深,70%的高收入者认为"非常不公平"或者"不太公平",持此想法的中等收入者占65%、中低收入者占61%,而低收入者只占51%。因此,调整收入分配结构,不仅需要调整收入分配的结果,还要下大力气理顺收入分配的秩序,提高人们对于收入分配制度公正性的认同。

表9-5　　　　2013年城镇各收入群体的主观阶层认同　　　（单位:%、个）

|  | 高收入者 | 中等收入者 | 中低收入者 | 低收入者 | 合计 |
| --- | --- | --- | --- | --- | --- |
| 上层 | 4 | 0 | 0 | 0 | 0 |
| 中上层 | 26 | 13 | 5 | 4 | 7 |
| 中层 | 48 | 49 | 38 | 27 | 39 |
| 中下层 | 19 | 27 | 35 | 32 | 32 |
| 下层 | 4 | 9 | 21 | 35 | 20 |
| 不好说 | 0 | 1 | 1 | 2 | 1 |
| 合计 | 100 | 100 | 100 | 100 | 100 |
| 总样本 | 113 | 1300 | 2814 | 934 | 5161 |

人们对收入分配现状的感受,在很大程度上也受人们的生活满意度以及对未来生活预期的影响。根据CSS2011调查数据,本章以人们对生活水平的预期作为模型的因变量。

CSS2011询问了被访者"感觉在未来的5年中,您的生活水平将会怎样变化",可以选择"上升很多、略有上升、没变化、略有下降、下降很多"。本章将选项分为三类序列:"略有下降或下降很多"定义为相对悲观,"没变化"定义为一般,"上升很多或略有上升"定义为相对乐观。根据调查结果,预测生活水平"上升很多或略有上升"的城镇居民占主流,为74%,预测"没变化"的占18%,预测生活水平"略有下降或下降很多"的居民占8%。高收入者、中等收入者和中低收入者预测生活水平将上升的比例都在75%左右,低收入者预测生活水平将上升的比例较低,为67%,体现城镇居民对未来生活总体乐观,但低收入者相较不那么乐观。有23%的低收入者预测生活水平没变化,该比例高于高收入者、中等收入者、中低收入者。各收入群体对未来生活水平较悲观的比例都在10%或以下;相对而言,收入越低,悲观的比例越高。

该模型的自变量包括收入水平、社会保障状况、生活压力和生活成本,控制变量为年龄。在操作定义上,我们以收入地位的分层代表收入水平,以有无医疗保险代表社会保障状况[①],以"是否有买不起房的压力""是否有子女教育费用高的压力""是否有家人失业的压力"代表生活压力大小,以是否居

---

[①] 在相关研究的数据分析中,我们发现在养老、医疗、失业、工伤等各类社会保险中,有无医疗保险对人们的社会态度影响最为显著。

住北上广深一线城市表示生活成本高低。表9-6是模型中各自变量的描述统计。

表9-6　　　　模型所涉及自变量的描述统计（CSS2011）

| 变量 | 样本量（个） | 均值 | 标准差 |
| --- | --- | --- | --- |
| 18—25岁 | 3376 | 0.093 | 0.291 |
| 26—35岁 | 3376 | 0.175 | 0.380 |
| 36—45岁 | 3376 | 0.222 | 0.416 |
| 46—60岁 | 3376 | 0.300 | 0.458 |
| 高收入者 | 3376 | 0.028 | 0.165 |
| 中等收入者 | 3376 | 0.247 | 0.431 |
| 中低收入者 | 3376 | 0.516 | 0.500 |
| 有医疗保险 | 3376 | 0.838 | 0.369 |
| 有买不起房的压力 | 3376 | 0.354 | 0.478 |
| 有子女教育费用高的压力 | 3376 | 0.188 | 0.391 |
| 有家人失业的压力 | 3376 | 0.214 | 0.411 |
| 居住在一线城市 | 3376 | 0.170 | 0.375 |

注：各变量的取值范围均为0—1。

表9-7显示了定序回归模型的结果，总体显著。在控制其他因素的情况下，高收入者对未来生活水平的预期显著乐观，相比之下，其他收入群体的乐观情绪则不那么明显。有医疗保险的人对生活的预期更乐观，但差异不显著；买不起房、

表9-7　　　　　　　　生活水平主观预测的定序回归模型

| 自变量 | 因变量：生活水平预期（悲观=0，没变化=1，乐观=2） | |
|---|---|---|
| | OddsRatio | Std. Err. |
| 年龄（60岁以上为参照） | | |
| 18—25岁 | 3.904*** | 0.695 |
| 26—35岁 | 2.560*** | 0.330 |
| 36—45岁 | 1.764*** | 0.202 |
| 46—60岁 | 1.264** | 0.128 |
| 收入阶层（低收入者为参照） | | |
| 高收入者 | 2.117** | 0.641 |
| 中等收入者 | 0.913 | 0.111 |
| 中低收入者 | 1.014 | 0.100 |
| 有医疗保险 | 1.110 | 0.116 |
| 有买不起房的压力 | 0.819** | 0.067 |
| 有子女教育费用高的压力 | 0.538*** | 0.052 |
| 有家人失业的压力 | 0.771*** | 0.073 |
| 居住在一线城市 | 0.466*** | 0.047 |
| Observations | 3376 | |

注：***P<0.01，**P<0.05，*P<0.1。

子女教育费用高、家人失业无业这些生活压力都使得对生活水平的预测更悲观，而且有无这些压力带来的差异显著。这些发现反映了目前城镇地区不甚完善的社会保障和公共服务对人们的未来生活预期产生一定负面影响。此外，居住在一线城市对生活水平的预期也有显著负面影响，反映一线城市居民的生活和工作压力较大，虽然收入水平较高，但是购买力受到很大限制。模型也显示，年龄对于未来生活的预期有显著正面的影响，越年轻的人群，生活预期越乐观。年轻人的未来有多种可能性，向上流动的机会更多，这对于缩小收入差距、调节收入分配结构有一定政策启示。

## 四　中等收入者的发展趋势

中等收入者比重的扩大，主要依赖于中低收入者改变收入地位，进入中等收入者行列。我国目前的中低收入者，主要由年龄较大、学历较低的体力劳动者构成，虽然其基本生活有保障，但缺乏改变自身经济地位的能力，家庭生活也面临各种风险。

图9-4显示了2006—2013年我国城乡居民的收入结构。在这里，城乡居民和家庭是按照常住人口定义。由图9-4可见，城乡居民的收入结构整体上仍呈现金字塔结构，从中等收入者开始呈现两极式连接方式。低收入者和中低收入者占据了整个金字塔的底端，而从中等收入者开始人口逐渐减少，到了金字塔顶端人口迅速减少，但收入非常高的高收入者又形成了一个波峰，这种长尾效应体现了明显的收入差距。农村居民收入的金字塔分布更加明显，整体收入水平比城镇居民明显偏低，底端的低收入组集中了更高比例的农村家庭；2011年和

## 294　下篇　中产阶层

2013年的农村居民收入结构有明显改善,但人均收入2000元以下的农村家庭还占到10%左右,这部分人口生活在贫困线以下。

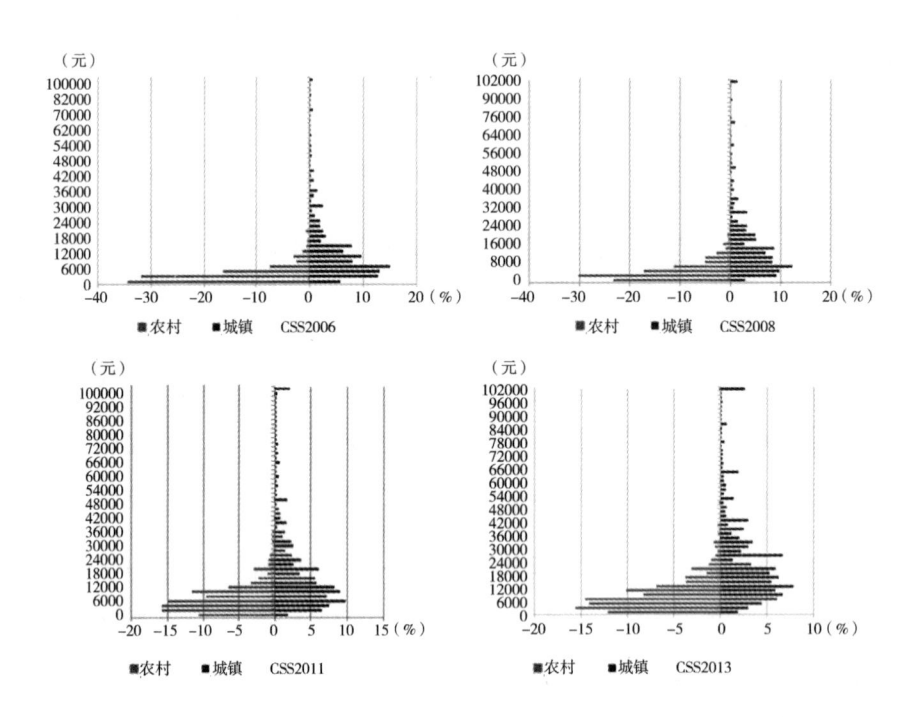

**图9-4　城乡居民收入分配结构**

注:1. 数据为家庭人均年收入,缺失值和极端值做了同前文一样的处理,并进行了年龄、性别、城乡的加权。

2. 收入的分组单位为2000,纵轴的"0"代表2000元以下,"102000"代表"102000及以上"。统计的单位为家庭,横轴数字前面的负号无意义,指该收入分组的家庭所占比例。

图9-4所设立的收入分组以2000元为单位,分组单位越

第九章 努力形成橄榄型分配格局 295

大，人口数量越往底部集中，收入结构则从"金字塔型"趋向"倒丁字型"，这是因为较大的分组单位放大了收入差距。而在控制了收入分组、人口频次的情况下，2013年居民收入金字塔的中部和中底部比2006年、2008年和2011年的金字塔更丰满，说明在2013年，中等和中低收入水平的家庭比例有所增加，而金字塔最底端的低收入家庭的比例有所减少，这是收入差距趋于缓和的一个信号。

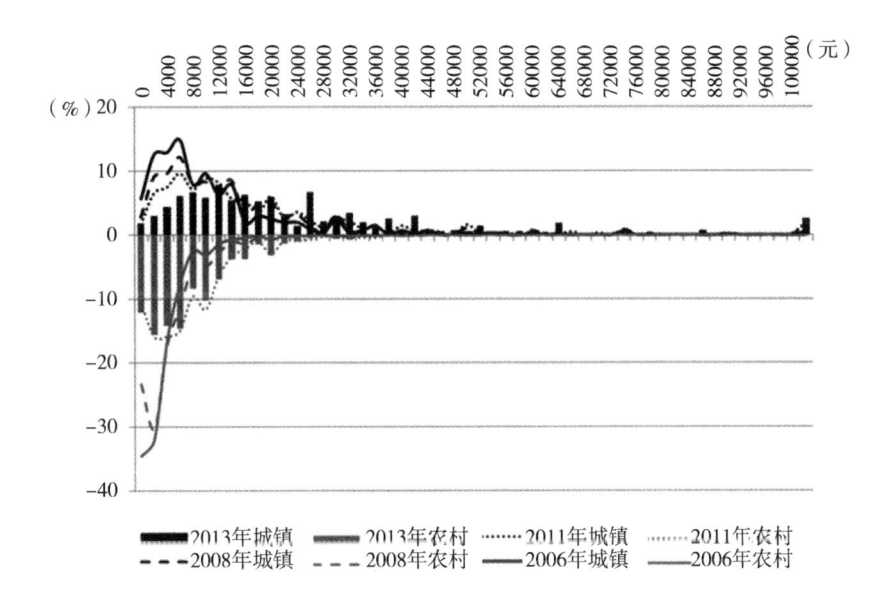

**图 9-5 城乡居民收入分配结构（叠加）**

注：1. 数据为家庭人均年收入，缺失值和极端值做了同前文一样的处理，并进行了年龄、性别、城乡的加权。

2. 收入的分组单位为2000，横轴的"0"代表2000元以下，"100000"代表"100000及以上"。统计的单位为家庭，纵轴数字前面的负号无意义，指该收入分组的家庭所占比例。

2006年以来的城乡居民收入结构变化可以更清晰地由图9-5呈现。不论城镇还是农村地区，最左侧的低收入者（家庭人均年收入8000元及以下）所占比例从2006年开始都在逐年减少，这一趋势在城镇地区更为明显。中等及以上收入水平的家庭所占比例则基本呈逐年增长的态势；相对于2006—2011年，城镇地区中间收入水平（家庭人均年收入在30000—50000元）的家庭所占比例在2013年增长最为显著，但相对于高收入家庭，中等收入家庭的收入增长速度仍较缓慢，因而其所占比重的增长并不明显。

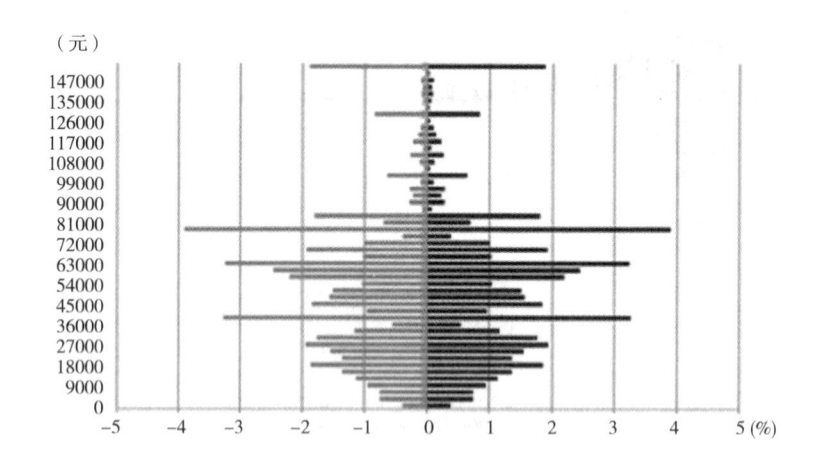

图9-6 2020年城镇居民收入分配结构模拟（基于CSS2013）

注：1. 数据为家庭人均年收入。

2. 收入的分组单位为3000，纵轴的"0"代表3000元以下，"147000"代表"147000及以上"。统计的单位为家庭。为了达到橄榄型的显示效果，纵轴两侧的图完全对称，横轴数字前面的负号无意义，该收入分组的家庭所占比例为纵轴两侧比例的绝对值之和。

形成"橄榄型分配格局",关键在于扩大中等收入者的比重。必须通过大幅度增加低收入者和中低收入者的收入,使得更多的低收入者和中低收入者实现向上流动。在CSS2013家庭人均年收入数据的基础上,根据经过努力可能达到的收入增长条件,通过多次模拟,本文预测了到2020年我国城镇地区可能达到的收入分配格局(见图9-6)。模拟的假设是在各阶层收入水平普遍提高的情况下,收入分配结构更加合理;具体来讲,从2012年到2020年,中等收入者的平均收入翻一番,高收入者的平均收入翻一番,同时低收入者和中低收入者的收入增长更快一些,平均收入翻两番。在这种格局中,中等收入者的比重可达到42%,可以说是一种中等收入者占高比例的橄榄型收入分配格局。

在这种收入结构中,城镇家庭人均年收入平均为64488元,中位值为54600元。而CSS2013中城镇人口的家庭人均年收入的均值为27081元,因此这种模型下的2020年城镇居民平均收入比2012年提高了约138.1%,年均增长约11.5%。这个增长率大体上是21世纪初以来我国城镇居民收入年增长率的中间水平(如图9-7)。因此就收入水平而言,到2020年,很有可能实现城镇家庭人均年收入增长至64488元。考虑到农村经济发展水平较低,农民收入大幅度增长的难度较大,那么城镇居民收入增长138.1%更有利于实现2020年城乡居民人均收入比2010年翻一番的目标。

298　下篇　中产阶层

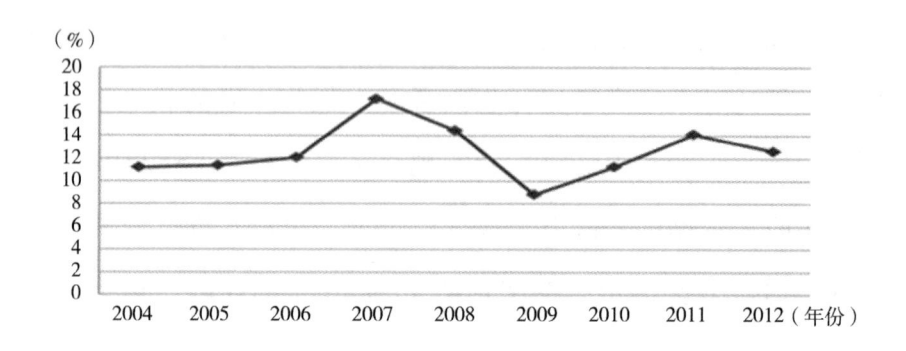

图9-7　城镇居民家庭人均可支配收入年均增长率

资料来源：国家统计局历年统计年鉴，http://data.stats.gov.cn/workspace/index；jsessionid=4CD8DF8761E4759C4EE20A696B217EF5？m=hgnd，2013年11月10日。

居民人均收入到2020年翻一番的目标或许不难实现，但更大的挑战来自收入分配结构的调整。诚然，中低收入者和低收入者比高收入者和中等收入者的收入增长更快能够使得收入结构趋近橄榄型，但这只是一种理想假设，高收入者由于经济资本和收入渠道较丰富，在收入增长方面仍很强势，而中低收入者和低收入者由于自身经济资本和文化资本的贫乏，收入很难较快增长。

在这种趋近"橄榄型"的收入分配结构中（如图9-6），低收入者（收入在城镇居民收入第5百分位及以下）的收入范围为家庭人均年收入20389元及以下，中低收入者（收入在城镇居民收入第5百分位至第25百分位）的收入范围为家庭人均年收入20389—60137元，中等收入者（收入在城镇居民收入第 25 百分位至第 95 百分位）的收入范围为家庭人均年收入 60137—199255 元，高收入者（收入在城镇居民收入第 95 百分位以上）的收入范围为家庭人均年收入 199255 元以上。在这个收入模型中，低收入者占 14%，中低收入者占 42%，中等收入者占 42%，高收入者占 2%。要想到 2020 年收入分配结构实现这种模拟的"橄榄型"，还需要着力大幅度提高低收入和中低收入者的收入水平，扩大中等收入者的比重，任务相当艰巨。

## 五　实现橄榄型分配格局的政策建议

分析结果显示，我国城镇居民的收入结构有两个主要特征：一是庞大的低收入者和中低收入者，所占人口比重 70%；二是显著的收入差距，高收入者的平均收入和增长速度都远远高于其他群体，中等收入者、中低收入者和低收入者的收入水平都偏低。因此，调整收入分配结构的关键在于大幅度增加低收入者和中低收入者的收入，扩大中等收入者的比重。分析也发现，只有高收入者对未来生活的预期显著乐观，中等收入者并没有表现出明显的乐观预期，居住在一线城市的居民也表现出一定程度的悲观预期。这说明，城镇居民中普遍存在各种生活压力，仅增加收入不一定带来生活水平的提高和乐观的预期，还必须采取扩大社会保障覆盖面、促进公共服务均等化等各种措施。

为了实现"橄榄型分配格局"、构建公平合理的收入分配秩序，建议从以下六个方面入手调整收入分配格局。

第一，确保实现全面建成小康社会的收入增长目标。党的十八大报告要求，到 2020 年我国 GDP 总量和城乡居民人均收入要比 2010 年翻一番。改革开放以来的多数年份，城乡居民收入增长慢于 GDP 增长，但近年已经有了转变，特别是农民人均纯收入增长已连续四年快于 GDP 和城镇居民人均可支配收入的增长。但这一形势还不稳定，2013 年城乡居民收入合计跑赢了 GDP，但分城乡来看，城镇居民人均可支配收入的增长又出现慢于 GDP 增长的情况。深层次的原因主要是劳动报酬在 GDP 中的比重偏低，而再分配的机制不够完善，影响了居民收入的水平和收入分配的公平性。所以，各地都需要采取措施，确保在 2014—2020 年的七年中，城乡居民人均收入的增长与经济发展同步。

第二，继续实施大规模减少农村扶贫对象的政策。我国的农村扶贫标准 2011 年大幅度提高到农民年人均纯收入 2300 元（2010 年不变价格），这大体相当于每人每天收入按购买力平价计算 2 美元的中等国际贫困标准。按照这一标准，2011 年我国农村还有 1.22 亿扶贫对象，2012 年扶贫对象减少到 9899 万人，但仍占农村户籍人口的 10.2%。按照国际减贫经验，贫困发生率下降到 10% 时，会遇到减贫瓶颈，进一步减贫会变得更加困难。中国目前农村的扶贫对象大部分分布在 14 个集中连片特殊困难地区，我们要下决心采取更加有力的减贫措施，片区攻坚与精准扶贫相结合，争取从现在到2020年每年仍能减少扶贫对象1000多万人，让全面建成小康社会的成果能够惠及更多的人。

第三，开展普遍的职业培训，让更多的新生代农民工成为中等收入者。中等收入群体的扩大，在很大程度上依赖于能否把我国约2.6亿农民工特别是新生代农民工转变为中等收入者。从已有的经验研究成果看，影响农民工收入水平的最主要因素是农民工的人力资本，也就是其受教育水平和职业技能。要完善职业教育和技术培训体系，实施大规模的职业培训计划，采取各种激励措施，鼓励农民工通过提高生产技能增加收入，使80%的新生代农民工在未来能够进入中等收入者的行列。

第四，进一步促进大学毕业生就业创业，保证绝大多数大学毕业生成为中等收入者。高校教育课程应当以就业和为经济社会发展服务为导向进一步加大调整力度，加强就业指导。要抓住我国产业结构调整和服务业快速增长的有利时机，创造更多的适合大学生就业的岗位和机会。要引导大学毕业生合理选择职业、行业、单位和就业地区，鼓励大学生自主创业，保证今后每年800万—900万大学毕业生绝大多数最终能够跻身中等收入者行列。

第五，研究采取与消费挂钩的税收政策，缓解中低收入者的生活压力。研究表明，即便是中等收入人群，过大的生活压力也会影响其对未来生活的良好预期和社会态度。缓解中低收入人群的生活压力，除了完善社会保障体系、稳定物价特别是房价，更直接的办法就是采取个人所得税与家庭消费挂钩的办法，这也是世界各国调整收入分配普遍采取的办法。我国经济增长的动力，将从主要依赖投资和出口转向更多依赖国内消费，我国的发展阶段也已经进入大众消费时代，家庭消费的规律是家庭消费随收入的增加而递减，通常来讲中等收入家庭由于购买力和需求都比较强因而消费率较高，但是随着收入增长，成为高收入家庭，需求趋于饱和因而消费率较低，采取与家庭消费挂钩的个人所得税政策势在必行。

第六，注重理顺收入分配秩序。收入分配的公平涉及机会公平、权利公平、过程公平和结果公平，如果收入分配的秩序不理顺，仅靠调整分配结果难以实现分配公平。经验调查的结果也显示，民众对收入分配问题的不满，主要不是来自"不平"，而是来自"不公"。居民收入水平与对收入分配问题不满意程度的相关分析也表明，目前还不是收入越低的居民对收入分配越不满意，而是很多中等收入以上的人群，包括干部队伍中相当的比例，都对收入分配的状况不满意。因此，一方面要调整分配结果，保护合法收入，调节过高收入，清理规范隐性收入，取缔非法收入，增加低收入者收入，扩大中等收入者比重，尤其对灰色收入和非法收入加强依法监管和打击。另一方面也要注重理顺收入分配的秩序，完善收入分配调控体制机制和政策体系，探索建立个人收入和财产申报制度。

## 参考文献

《胡锦涛在中国共产党第十八次全国代表大会上的报告》，2012 年 11 月 18 日，http：//cpc. people. com. cn/n/2012/1118/c64094 - 19612151. html，2014 年 11 月 18 日。

《中共中央关于全面深化改革若干重大问题的决定》，2013 年 11 月 15 日，http：//news. xinhuanet. com/politics/2013 - 11/15/c_ 118164235. htm，2014 年 11 月 18 日。

Peter M. Blau, 1997, "A Macrosociological Theory of Social Structure", *American Journalof Sociology*, Vol. 83, No. 1, pp. 26 – 54.

R. E. Pahl, 1998, "Some Remarks on Informal Work, Social Polarization and the Social Structure", *International Journal of Urban and Regional Research*, Vol. 12, No. 2, pp. 247 – 267.

Simon Kuznets, 1995, "Economic Growth and Income Inequality", *American Economic Review*, Vol. 45, No. 1, pp. 1 – 28.

Thomas Piketty, 2013, *Le Capital au XXIeSiècle*, Paris：Seuil.

C. 莱特·米尔斯，2006，《白领——美国的中产阶级》，周晓虹译，南京：南京大学出版社。

李培林，2007，《扩大中等收入者比重的对策思路》，《中国人口科学》第 5 期。

国家统计局城调总队课题组，2005，《6万—50万元：中国城市中等收入者探究》，《数据》第6期。

国家发改委社会发展研究所课题组，2012，《扩大中等收入者比重的实证分析和政策建议》，《经济学动态》第5期。

徐建华、陈承明、安翔，2003，《对中等收入的界定研究》，《上海统计》第8期。

Homi Kharas, 2010, "The Emerging Middle Classin Developing Countries", *OECD Development Centre Working Paper*, No. 285.

Gary W. Evans and Lyscha A. Marcynyszyn, 2004, "Environmental Justice, Cumulative Environmental Risk, and Health Among Low – and Middle – Income Childrenin Upstate New York", *American Journal of Public Health*, Vol. 94, No. 11, pp. 1942 – 1944.

美国卫生和公共服务部：http：//aspe. hhs. gov/poverty/13poverty. cfm, 2013年11月15日。

Katherine Alaimo, Christine M. Olsonand and Edward A. Frongillo Jr., 2001, "Low FamilyIncome and Food Insufficiency in Relation to Overweight in US Children: Is Therea Paradox?", *Arch Pediatr Adolesc Med*, Vol. 155, No. 10, pp. 1161 – 1167.

Gary W. Evans and Lyscha A. Marcynyszyn, "Environmental Justice, Cumulative Environmental Risk, and Health Among Low – and Middle – Income Children in Upstate New York", pp. 1942 – 1944.

William Thompson and Joseph Hickey, 2005, *Society in Focus: An Introduction to Socilolgy*, Boston, MA: Pearson.

Michael C. Wolfson, 1994, "When Inequalities Diverge", *The American Economic Review*, Vol. 84, No. 2, pp. 353 – 358.

Stephen P. Jenkins and Philippe Van Kerm, 2009, "The Measurement of EconomicInequality", in Wiermer Salverda, Brian Nolanand Timothy Smeeding (eds.), *The Oxford Handbook on Economic Inequality*, Oxford: Oxford University Press.

Office for National Statistics, "Middle Income Households", 1977 – 2010/11, http://www.ons.gov.uk/ons/rel/household – income/middle – income – households/1977 – 2010 – 11/rpt – middle – income – households.html, 2013 年 11 月 15 日。

United States Census Bureau, "The Changing Shape of the Nation's Income Distribution, 1947-1998", http://www.census.gov/prod/2000pubs/p60 – 204.pdf, 2013 年 11 月 15 日。

Carmen DeNavas – Walt, Bernadette D. Proctor and Jessica C. Smith, "Income, Poverty and Health Insurance Coverage in the United States: 2012", http://www.census.gov/prod/2013pubs/p60-245.pdf, 2014 年 1 月 10 日。

李培林、张翼，2008，《中国中产阶级的规模、认同和社会态度》，《社会》第 2 期。

《全国城镇居民收支持续增长　生活质量显著改善——"十一五"经济社会发展成就系列报告之九》，2011 年 3 月 7 日，http://www.stats.gov.cn/ztjc/ztfx/sywcj/201103/t20110307_ 71321.html，2013 年 12 月 10 日。

孙慧，2012，《城镇居民收入结构转型实证研究》，《统计研究》第

10 期。

王小鲁，2010，《我国国民收入分配现状、问题及对策》，《国家行政学院学报》第 3 期。

王小鲁，2007，《灰色收入与居民收入差距》，《比较》第 31 期。

陈宗胜、周云波，2001，《非法非正常收入对居民收入差别的影响及其经济学解释》，《经济研究》第 4 期。

李实，2012，《理性判断我国收入差距的变化趋势》，《探索与争鸣》第 8 期。

李春玲，2012，《80 后大学毕业生就业状况及影响因素分析——基于 6 所 985 高校毕业生的调查》，《江苏社会科学》第 3 期。

（原载《中国社会科学》2015 年第 1 期）

# 第十章 中国中产阶层的规模、认同和社会态度

李培林 张 翼

**摘要：** 本章基于中国社会科学院社会学研究所2006年3—5月进行的"中国社会状况综合调查"（CSS2006）的数据，以收入、职业和教育作为三个基本维度，对中国当前发展阶段的中产阶层规模以及中等收入者的规模进行了测算，并比较了"客观中产"和"认同中产"在社会态度一致性上的差异。根据本章的研究结果，我国目前的中产阶层在全国占12.1%，在城市社会中占25.4%，但这个所谓中产阶层，目前并不是一个具有统一的社会态度和行为取向的"阶级"。

**关键词：** 中产阶层、社会认同、社会态度

在社会学研究中，"中产阶层"始终是一个具有持久魅力

但又存在诸多争议的概念。虽然人们已经从职业、收入、教育、声望、消费、性别、种族、品位、认同、社会政治态度等各个层面对中产阶层进行了反复研究，但这些研究结果似乎只是不断提出新的挑战，但却难以形成统一认识（Butler and Savage，1995）。尽管在中产阶层的定义和操作性测量方面，不同的甚至相互对立理论取向的学者，已经更加趋向一致，即把职业分类作为界定中产阶层的最重要测量指标（Goldthorpe，1990；Erikson and Goldthorpe，1993；Wright，1997），但关于中产阶层的角色和作用，经验研究却显示出不同的结果，有的表明中产阶层是当代社会变迁的重要动力（Lash and Urry，1987），有的表明中产阶层是传统秩序的堡垒（Goldthorpe，1982），有的表明中产阶层是稳定渐进的工业化力量（Kerr，Dunlop，Harbins and Myers，1973），也有的表明中产阶层是民主化的激进动力（Huntington，1973）。

中产阶层在东亚新型工业国家和地区社会变迁中的重要作用也引起了社会学家的广泛关注，但对韩国、新加坡、中国台湾、中国香港社会的相关经验研究，也同样显示出中产阶层既具有激进的特点，也具有保守的性质（吕大乐、王志铮，2003；萧新煌、尹宝珊，1999）。

中国目前正在经历着世界现代化历史上最大规模的社会转型，在全球化背景下这种转型呈现出了极其复杂的特征：工业化、城镇化、市场化、国际化全面推进，经济体制转轨和社会

## 第十章 中国中产阶层的规模、认同和社会态度

结构转型同时进行，工业化初期的资本积累要求、工业化中期的产业升级要求和工业化后期环境治理要求同时并存。这些复杂的特征也为中产阶层的研究带来一些特殊的难点。

第一，中产阶层比重很小，群体边界不清晰。一方面，中国的城市化水平严重滞后于工业化水平，工业化水平目前已经达到约88%（GDP中工业和服务业的产值比重），但城市化水平还只有44%。这使得某种意义上作为"市民群体"的中产阶层发育很不成熟；另一方面，中国经济主要靠工业推动的特征非常突出，在2005年GDP产值结构中工业和服务业分别占47.5%和39.7%，在就业结构中工业和服务业分别占22.8%和31.4%，这使得某种意义上作为"服务群体"的中产阶层规模与经济发展水平不相适应。

第二，由于转型时期经济政治社会地位的不一致性较强，以职业为主要指标定义的中产阶层，在经济地位上呈现出偏低的特征，且与民众的主观定性判断产生较大差异，与商业机构从收入消费水平或消费取向界定的中产阶层也存在较大差异。

第二，中国的城乡和地区差异较大，以职业为主要指标定义的中产阶层与主观上认同社会"中层"人群很不吻合，甚至存在背离的现象，如在农民工群体中，也有近42%的人认为自己属于"社会中层"。

在这种情况下，本章试图回答的问题是：在当前中国，如何界定和测量中产阶层才比较符合实际？中国目前的中产阶层

究竟有多大规模？客观界定的中产阶层还是主观认同的社会"中层"更具有社会态度认知的一致性？

本章使用的数据来自中国社科院社会学研究所在2006年3—5月进行的"中国社会状况综合调查"（CSS2006），此次调查覆盖全国28个省市区130个县（市、区），260个乡（镇、街道），520个村/居委会，访问住户7100余户，获得有效问卷7063份，调查误差小于2%。如果我们没有细加说明，那么，本章表格中的数据都来自该次调查。

## 一 研究策略

中产阶层研究的主要难点，在于对中产阶层的界定。不同的学者，根据不同的研究目的，往往界定出不同的"中产阶层"概念。至今为止，学术界用于界定中产阶层的指标很多，既有主观指标，也有客观指标。客观指标包括职业地位、收入水平、资产占用量、对下属控制权力的大小、专业技术职级、教育资本、社会声望、消费水准、种族和血统等。主观指标相对简单，可以分为他者的评定和自我的认同：前者来源于社会上的他人对某个具体人物是否属于"中产"的认同；后者属于某个具体人物对自己是否属于中产阶层的认同。经济学家往往用收入来界定人们是否属于中产——把收入介于某个区间的人，划归中产的类别。社会学家更多地从职业角度，将某些职业类别——主要将那些脱离了体力劳动的、具有某种特别技术水平的社会劳动者划归中产阶层之列。

可见，不同的学者会从不同的学术需要出发来界定其所研究的中产阶层。比如说，在20世纪中叶，米尔斯在研究中，主要以职业为标准，划分了中产阶层，他认为美国的中产阶层主要由依附于政府机关、大机构大企业、各种事业单位，专门从事行政管理与技术服务工作的人员所构成（米尔斯，1951/2006）。可美国国家统计局却曾仅仅以家庭人均收入中位数的75%为下限、以人均收入中位数的125%为上限定义"收入中产"（Kacapyr, Francese and Crispell, 1996）。在最近，中国国家统计局也以家庭年收入6万—50万元作为中产阶层的标准。

虽然职业中产和收入中产都可以满足不同的解释需要，但在学术研究中，却有越来越多的人开始综合各种有代表性的、可以被操作的概念来界定中产阶层。在美国，很少有人只以其中的某个具体指标来界定中产阶层的构成人群，而倾向于将收入、教育、职业等结合起来以做较为全面的考察（Thompson and Hickey, 2005）。吕大乐教授在研究香港中产阶层的构成时曾经说，虽然可以把月收入在2万—5万元作为中产阶层上下限，但职业仍然应该作为一个主要标准用于界定过程（吕大乐、王志铮，2003）。在中国，也有人从消费分层出发界定中产阶层（李培林、张翼，2000），可越来越多的人开始从收入中产、职业中产和消费中产等角度来研究中产阶层构成问题

（刘毅，2006）。

的确，只从某个具体角度界定中产阶层是缺少稳定性的。最典型的例子如月嫂，其收入甚至于可以高于普通管理人员，但社会上很少有人将其划分为中产阶层。所以，只有将教育、职业等因素考虑进来，才会剔除某个具体指标发生的界定偏误。

为此，我们的研究策略如下。

第一，在界定中产阶层时，不用某个具体指标对社会人群进行简单归类，而选择了比较容易操作且对中国目前人们的经济社会地位影响较大的三个指标作为测量的指标，即收入水平、职业类别和教育资本。我们把这三个指标都符合中产阶层标准的人群，定义为"核心中产阶层"，把其中两个指标符合中产阶层的人群定义为"半核心中产阶层"，把只有一个指标符合中产阶层的人群定义为"边缘中产阶层"。

第二，以 Logistic 模型分析人们对中产阶层的自我认同。虽然他者的社会评价也具有重大学术意义，但局限于调查数据的获得，我们只能用自我认同作为指标进行分析。

第三，在对中产阶层的社会态度进行分析时，为避免某个具体指标的随机扰动，我们通过因子分析，在 15 个测量人们社会态度的指标中提取出三个因子作为因变量，而后再用线性回归方程检验认同阶层变量和客观阶层变量的影响。

# 第十章　中国中产阶层的规模、认同和社会态度

## 二　中国中产阶层的界定和测量

### （一）中产阶层收入标准的界定和测量

中产阶层是工业化和城市化的产物，从某种意义上说，它具有"市民阶层"和"服务阶层"的特征。因此，如果在收入上把全国人口的平均收入或中位数作为定义中等收入的基准，那么中等收入线就会偏低，大量的一般农民也会进入收入中产的行列。所以，我们选择了中国城市户籍人口的平均收入线作为参照基准，把高于平均收入2.5倍及以上的收入群体定义为"高收入者"，把低于平均收入线50%及以下的收入群体（这个标准在发达国家通常被定义为"相对贫困"）定义为"低收入层"；把低收入的上限到平均线之间者定义为"中低收入层"；把平均线以上到平均线的2.5倍的人群定义为"中等收入层"，即"收入中产阶层"。由于高收入者在整个被调查人群中所占比重很小，故我们将之并入"收入中产阶层"之中。

根据以上定义和我们2006年的调查数据测算，2005年中国城镇户籍人口家庭年平均收入9340元，因此，中国城镇家庭年人均收入在9341元之上者为中等收入家庭，在4671—9340元的为中低收入家庭，在4670元以下的为低收入家庭。

另外，根据在中国的调查经验，由于中国人的"不露富"心理以及现实中存在的大量隐性收入，收入水平的问卷调查数

据一般都大大低于人们的实际收入水平。例如根据统计数据，2005年中国城镇家庭居民年人均可支配收入为10493元，年人均消费支出为7942元，人均收入扣除人均消费后的人均剩余为2551元，农村居民家庭人均纯收入3255元，人均消费支出2555元，农民人均剩余只有700元；而2005年城乡居民人均人民币储蓄存款余额为10787元。按照我们的调查经验，人们的实际收入，平均来看大致是其回答收入的1.5倍，因此我们确定实际标准时，把每个收入层的收入水平乘上1.5的系数，作为调整后的收入分层标准，并扣除十位以后的零数。这样，根据调整后的收入标准，中国家庭年人均收入在35001元以上的为高收入家庭，在14001—35000元的为中等收入家庭，在7001—14000元的为中低收入家庭，在7000元以下的为低收入家庭[①]。

表10-1　　按照城镇家庭人均收入线确定的收入分层标准　　（单位：元/年）

| | 调查平均线 A | 低收入层上限 B = A/2 | 中低收入层区间 C：(B+1)→A | 中等收入层 D：(A+1)及以上 |
|---|---|---|---|---|
| 调整前 | 9340 | 4670 | 4671—9340 | 9341以上 |
| 调整后（×1.5） | 14000 | 7000 | 7001—14000 | 14001以上 |

---

① 根据国家统计局城镇居民家计调查，2005年全国城镇居民家庭年人均可支配收入为10493元，高收入户人均22902元，中高收入户人均12603元，中等收入户人均9190元，中低收入户人均6710元，中下收入户人均4017元（国家统计局编：《中国统计摘要2006》，中国统计出版社2006年版，第96页）。

按照这样的收入分层标准进行测算，中国 2005 年低收入层占 57.4%，中低收入层为 24.8%，中等收入层占 17.8%（见表 10-2）。

**（二）中产阶层职业标准的界定和测量**

以职业标准界定中产阶层是目前社会学界的通常做法，有些研究者把小雇主阶层称为"老中产阶层"，而把白领管理阶层和非体力的其他白领阶层称为"新中产阶层"。在本章中，我们把各种领取薪金的具有一定管理权限或技术水平的非体力劳动者定义为职业中产（不包括体力劳动管理人员），其中也包括了"自雇"和雇主等。把体力劳动的工人、半技术半体力劳动者、体力劳动者的监管人员定义为职业中低层，把农民定义为职业低层。按此标准划分，职业中层占 22.4%，职业中低层占 30.6%，职业低层占 47.0%（见表 10-2）。

**（三）中产阶层教育标准的界定和测量**

很多研究都表明，中国的教育收益率是明显的，而且改革开放以来是明显提高的，教育的收益率要高于工龄即工作经验的收益率（赵人伟、李实、李思勤，1999：455-457）。受教育水平与收入水平和职业地位都有很高的相关性。根据中国的具体情况，我们把取得了中专和大学本科阶段及以上教育文凭的人员，定义为"教育中层"，把拥有高中及职高、技校等学历的人员定义为"教育中低层"，把初中及以下学历人员定义为"教育低层"。按此标准测算，中国教育中层占12.7%，教育中低层占9.5%，教育低层占77.9%（见表10-2）。

表10-2　　　　收入中产、教育中产和职业中产的比较　　　　（单位:%）

| 收入分层 | 百分比 | 教育分层 | 百分比 | 职业分层 | 百分比 |
| --- | --- | --- | --- | --- | --- |
| 低层 | 57.4 | 低层 | 77.9 | 低层 | 47.0 |
| 中低层 | 24.8 | 中低层 | 9.5 | 中低层 | 30.6 |
| 收入中产 | 17.8 | 教育中产 | 12.7 | 职业中产 | 22.4 |
| 总计 | 100.0 | 总计 | 100.0 | 总计 | 100.0 |
| N | 4998 | N | 4998 | N | 4998 |

注：不包括没有工作的被访者。

把按照收入、职业和教育这三个维度分层的测算结果叠加起来之后，我们看到，在三个维度都符合"中层"标准的"核心中产阶层"，实际上只占全部调查对象的3.2%，符合其中两项"中层"标准的"半核心中产阶层"占8.9%，仅仅符合一项"中层"标准的"边缘中产阶层"占13.7%（见表10-3）。换句话说，如果把"核心中产阶层""半核心中产阶层"和"边缘中产阶层"全部视为中产阶层，则整个中产阶层的比重为25.8%；如果只把"核心中产阶层"和"半核心中产阶层"视为中产阶层，则其比重仅为12.1%（见表10-3）。

表10-3　全国核心中产、半核心中产和边缘中产的分布　　（单位:%）

| | 频次 | 百分比 | 百分比 | 百分比 |
|---|---|---|---|---|
| 其他阶层 | 3711 | 74.2 | 74.2 | 74.2 |
| 边缘中产 | 683 | 13.7 | 25.8 | 13.7 |
| 半核心中产 | 442 | 8.9 | | 12.1 |
| 核心中产 | 162 | 3.2 | | |
| 合计 | 4998 | 100.0 | 100.0 | 100.0 |

注：课题组对数据进行了加权。

表10-4　城市核心中产、半核心中产和边缘中产的分布　　（单位:%）

| | 频次 | 百分比 | 百分比 | 百分比 |
|---|---|---|---|---|
| 其他阶层 | 1078 | 50.3 | 50.3 | 50.3 |
| 边缘中产 | 520 | 24.3 | 49.7 | 24.3 |
| 半核心中产 | 395 | 18.4 | | 25.4 |
| 核心中产 | 150 | 7.0 | | |
| 合计 | 2143 | 100.0 | 100.0 | 100.0 |

注：课题组对数据进行了加权。

从表10-4还可以看出，如果只将城市劳动者计算在内，则"核心中产"占7.0%，"半核心中产"占18.4%，"边缘中产"占24.3%。同样，如果把"半核心中产"和"核心中产"视为城市中产阶层的构成，则城市中产阶层所占比重为25.4%。从这里也可以看出，中产阶层主要集聚在城市。

需要说明的是:"边缘中产"大于"教育中产"和"职业中产"的主要原因是,那些所谓的老中产阶层,即雇用了较少劳动力或以"自雇"身份经营的那些人,一方面受教育水平较低,另一方面收入水平也不是很高。当然,在某些情况下,在我们的调查中,这些人因为属于自我经营或家庭作坊,经常将家庭消费与企业经营混同在一起,因此,他们往往会较少估计自己给自己发的工资。所以,把中国当前中产阶层占就业人数的比重估计在12%左右,应该是一个能够接受的比重。

## 三 社会"中层"的认同以及影响因素

经验研究表明,人们所处的客观社会经济地位与认同的主观社会经济地位并不一致,在经济发展水平和收入分配状况差异很大的国家和社会,社会"中层"认同的情况却可能非常相像。例如,远比巴西发达、收入差距也小很多的日本,社会"中层"的认同情况却与巴西很近似;而印度与中国同为收入差距较大的发展中的人口大国,且目前中国的人均GDP是印度的两倍以上,但印度认同社会"中层"的比重却远高于中国(见表10-5)。

表 10-5　　　　　各国公众主观阶层认同情况比较　　　　（单位:%）

| 国家 | 上层 | 中上层 | 中层 | 中下层 | 下层 | （个案数） |
|---|---|---|---|---|---|---|
| 联邦德国 | 1.8 | 11.2 | 62.5 | 20.0 | 3.6 | (1127) |
| 美国 | 1.9 | 15.7 | 60.7 | 17.4 | 3.6 | (987) |
| 法国 | 0.4 | 10.9 | 57.7 | 25.2 | 5.3 | (993) |
| 意大利 | 0.7 | 7.0 | 56.9 | 22.2 | 8.0 | (1000) |
| 澳大利亚 | 1.1 | 8.6 | 72.8 | 10.4 | 2.7 | (1104) |
| 加拿大 | 1.2 | 14.2 | 68.8 | 11.8 | 2.2 | (1012) |
| 巴西 | 4.4 | 13.1 | 57.4 | 17.2 | 5.5 | (1000) |
| 日本 | 1.1 | 12.5 | 56.0 | 24.4 | 5.0 | (1042) |
| 新加坡 | 1.0 | 3.9 | 74.2 | 16.2 | 3.0 | (996) |
| 韩国 | 1.1 | 14.7 | 51.0 | 23.7 | 9.0 | — |
| 印度 | 1.2 | 12.0 | 57.5 | 21.7 | 7.5 | (1020) |
| 菲律宾 | 1.3 | 7.0 | 67.1 | 18.5 | 5.9 | (1574) |
| 中国（2002） | 1.6 | 10.4 | 46.9 | 26.5 | 14.6 | (10738) |
| 中国（2006） | 0.5 | 6.2 | 41.0 | 29.3 | 23.1 | (6789) |

注：世界各国资料根据渡边雅男（1998：333-334）整理，该数据为 1979 年 9—11 月由盖洛普国际组织（Gallup International）在各国开展面访获得，其中巴西、印度和韩国只在城市调查，其他均为全国性调查。中国 2002 年数据来自 2002 年中国城市公众社会冲突观念调查（李培林，2005：57），2006 年的数据为 2006 年中国社会状况调查（CSS2006）。

　　由此可见，人们主观的阶层认同，既受到收入、职业、教育、家庭背景等多种客观因素的影响，也受到参照比较体系等主观因素的影响。因此，依据客观指标定义的中产阶层，与人们主观认同的社会"中层"，既存在一致性，也存在差异性。

　　从表 10-6 可以看出，根据对调查数据的分析，在"核心中产阶层"中,有61.7%的人认为自己的经济社会地位属于社会"中层";在"半核心中产阶层"中,有53.5%的人认为自己属于社会"中层";在"边缘中产"中,只有46.8%的人认为自己属于社会"中层";而在除我们定义的三个中产阶层之外的"其他阶层"中,也有38.6%的人认为自己属于社会"中层"。

可见,收入中层、教育中层和职业中层之间越形成集聚,则由此所决定的中产阶层认为自己属于社会"中层"的比例就越高;而收入中层、教育中层和职业中层之间的人群分布越离散,则由此所决定的中产阶层认为自己属于社会"中层"的比例就越低。所以,要使客观指标界定的中产阶层与主观认同的社会"中层"人群一致性增强,就必须增加核心中产阶层的比重,这就需要中国社会在运行过程中增进机会公平,使收入、教育与职业之间增加更多重叠的可能。

表 10-6　　　　认同中产与客观中产的交叉分析　　　　（单位:%）

| 认同阶层 | 其他阶层 | 边缘中产 | 半核心中产 | 核心中产 | 总计 |
| --- | --- | --- | --- | --- | --- |
| 上层 | 0.3 | 1.3 | 0.9 | 1.9 | 0.6 |
| 中上层 | 3.5 | 7.0 | 13.1 | 15.4 | 5.4 |
| 中层 | 38.6 | 46.8 | 53.5 | 61.7 | 42.4 |
| 中下层 | 31.0 | 28.6 | 27.2 | 18.5 | 29.8 |
| 下层 | 26.5 | 16.4 | 5.4 | 2.5 | 21.8 |
| N | 3514 | 1092 | 467 | 162 | 5235 |

注：$X^2=317.501$；$P<0.001$。

在当前中国，究竟是什么因素在影响着社会成员的阶层认同呢？或者说，除了人口特征因素，职业、收入和教育这三个我们用来界定中产阶层的因素，哪一个对人们主观认同社会"中层"的影响更具有决定性意义呢？从表10－7显示的统计分析结果可以看到，"性别"对人们的社会"中层"认同并没有显著的影响，尽管统计到的女性平均收入远低于男性的平均收入，也尽管女性的平均受教育程度低于男性。经验研究表明，对社会"中层"的个体认同，更多地参考了整个家庭的经济社会地位，个体的阶层认同也深受家庭背景的影响。比如说妻子在阶层认同上，除考虑自身的因素外，还可能结合丈夫的各种社会身份和收入，来综合评价自己的社会地位，并给出自己的认同阶层。毕竟，家庭具有再分配家庭成员收入与其他资本的功能。

在政治身份上，党员将自己认同为社会"中层"的概率，明显大于非党员，这大概是源于国有部门管理层中的党员比非党员要高许多。原来我们认为，东部地区的人们，会比西部和中部地区更易于认同为"社会中层"，但这里的检验却并不显著，这说明在地区差距较大的情况下，不同地区的人们对社会"中层"的认同所依据的比较参照标准是不同的。可让人奇怪的是，与西部地区相比，中部地区中却有更多的人将自己认同为社会"中层"。这是一个以后需要进一步研究的问题。在此的解释是：人们并不是因为现实存在差距而导致阶层认同的分歧，而是因为感受到与参照群体的差距而寻找着自己的阶层归属。所以，实际存在多大的差距是一回事，人们真切感受到的差距是另外一回事。

从年龄因素来看，与"66岁及以上年龄组"比较，"26—35岁年龄组"的人群认同为社会"中层"的概率最大，是"66岁及以上年龄组"的1.403倍，"25岁及以下年龄组"的人群认同为社会"中层"的概率，也超过了"36—45岁年龄组"和"46—55岁年龄组"。这一方面反映了中国目前在收入状况上"老子不如儿子"的现象，另一方面也反映了不同年龄段人群的消费生活差异。当然，还有一个原因，就是年轻人的平均受教育程度，也远高于中老年人。在现代社会，科学技术的进步与新兴产业的蓬勃发展，总是易于给接受了最新教育的那些人提供收入更高的工作岗位。技能的稀缺程度与收入的高低之间存在极强的相关关系。所以，代际受教育程度的差异，会造成许多阶层认同的差距。

这表现在教育程度这个指标上，与教育低层相比，教育中层的社会中层认同概率更大，大约是教育低层的1.3倍。

但很奇怪的是，我们用来界定中产阶层的最主要指标"职业"，在控制了其他变量的影响后，却对社会"中层"的认同产生了负面影响，这是很有意思的社会现象。因为我们定义的职业低层，是以耕农为代表的农民。城市体力工人等，在对社会中层的认同上，反倒低于农民。这说明，农民生活状况的

## 第十章　中国中产阶层的规模、认同和社会态度

表10-7　影响社会成员对社会"中层"认同的因素（Logistic分析）

|  | B值 | 标准误 | Wald值 | 自由度 | 显著性 | 幂值 |
|---|---|---|---|---|---|---|
| 性别（男=1） | 0.029 | 0.063 | 0.218 | 1 | 0.640 | 1.030 |
| 是否党员（党员=1） | 0.331 | 0.115 | 8.273 | 1 | 0.004 | 1.392 |
| 东中西（对照组：西部地区） | | | | | | |
| 东部地区 | -0.083 | 0.084 | 0.969 | 1 | 0.325 | 0.921 |
| 中部地区 | 0.170 | 0.079 | 4.672 | 1 | 0.031 | 1.186 |
| 年龄组（对照组：66岁及以上） | | | | | | |
| 25岁及以下 | 0.331 | 0.291 | 1.291 | 1 | 0.025 | 1.392 |
| 26—35岁 | 0.339 | 0.284 | 1.422 | 1 | 0.023 | 1.403 |
| 36—45岁 | -0.029 | 0.283 | 0.011 | 1 | 0.917 | 0.971 |
| 46—55岁 | 0.018 | 0.286 | 0.004 | 1 | 0.951 | 1.018 |
| 56—65岁 | -0.069 | 0.297 | 0.054 | 1 | 0.816 | 0.933 |
| 教育分层（对照组：教育低层） | | | | | | |
| 教育中低层 | -0.046 | 0.108 | 0.181 | 1 | 0.670 | 0.955 |
| 教育中层 | 0.243 | 0.107 | 5.137 | 1 | 0.023 | 1.275 |
| 职业分层（对照组：职业低层） | | | | | | |
| 职业中低层 | -0.431 | 0.083 | 27.181 | 1 | 0.000 | 0.650 |
| 职业中层 | -0.206 | 0.089 | 5.350 | 1 | 0.021 | 0.814 |
| 收入分层（对照组：收入低层） | | | | | | |
| 收入中低层 | 0.399 | 0.077 | 26.722 | 1 | 0.000 | 1.491 |
| 收入中层 | 0.762 | 0.097 | 61.892 | 1 | 0.000 | 2.143 |
| 常数 | -0.552 | 0.284 | 3.778 | 1 | 0.052 | 0.576 |

注：N=4655；-2 Log likelihood=6542.027。

边际改善，会带来更多的阶层认同增量。虽然现代中产阶层很难把农民纳入其中去定义和分析，但农民的自我认同，却在经济收入和生活状况的改善中，最容易提高。这还说明，那些被

我们定义的中产阶层，与比较组——农民相比，也没有自我阶层认同的显著优势。所以，在当前的中国，在控制了其他变量的情况下，工人和职业白领对社会"中层"的认同感，还不像人们想象的那样显著。

统计分析显示，相对于职业和教育因素来说，收入分层对人们的主观阶层认同更具解释力。与收入低层相比较，收入中低层认同"社会中层"的概率，是收入低层的1.49倍；收入中层认同于"社会中层"的概率，是收入低层的2.14倍。这说明，在当前的中国，收入状况乃是影响人们社会阶层归属感的最主要因素。

所以，正是收入这个变量主要决定着人们的社会中层认同。那些收入达到了一定程度的社会成员，不管自己的受教育程度怎样，也不管自己的职业地位如何，他们与他们周围的参照群体相比较，更易于将自己归属于社会"中层"。

## 四　影响中产阶层社会态度的主要因素

中产阶层是不是社会的"稳定器"？中产阶层能够维护社会稳定的假说，其实建立在这样一个前提上，即中产阶层是一个统一的利益或地位群体，他们具有共同的社会态度和行为偏好。那么，是否中产阶层是一个具有阶级意义的利益群体呢？

为了验证这一点,我们对测度社会态度的 15 个变量进行了因子分析。这 15 个变量如表 10-8 所示(按照后文提取到的因子顺序):

表 10-8　　用于因子分析的测量人们社会态度的题目

| | | | | | |
|---|---|---|---|---|---|
| 1 | 政府搞建设要拆迁居民住房,老百姓应该搬走 | 6 | 以不正当的手段赚钱 | 11 | 财政税收政策 |
| 2 | 老百姓应该听从政府的,下级应该听从上级的 | 7 | 家庭背景好 | 12 | 工作与就业机会 |
| 3 | 民主就是政府为人民做主 | 8 | 有重要的人际关系 | 13 | 城乡之间的待遇 |
| 4 | 国家大事有政府来管,老百姓不必过多考虑 | 9 | 一些人贪污腐败、侵吞国有/集体资产 | 14 | 不同地区、行业之间的待遇 |
| 5 | 老百姓缴了税,政府爱怎么花就怎么花 | 10 | 富人少缴税 | 15 | 养老等社会保障待遇 |
| | 同意程度<br>1 很不同意　2 不大同意<br>3 比较同意　4 很同意 | | 影响程度<br>1 非常大　2 比较大<br>3 不太大　4 不影响 | | 不公程度<br>1 很不公平　2 不大公平<br>3 比较公平　4 很公平 |

对这 15 个四分 Likert 量表,我们采用主成分分析法提取了三个"因子"。在提取到的初始特征值中,因子 1 能够解释的变异百分比为 21.374%,因子 2 为 12.077%,因子 3 为 10.847%;总共能够解释 44.299% 的原始态度变量值。但为了对各个因子所代表的内容进行综合归纳以便于"命名",我们特以最大变异数法对其进行了转轴处理。从表 10-9 可以看出,经过转轴调整之后,因子 1 能够解释整个社会态度量表变

异百分比的15.951%；因子2为14.348%；因子3为14%。转轴后三个因子总共也能够解释原15个变量44.299%的内容——与转轴前相比，信息并没有损失，但却改变了各个因子对原有变量的解释力，使得因子易于归纳和"命名"。

另外，从表10-10的因子矩阵还可以看出，在经过转轴之后，这三个因子所代表的内容，主要集中在以下三个方面：因子1代表了"对国家有关政策不公程度评价"，因为其与这些政策评价的相关性最高。因子2代表了"对致富原因不公程度评价"，因为其与该指标集所代表的变量相关性最高。因子3代表了"对服从政府的认可程度"，因为其与该指标集所代表的变量相关性最高。

在此基础上，我们特以这三个因子作为因变量，在控制了性别、年龄、户口后，以职业、收入、教育等因素决定的客观社会分层和主观阶层认同为自变量建立分析模型（这主要为避免单一因变量导致的随机偏误的影响）。分析结果如表10-11所示。

可以看出，虽然在模型1中，"户口"这个变量是不显著的，但在模型2和模型3中，其却非常显著地具有统计解释力。在这里，具有非农户口——城市或城镇户口的人，对非法致富归因的动机更强烈一些。

表10-9　　　　　　　　　　因子的提取　　　　　　　　　　（单位:%）

| 因子（代号） | 初始特征值 |  |  | 转轴后各因子解释量 |  |  |
|---|---|---|---|---|---|---|
|  | 各因素特征值 | 解释变异百分比 | 累计解释变异百分比 | 各因素特征值 | 解释变异百分比 | 累计解释变异百分比 |
| 1 | 3.206 | 21.374 | 21.374 | 2.393 | 15.951 | 15.951 |
| 2 | 1.812 | 12.077 | 33.452 | 2.152 | 14.348 | 30.299 |
| 3 | 1.627 | 10.847 | 44.299 | 2.100 | 14.000 | 44.299 |
| 4 | 1.095 | 7.302 | 51.602 |  |  |  |
| 5 | 0.926 | 6.173 | 57.775 |  |  |  |
| 6 | 0.863 | 5.756 | 63.531 |  |  |  |
| 7 | 0.841 | 5.606 | 69.137 |  |  |  |
| 8 | 0.734 | 4.895 | 74.032 |  |  |  |
| 9 | 0.674 | 4.496 | 78.528 |  |  |  |
| 10 | 0.628 | 4.184 | 82.712 |  |  |  |
| 11 | 0.606 | 4.038 | 86.750 |  |  |  |
| 12 | 0.581 | 3.872 | 90.622 |  |  |  |
| 13 | 0.529 | 3.529 | 94.151 |  |  |  |
| 14 | 0.468 | 3.121 | 97.272 |  |  |  |
| 15 | 0.409 | 2.728 | 100.000 |  |  |  |

注：以主成分分析法提取。

表 10-10　　最大变异数旋转后得到的因子系数

| 因子含义 | 对国家有关政策不公程度评价（因子1） | 对致富原因不公程度评价（因子2） | 对服从政府的认可程度（因子3） |
| --- | --- | --- | --- |
| 政府搞建设要拆迁居民住房，老百姓应该搬走 | 0.107 | -0.023 | 0.585 |
| 老百姓应该听从政府的，下级应该听从上级的 | 0.088 | -0.051 | 0.705 |
| 民主就是政府为人民做主 | 0.024 | -0.073 | 0.563 |
| 国家大事有政府来管，老百姓不必过多考虑 | 0.068 | -0.045 | 0.728 |
| 老百姓缴了税，政府爱怎么花就怎么花 | 0.140 | -0.070 | 0.557 |
| 以不正当的手段赚钱 | -0.167 | 0.700 | -0.082 |
| 家庭背景好 | 0.029 | 0.548 | 0.030 |
| 有重要的人际关系 | -0.009 | 0.511 | -0.108 |
| 一些人贪污腐败、侵吞国有/集体资产 | -0.128 | 0.740 | -0.091 |
| 富人少缴税 | -0.070 | 0.694 | -0.035 |
| 财政政策 | 0.494 | -0.153 | 0.174 |
| 工作与就业机会 | 0.586 | -0.177 | 0.153 |
| 不同地区、行业之间的待遇 | 0.752 | -0.012 | 0.144 |
| 城乡之间的待遇 | 0.782 | 0.031 | -0.003 |
| 养老等社会保障待遇 | 0.731 | -0.022 | 0.024 |

注：旋转方法为最大变异数法。

## 第十章 中国中产阶层的规模、认同和社会态度

表 10-11　　　　　　　　影响人们社会态度的因素

| 自变量 | （模型1）对国家有关政策不公程度的评价 B | Beta | （模型2）对致富原因不公程度评价 B | Beta | （模型3）对服从政府的认可程度 B | Beta |
|---|---|---|---|---|---|---|
| 性别（男=1） | 0.009 | 0.004 | 0.034 | 0.016 | -0.013 | -0.006 |
| 城乡户口（城镇户口=1） | -0.047 | -0.023 | 0.281 | 0.133*** | -0.216*** | -0.104 |
| 政治身份（党员=1） | -0.134 | -0.055 | -0.063 | -0.025 | -0.078 | -0.031 |
| 年龄组（对照组：66岁及以上） | | | | | | |
| 25岁以下 | 0.980 | 0.400 | -0.781 | -0.303 | -0.893 | -0.355 |
| 26—35岁 | 0.865 | 0.419 | -0.787 | -0.362 | -1.015 | -0.479 |
| 36—45岁 | 0.887 | 0.410 | -0.860 | -0.378 | -0.723 | -0.325 |
| 46—55岁 | 0.905 | 0.315 | -0.860 | -0.284 | -0.478 | -0.162 |
| 56—65岁 | 0.826 | 0.155 | -1.007 | -0.179 | -0.224 | -0.041 |
| 认同阶层（对照组：社会下层） | | | | | | |
| 社会上层 | 0.510 | 0.039 | -0.725 | -0.053 | -0.040 | -0.003 |
| 社会中上层 | 0.463 | 0.148*** | -0.307 | -0.093** | -0.423*** | -0.131 |
| 社会中层 | 0.271 | 0.138*** | -0.451 | -0.218*** | -0.324*** | -0.161 |
| 社会中下层 | 0.266 | 0.119** | -0.228 | -0.097* | -0.229 | -0.100 |
| 客观阶层（对照组：其他阶层） | | | | | | |
| 边缘中产 | -0.120 | -0.041 | 0.022 | 0.007 | -0.168 | -0.056 |
| 半核心中产 | -0.070 | -0.034 | -0.019 | -0.009 | -0.079 | -0.037 |
| 核心中产 | -0.038 | -0.027 | -0.007 | -0.001 | -0.023 | -0.003 |
| 常数 | -1.057 | | 1.075 | | 1.005 | |
| $R^2$ | 0.08 | | 0.075 | | 0.083 | |
| N | 4699 | | 4588 | | 4576 | |

注：＊＊＊P<0.001，＊＊P<0.01，＊P<0.05。

从某种程度上可以说,"农民"比"市民"的公平感要强一些,我们另外的一项研究有类似的结果,即"农民工"比"城市工人"的公平感要高(李培林、李炜,2007)。这大概说明,对人们公平感、满意度、幸福感这类主观感受指标,影响更大的可能不是职业和实际生活水平,而是生活预期、信息获得能力、社会开放水平、比较参照体系等因素。

但"年龄组"这个虚拟变量,却失去了统计解释力。也就是说,在控制了其他变量的情况下,在社会态度的比较上,各个年龄组之间不存在显著差异。

客观阶层这个变量,在模型1、模型2、模型3中,都缺少统计意义的显著性。从这里可以得出这样的结论:要么是中产阶层其实并不是一个具有统一社会态度的利益群体,要么是我们用职业、收入、教育建构的所谓"中产阶层",实际上只是理论上的一种"虚构"。

但认同阶层却在每个模型中都很显著。这与我们原来的发现基本一致(张翼,2005)。从模型1可以知道,人们越是将自己认同在"社会中层"或接近"社会中层"的那些人群("社会中上层"或"社会中下层"),他们就越认为当前国家的各项制度是公平的;人们越是将自己认同在"社会中层"或邻近"社会中层"的位置,就越不会将致富的社会原因归结为"非法致富"或不公平竞争的"致富"。但在对政府的态度上,认同中层也表现出对政府的不当行政会持反对态度。

因为这三个因变量都是我们在因子分析后提取出来的,所以,通过这里的验证,我们基本可以说,社会成员的认同阶层越高,总体上形成的社会公平感就越强,其对社会就越具有积极性的认识。因而,自我认同的"中层",是一个具有社会稳定意义的变量,他们更容易形成共同的社会态度和行为偏好。

## 五 结论和讨论

归纳本章以上的分析,我们可以概括出以下几点基本结论。

第一,关于中国中产阶层的规模。用收入这个单一指标来测量,中国目前家庭年人均收入在14001元以上者占16.3%(其中家庭人均收入在35000元以上者占3%左右),在7001—14000元的中低收入层占22.8%,在7000元以下的低收入层占60.9%。如果用职业、收入、教育三项指标界定的中产阶层,则比较宽泛定义的中产阶层占社会成员的25.8%(老中产阶层——私营企业主和个体企业经营者数量抬升了该数字)。其中三个维度都符合"中层"标准的"核心中产阶层"只占3.2%,符合其中两项"中层"标准的"半核心中产"占8.9%,仅仅符合一项"中层"标准的"边缘中产阶层"占13.7%。所以,如果将符合其中两项标准者认定为"中产",则中国当前的中产阶层占12.1%左右。

第二，关于"客观中产阶层"和"主观认同中层"的关系。用职业、收入和教育等客观指标界定的中产阶层，越靠近核心层，就越倾向于认同社会"中层"。"核心中产阶层"中，有61.7%的人认为自己属于社会"中层"；在"半核心中产阶层"中，有53.5%的人认为自己属于社会"中层"；在"边缘中产阶层"中，只有46.8%的人认为自己属于社会"中层"。在中产阶层之外的"其他阶层"中，有38.6%的人认为自己属于社会"中层"。对人们归属社会"中层"主观选择的影响因素中，最具有显著意义的影响因素是"收入"和"年龄"。与农民相比，体力工人认同社会中层的概率更低，而我们定义的职业中产阶层，却并不比农民更多地认同于社会中层。教育虽然也具有影响作用，但不如收入的影响强烈。所以，在当前的中国，收入的高低主要决定着人们的"社会中层"认同。

第三，关于"客观中产阶层"和"主观认同中层"在社会态度一致性方面的比较。"主观认同中层"的社会态度一致性非常显著，而"客观中产阶层"却没有显示出统一的社会态度和行为偏好。

值得进一步讨论和探讨的问题有以下几点。

第一，中产阶层究竟主要是一个表示社会职业构成的概念，用以解释工薪劳动者技术替代劳动的过程；还是一个生活状态的概念，用以表示收入分配的结构从金字塔型向橄榄型的转变；抑或是一个阶级分析的概念，用以表示走向现代

## 第十章 中国中产阶层的规模、认同和社会态度　333

化过程中产生的一种新的社会力量。这使我们不得不在未来继续研究中产阶层的定义和分类问题。毕竟，不同的界定标准只满足了不同的需要。如果要从阶级关系和阶级形成的角度分析中产阶层，我们就得从关系角度继续探索中产阶层的类型学问题。

第二，在中国现阶段，在学术研究中怎样界定中产阶层才能更符合民众对中产阶层的认知，而且我们根据某种理论框架和若干客观指标建构的中产阶层，会不会成为一种理论上的"虚构"，对解释现实中人们的价值和行为取向毫无用途。

第三，中国的城乡和地区差距很大，在不同现实境况中生活的所谓"中产阶层"，比如说上海的一个外国银行的职员和西部贫困地区的一个中学教师，可能完全属于不同的天地，因此可能在大体相同发展水平的区域内，对中产阶层的分析才更有意义。

第四，主观认同的"社会中层"，是社会态度的主要决定因素，新的集体行为和社会运动更多的是建立在社会认同的基础上，应当加强这个方面的研究，我们此项研究所显示的收入对阶层认同的重要性还需要进一步的检验。

第五，由于中国缺乏严格的个人收入和资产申报制度，隐性收入的实际比重很难估算，我们确定的1.5系数的这个经验值，还需要更深入的研究来验证，而这个系数能否平均分配到收入层也值得进一步斟酌，因为理论上隐性收入更多地集中在高收入阶层，但有差异的分配系数也是难以准确界定的事情。

**参考文献：**

陈冠任、易扬，2004，《中国中产者调查》，北京：团结出版社。

渡边雅男，1998，《现代日本的阶层差别及其固定化》，陆泽军等译，北京：中央编译出版社。

具海根，2004，《韩国工人：阶级形成的文化与政治》，梁光严、张静译，北京：社会科学文献出版社。

李培林、张翼，2000，《消费分层：启动经济的一个重要视点》，《中国社会科学》第1期。

李培林、李炜，2007，《农民工在中国转型中的经济地位和社会态度》，《社会学研究》第3期。

张翼，2005，《中国城市社会阶级阶层冲突意识研究》，《中国社会科学》第4期。

李培林、张翼、赵延东、梁栋，2005，《社会冲突与阶级意识》，北京：社会科学文献出版社。

刘毅，2006，《中产阶层的界定方法及实证测度——以珠江三角洲为例》，《开放时代》第4期。

吕大乐、王志铮，2003，《香港中产阶级的处境观察》，香港：三联书店。

米尔斯（C. W. Mills），1951/2006，《白领：美国的中产阶级》，周晓虹译，南京：南京大学出版社。

萧新煌、尹宝珊，1999，《台湾、香港和新加坡中产阶级的集体社会政治意识》，社会阶层研讨会（香港），香港中文大学亚太研究所。

周晓虹主编，2005，《全球中产阶级报告》，北京：社会科学文献出版社。

——，2005，《中国中产阶级调查》，北京：社会科学文献出版社。

Bulter, Tim and Mike Savage (eds.), 1995, *Social Change and the Middle Class*, London: UCL Press.

Kacapyr, Elia, Peter Francese, and Diane Crispell, 1996, "Are You Middle Class? —Definitions and Trends of US Middle - Class Households", *American Demographics*, Oct.

Erikson, Robert, and John H. Goldthorpe, 1993, *The Constant Flux: A Study of Class Mobility in Industrial Societies*, Oxford: Clarendon Press.

Goldthorpe, John H., 1982, "On the Service Class, Its formation and Future", in *Classes and the Division of Labour: Essays in Honor of Ilya Neustadt*, A. Giddens and G. MacKenzie (eds.), Cambridge: Cambridge University Press, pp. 162 – 185.

——, 1990, "A Response", in *Consensus and Controversy*, J. Clark, C. Modgil, and S. Modgil (eds.), London: Falmer Press, pp. 399 – 440.

Huntington, Samuel P., 1991, *The Third Wave: Democratization in Late Twentieth Century*, Norman: University of Oklahoma Press.

Kerr, Clark, J. T. Dunlop, F. Harbison, and C. A. Myer, 1973, *Industrialism and Industrial Man*, Harmondsworth: Penguin Books.

Lash, S. and J. Urry, 1987, *The End of Organized Capitalism*, Cambridge: Polity Press.

Thompson, William, and Joseph Hickey, 2005, *Society in Focus*, Boston, MA: Pearson.

Wright, Erik Olin, 1997, *Class Counts: Comparative Studies in Class Analysis*, Cambridge: Cambridge University Press.

(原载《社会》2008 年第 2 期)

# 第十一章 建成橄榄型分配格局问题研究

李培林 张 翼

**摘要：**在居民收入基尼系数还处于高位徘徊状态时，橄榄型分配格局的建立，就必须借助于国家的治理之手。在市场的初次分配中，提升城乡居民生产要素所得报酬收入；在政府的再分配中，提升个人所得税的税基。在尚未推出财产税（比如不动产持有税、遗产税）的情况下，强化政府的转移支付功能与社会保险的再分配功能。另外，还应该适时强化家庭的再分配功能，实行劳动者既可以以个人报税，也可以以家庭平均收入报税的调节制度。唯有综合使用各种手段，才能在收入分配中"提低""稳中""控高"，达到构建橄榄型分配格局的目的。

**关键词：**橄榄型、分配格局、形成机制构建橄榄型分配格局，是全面建成小康社会的重要目标，也是我国发展面临的重大挑战。这不仅关系到我国未来发展的持续动力问题，也关系到中国特色社会主义的道路和方向问题。

## 一 收入差距问题依然严重

改革开放以来，中国维持了长达三十多年的经济增长，在转变为世界第二大经济体的同时，也跨入了中等收入国家的门槛。但社会平均意义的中等收入水平，却暗含着严重的居民收入差距。

根据国家统计局公布的数据，2003—2013年全国居民收入基尼系数[①]一直高位徘徊：2003年是0.479，2005年为0.485，2010年为0.481，2011年为0.477，2012年为0.474，2013年为0.473。仅从数据上看，自2009年之后有下降趋势，但下降幅度与社会预期相比，还十分有限。

在国家统计局发布全国居民人均收入基尼系数的同时，一些研究机构根据自己的调查，也在社会上发布了基于学术分析

---

① 基尼系数（或称洛伦茨系数）是20世纪初意大利经济学家基尼根据洛伦茨曲线提出的衡量收入分配差异程度的一个指标，其值在0和1之间。越接近0就表明收入分配越是趋向平等，反之，收入分配越是趋向不平等。按照国际一般标准，0.4以上的基尼系数表示收入差距较大，当基尼系数达到0.6时，则表示收入悬殊。

而得到的基尼系数。虽然各个学术机构观察到的基尼系数存在差异，但从趋势分析上，也可以对全国的收入差距做出某种程度的估计。

西南财经大学与中国人民银行总行金融研究所进行的"中国家庭金融调查"项目，通过对2010年采集到的数据研究发现，全国居民收入的基尼系数是0.61，这大大高于国家统计局公布的数据，也是迄今为止公布的最高的基尼系数值。

北京大学中国社会科学调查中心调查所得的2009年全国基尼系数为0.514。中国人民大学中国调查与数据中心调查所得的2009年全国基尼系数为0.555。后来，北京大学中国社会科学调查中心又发布报告说2012年中国的基尼系数为0.49。应该说，学术界基于抽样调查得到的基尼系数值，都高于国家统计局发布的值。

那么，如何看待中国居民收入的变化趋势呢？能不能基于国家统计局的数据将之估计为逐渐缩小的趋势呢？

对此，学术界有这样两个相互矛盾的研判：第一，认为中国2000年之后的收入差距长期徘徊在0.48左右。数据变化的差异，只是一次调查与另外一次调查的差异，并不代表趋势性的结果。第二，认为中国居民的收入差距虽然在高位徘徊，但最近几年有了缩小的趋势。长期进行收入差距动态变化趋势跟踪分析的北京师范大学中国收入分配研究院执行院长李实就认为：现在还很难判断收入差距在趋于缩小[①]。

2014年年初，国家统计局分别公布了全国分城乡的五等份居民收入分布数据，按城镇居民五等份收入分组，低收入组人均可支配收入11434元，中等偏下收入组人均可支配收入18483元，中等收入组人均可支配收入24518元，中等偏上收入组人均可支配收入32415元，高收入组人均可支配收入56389元。

按农村居民五等份收入分组，低收入组人均纯收入2583元，中等偏下收入组人均纯收入5516元，中等收入组人均纯收入7942元，中等偏上收入组人均纯收入11373元，高收入组人均纯收入21273元。如果将中国城镇最高20%的家庭人均可支配收入除以农村最低20%的家庭人均纯收入，则会发现其间相差会达到21.8倍。

对收入差距的最经典分析，来自洛伦茨曲线。在将坐标的横轴视为全社会人口的百分比分布，而将纵轴视为人均收入的分布时，从原点开始的45度对角线就代表了理想的均等化分布，而对角线之下的曲线则代表了事实上存在的收入差距，偏离对角线越远，则预示收入差距越大。如图11-1所示，曲线A所形成的基尼系数就小，曲线B所形成的基尼系数就大。

基于这一判断，所有国家在调整收入差距——为了缩小收

---

① http://www.gmw.cn/xueshu/2012-11/05/content_5582848_2.htm.

入差距而采取的措施,基本都是"提高低收入群体的收入,控制高收入群体的收入"。因此,要形成橄榄型分配格局,就不必提前预设各个收入的具体收入额度,而只要在收入的动态变动中有意识地提高低收入阶层的收入,加大对高收入阶层的再分配调节能力即可。

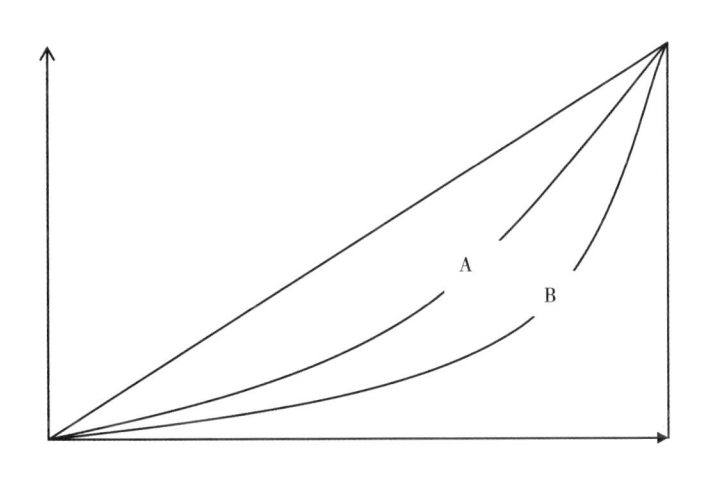

图 11-1 洛伦茨曲线与收入差距示意图

## 二 橄榄型分配格局的提出与细化

正因为认识到了"提低"和"控高"是缩小收入差距的主要举措,最近一个时期以来,党和政府出台了一系列文件政策,力图尽快缩小日益扩大的收入差距。

党的十六大报告针对"收入分配关系尚未理顺"的问题,

提出"深化分配制度改革",强调要"坚持效率优先、兼顾公平",要"鼓励一部分人通过诚实劳动、合法经营先富起来",要"以共同富裕为目标,扩大中等收入者比重,提高低收入者收入水平"。十六届三中全会通过的《中共中央关于完善社会主义市场经济体制若干问题的决定》,进一步阐述了如何"推进收入分配制度改革",并特别提到要"加强对垄断行业收入分配的监管",要"完善和规范国家公务员工资制度,推进事业单位分配制度改革"。

党的十七届三中全会通过的《中共中央关于推进农村改革发展若干重大问题的决定》,针对城乡居民收入差距扩大的问题,强调要统筹城乡经济社会协调发展,要加快农村扶贫开发,提出到2020年农村改革发展的基本任务是:"农民人均纯收入比2008年翻一番,消费水平大幅提升,绝对贫困现象基本消除。"

党的十八大报告在"共同富裕"的框架下再次提出"着力解决收入分配差距较大问题"。同以往党的历次代表大会报告比起来,党的十八大报告关于收入分配制度的阐述更加强调公平——"初次分配和再分配都要兼顾效率和公平,再分配更加注重公平",并着重将深化收入分配体制的改革总结为"两个同步"和"两个提高":"努力实现居民收入增长和经济发展同步、劳动报酬增长和劳动生产率提高同步,提高居民收入在国民收入分配中的比重,提高劳动报酬在初次分配中的比重。"

党的十八大报告还首次提出城乡居民收入倍增计划，到2020年，实现国内生产总值和城乡居民人均收入比2010年翻一番的目标。

2013年2月国务院批转的《关于深化收入分配制度改革的若干意见》细化了党的十八大的目标，提出的具体目标是"扶贫对象大幅减少，中等收入群体持续扩大，'橄榄型'分配结构逐步形成""力争中低收入者收入增长更快一些，人民生活水平全面提高"。同时指出，深化收入分配制度改革，优化收入分配结构，构建扩大消费需求的长效机制，是加快转变经济发展方式的迫切需要。

2013年11月闭幕的党的十八届三中全会通过的《中共中央关于全面深化改革若干重大问题的决定》，在"推进社会事业改革创新"框架下进一步阐述了收入分配制度改革的途径——"规范收入分配秩序，完善收入分配调控体制机制和政策体系，建立个人收入和财产信息系统，保护合法收入，调节过高收入，清理规范隐性收入，取缔非法收入，增加低收入者收入，扩大中等收入者比重，努力缩小城乡、区域、行业收入分配差距，逐步形成橄榄型分配格局。"

那么，什么是橄榄型分配格局呢？从十八届三中全会的精神可以看出，"橄榄型分配格局"是与"金字塔型分配格局"相对应的分配格局，或者是与收入差距扩大型分配格局相对应的分配格局，在橄榄型分配格局中，收入较低群体会在社会安全网的支持下改善消费状况，接近中等收入群体的生活；收入较高群体会在一系列再分配政策的调控下，防止其进一步拉大收入差距。由此可见，中等收入群体在这一格局中会日益扩大，而处于两端的低收入群体和高收入群体则都会缩小——这是防止贫富两极分化的收入分配格局。所以，学术界很形象地将橄榄型分配格局描述为促使中等收入群体发展壮大的分配格局。

## 三　对初次分配与再分配现实效果的检视

在以市场对资源起决定性配置作用时，因为种种因素而展开的竞争，必然会导致收入差距的扩大。为稳定社会发展，使广大人民群众共享发展成果，就必须综合利用国家治理体系，贯彻"提低""扩中"和"控高"策略，逐步缩小收入差距，促使中等收入群体成为占人口比重最大的社会阶层。但在顶层设计制定了大政方针的前提下，为什么从党的十六大到十八大的将近二十年中，收入差距还没有从根本上缩小呢？

除发展阶段的影响外，在操作层面的政策投入无外乎有两种，其一是在初次分配环节缩小收入差距；其二是在再分配环节缩小收入差距。以下我们分别讨论之。

### （一）市场的初次分配作用

所谓初次分配，就是各个主体在市场参与中基于供求关系与自身的讨价还价能力而形成的收入分配，主要由这样三个分配主体构成：第一，城乡居民生产要素所得报酬收入；第二，政府利用国家权力对货物和服务的生产及再生产所征收的生产税和进口税形成的初次分配收入；第三，企业在扣除其固定资产消耗和其他运营成本及税后的净营业盈余形成的初次分配收入。

现在来看，在居民收入中，因为资产占有程度和资产类型不同，在基于各生产要素而获得的收入中，绝大多数人是基于劳动参与而获得自己的收入。还因为普通劳动者讨价还价能力较低，所以，他们得到的收入也比较低。在这种情况下，国家通过税费拿走的那部分收入就自然会占比较高，而企业也因为资本的强势而相应分配到了较多的份额。看劳动者报酬占GDP的比重的变化，就会发现：从2000年到2012年，劳动者报酬所占份额处于波动下降的态势之中。虽然在最近几年稍有回升，但仍然不如2000年那样高。如果将2000年劳动者报酬所占比重与2012年的相应值比较，就会发现其仍然相差8.5%（54.1%—45.6%）。即使在剔除了统计口径变化的影响因素之后，劳动者报酬所占份额也不高。比如说在美国，劳动者报酬占GDP的比重就达到了70%左右，其他市场经济较成熟的国家也在54%—65%。

但反过来，营业盈余却在2000年到2012年有了非常显著的增长。比如说，在2000年，营业盈余所占比重为15.6%，但在2007年却增长到了30.2%——几乎增长了一倍。虽然在最近几年有所控制，但仍然在2012年高达25.66%。从这里可以看出，在市场经济的竞争中,资本方的讨价还价能力高于劳动方,所以才导致了营业盈余增长较快,劳动者报酬有所降低。

表 11-1　　　收入法核算的劳动者报酬所占 GDP 的比重　　　（单位:%）

| 年度 | 劳动者报酬 | 固定资产折旧 | 生产税 | 营业盈余 |
| --- | --- | --- | --- | --- |
| 2000 年 | 54.1 | 15.8 | 14.5 | 15.6 |
| 2002 年 | 48.4 | 15.4 | 14.3 | 21.9 |
| 2005 年 | 41.7 | 15.0 | 13.6 | 29.6 |
| 2007 年 | 41.4 | 14.0 | 14.5 | 30.2 |
| 2011 年 | 44.9 | 12.9 | 15.6 | 26.54 |
| 2012 年 | 45.6 | 12.86 | 15.9 | 25.66 |

资料来源:历年《中华人民共和国统计年鉴》。

因此,在初次分配中,除对劳动者个人的因素要加以考虑外,还需要在整个宏观视野中,考虑提升劳动者报酬所占的比重。在劳动者报酬所占份额较低的情况下,即使调整了劳动者之间的分配关系(比如基于人力资本差异而形成的差距),也不能有效提升劳动者的收入而拉动消费。要形成橄榄型分配格局,就必须关注这一点,唯有劳动者报酬在初次分配中所占比例得到提升,以农民工为主要代表的工人阶级的收入才会有所保障,他们滑落到贫困阶层的概率也才会降低,他们通过自己的代际教育支持,将自己的子女转化为中等收入阶层的可能性也才会增加。

## （二）政府的再分配作用

所谓再分配，就是通过非市场之手——政府或其他主体在初次分配后进行的分配。政府通常采用的手段主要有：第一，收入所得税，即居民和企业等各收入主体当期得到的初次分配收入应支付的所得税、利润税、资本收益税和定期支付的其他经常收入税。第二，财产税。居民等财产拥有者，根据现有财产状况，依法缴纳的动产税和不动产税，如房产税、遗产税等，政府以此对居民收入进行的调节属于存量调节。第三，社会保险，即居民为维持当前和未来的福利而向政府组织的社会保险或各个单位建立的基金所缴纳的款项，如失业保险、退休保险、医疗保险等。第四，社会福利，指居民从政府获取的、维持最基本生活的收入，主要包括低保金、抚恤金、生活困难补助等各类救济金。第五，各类转移支付，包括政府内部转移收支；本国政府与外国政府、国际组织之间的援助、捐赠、会费缴纳等。所以，从这里可以看出，再分配手段主要由政府调控使用，这也是政府部门进行宏观管理以保持社会稳定的主要治理机制。

从近期的研究可以看出，中国的个人收入所得税，在2011年将税基提高到3500元之上时，其时只有2400万人在纳税。虽然最近几年人均收入有所提高，但纳税人到底有多少还需要查考。李实在研究中认为，个人所得税对收入差距的调控能力有限。企业所得税虽然能够征收，但为了鼓励就业，为了发展经济，也没有起到应有的作用。而对房屋等不动产的持有税，也正在研究当中。所以，真正能够在普遍意义上起作用的政府干预措施，就是社会保险和社会福利。但最近几年多项研究发现，社会保险——尤其是征缴占比较高的企业职工养老保险，不但没有起到缩小收入差距的作用，反倒有拉大收入差距的趋势。毕竟，其制度设计的初衷，是以劳动者个人的工资为标准按比例征缴的，即使考虑以社均工资的60%—300%实际缴纳，那下限与上限之间不同的缴费率，也会拉开退休金的实际差距。比如说，那些以300%为基数缴费的企业，就会比以60%为基数缴费的企业高出了许多。体制合并后的居民养老保险也存在同样的问题——城镇居民养老保险的退休金较高，农村居民养老保险退休金较低。除此之外，公务员和事业单位工作人员的退休金又高于企业职工的养老金。这样，养老保险体系的多轨运行及筹资模式的差异，以及其获得的政府财政转移支付额度的差异，使养老保险蕴含了老年时期的收入不平等。

（三）居民的家庭再分配

在中国广大农村，家庭本身就是一个生产单位。家庭成员之间的合作劳动通过对农作物收获的影响而决定家庭基于农业生产的收入。家庭内部的协议决策影响其成员之间的分工与合作。在城市，家庭成员在进入不同企业并以个人的劳动参与而获得收入之后，也会将所得部分或全部贡献于家庭的消费与储蓄。所以，家庭具有很强的收入再分配功能。如果不计收入来源，而将其均等化为每一个成员的人均货币表现时，我们可以

# 第十一章 建成橄榄型分配格局问题研究

得到表 11-2 的信息：在 2012 年这个调查统计期，从"困难户"到"最高收入户"，其家庭人口数是趋于减少的。比如说，"最低 5% 的困难户"，其家庭平均人口数为 3.33 人，"较低收入户"的家庭平均人口数是 3.21 人，"中等偏下户"是 2.99 人，"中等收入户"为 2.80 人，"中等偏上户"为 2.67 人，"较高收入户"为 2.58 人，"最高收入户"为 2.52 人。这就是说，在家庭成员中的劳动力人口将劳动所得分配给家庭成员时，家庭成员越少，家庭成员中的就业面越高，其家庭成员的人均收入就越高，反之亦然。

表 11-2　　2012 年城镇不同家庭户的收入与就业面比较

| 指标 | 全国 | 最低收入户 10% | 困难户 5% | 较低收入户 10% | 中等偏下户 20% | 中等收入户 20% | 中等偏上户 20% | 较高收入户 10% | 最高收入户 10% |
|---|---|---|---|---|---|---|---|---|---|
| 调查户数（户） | 65981 | 6590 | 3287 | 6601 | 13214 | 13220 | 13201 | 6593 | 6562 |
| 调查户比重（%） | 100 | 9.98 | 4.98 | 10 | 20.03 | 20.04 | 20.01 | 9.99 | 9.95 |
| 平均每户家庭人口（人） | 2.86 | 3.3 | 3.33 | 3.21 | 2.99 | 2.8 | 2.67 | 2.58 | 2.52 |
| 平均每户就业人口（人） | 1.49 | 1.31 | 1.21 | 1.53 | 1.53 | 1.48 | 1.47 | 1.5 | 1.58 |

续表

| 指标 | 全国 | 最低收入户 10% | 困难户 5% | 较低收入户 10% | 中等偏下户 20% | 中等收入户 20% | 中等偏上户 20% | 较高收入户 10% | 最高收入户 10% |
|---|---|---|---|---|---|---|---|---|---|
| 平均每户就业面（%） | 52.1 | 39.7 | 36.34 | 47.66 | 51.17 | 52.86 | 55.06 | 58.14 | 62.7 |
| 平均每一就业者负担人数 | 1.92 | 2.52 | 2.75 | 2.1 | 1.95 | 1.89 | 1.82 | 1.72 | 1.59 |
| 平均每人全部年收入（元） | 26959 | 9209.49 | 7520.86 | 13724.7 | 18374.8 | 24531.4 | 32758.8 | 43471 | 69877.3 |
| 平均每人可支配收入（元） | 24564.7 | 8215.09 | 6520.03 | 12488.6 | 16761.4 | 22419.1 | 29813.7 | 39605.2 | 63824.2 |
| 平均每人总支出（元） | 22341.4 | 9164.94 | 7976.51 | 12134.8 | 15806.6 | 20447.7 | 26670.7 | 35705.6 | 54192.7 |
| 平均每人现金消费支出（元） | 16674.3 | 7301.37 | 6366.78 | 9610.41 | 12280.8 | 15719.9 | 19830.2 | 25796.9 | 37661.7 |
| 现金/可支配（%） | 67.88 | 88.88 | 97.65 | 76.95 | 73.27 | 70.12 | 66.51 | 65.14 | 59.01 |

注：表中的收入是可支配收入，即扣除了税收与社会保险等之后的收入。

从这里可以看出，家庭具有很强的收入再分配功能。在家庭劳动力将收入所得进行均分时，劳动力负担重的家庭的人均收入会比较低。

在这种情况下，如何利用税收、救助、扶持等国家治理杠杆，提升低收入家庭的平均收入，对橄榄型分配格局的形成，就具有非常重要的调节作用。

通过对初次分配与再分配现实效果的讨论，我们可以看出以下几点。

第一，在初次分配中，劳动者报酬所占份额还比较小。在资本与劳动者报酬的博弈中，资本得到的份额即营业盈余增长较快。所以，初次分配调整的主要方向，就是提升劳动报酬所占份额。在税收政策不变的情况下，因为营业盈余所占份额增长很快，可以考虑控制其在一定比例，使劳动者报酬所占份额上升。这样，国民收入在初次分配中所占比重才有可能提高。

第二，在政府主导的再分配中，个人所得税对收入差距的调节作用还没有完全发挥出来。在全国七亿多劳动参与人口中，征税对象太少，难以达到收入分配政策调控的目标。"低保"等效果也不显著[1]。在遗产税、房产税等缺位的情况下，只是社会救助或其他福利政策的介入，还难以起到显著作用。更何况社会保险——尤其是社会保险中的养老保险还不具有缩小收入差距的作用。

---

[1] "低保"制度对改善收入分配格局的效果也并不令人满意。根据李实等人的调查和估算，城市"低保"在很多省份确实是在缩小收入差距，但是缩小的幅度也就是在1%左右；农村的情况也大致相同，农村"低保"对缓解农村的贫困有很大的作用，但是对于调节农村收入差距的作用非常小。

第三，居民形成的再分配——家庭成员之间的转移支付，的确可以对初次分配中的收入差距进行调控。但我们还需要创新更好的机制，使居民自己在家庭成员之间的再分配更符合宏观社会缩小收入差距的需要，也为橄榄型分配格局的形成发挥更好的作用。

## 四 强化橄榄型分配格局的形成机制

### （一）初次分配手段的强化

现在来看，要尽快形成橄榄型分配格局，就需要在初次分配和再分配中都加强"调控"力度。于2012年开始推行的"营业税改增值税"试点已大大扩大。但"营改增"的减税效果，还没有显著表现在劳动者报酬的增幅上。在折旧不变的情况下，如果利润仍然保持在原有水平，劳动者报酬没有增加的主要原因，只能拿营业盈余的高位运行去解释。所以，在初次分配中，还需要强化劳动者的讨价还价能力，并以此保证普通员工工资——劳动报酬的增长与占比。事实上，劳动报酬的增长会伴随经济发展而上升，但只要其在初次分配中的占比不变，则资本分配到的占比就仍然会趋于高位徘徊。即使政府降低税收，劳动者也拿不到应有的份额。要提高居民收入在国民收入分配中的比重，要提高劳动报酬在初次分配中的比重，初次分配手段的使用是必不可少的。

## （二）个税税基需要伴随通货膨胀的上升而提升

在1980年税法的基础上，经六次修改而于2011年9月开始实施的现行税法，将税基提升到了3500元左右。但中国还是一个个体户从业人员占比较高的国家，所以，新修订的税法对其纳税额度专门做了区别规定。依照工资与薪金所得的超额累进税率，低于3500元及以下的不纳税，高于3500元以上的部分，在减去免税金额即3500元之后，才实施3%—45%的税率——收入越高，纳税率也越高。个体工商户的生产、经营所得和对企事业单位的承包经营、承租经营所得，适用5%—35%的超额累进税率。虽然也体现收入越高纳税率也越高的调节原则，但最高不能超过35%。

虽然在实施之初，工资和薪金纳税人只有2400万人左右。最近几年应该有所上升。但其调节收入差距的效果没有显现出来。其中的主要原因，在于很多该纳税的还没有纳税——亦即漏税严重。即使按照可支配收入来算（即在扣除了个税、社会保险费与其他福利之后的收入），在中国的城镇，差不多应该有一半左右的劳动者需缴纳个税。从表11-3可以看出，即使将可支配收入作为工资与薪金额，在将其以不同收入阶层的家庭人口和家庭就业人口进行换算后，按照每一就业者的月收入计，20%的中等收入户、20%的中等偏上户和20%的较高收入户中的就业者就会成为个税纳税者。当然，在这中间，也存在户内就业者中收入差距较大而"被平均"为高收入者的可能。

但总体而言，中等偏上户和较高收入户的就业者应该有可能成为个税纳税人。

表 11-3　以人均可支配收入回推计算的家庭劳动力月均收入

| 指标 | 较低收入户 20% | 中等偏下户 20% | 中等收入户 20% | 中等偏上户 20% | 较高收入户 20% |
| --- | --- | --- | --- | --- | --- |
| 平均每户家庭人口（人） | 3.25 | 2.99 | 2.8 | 2.67 | 2.55 |
| 平均每户就业人口（人） | 1.56 | 1.53 | 1.48 | 1.47 | 1.5 |
| 平均每户就业面（%） | 47.66 | 51.17 | 52.86 | 55.06 | 58.14 |
| 人均可支配收入（元） | 11434 | 18483 | 24518 | 32415 | 56389 |
| 户收入（元） | 37160.50 | 55264.17 | 68650.40 | 86548.05 | 143791.95 |
| 劳动力人均收入（元） | 23820.83 | 36120.37 | 46385.41 | 58876.22 | 95861.30 |
| 劳动力月均收入（元） | 1985.07 | 3010.03 | 3865.45 | 4906.35 | 7988.44 |

资料来源：根据国家统计局公布的 2013 年城镇人均可支配收入计算。

尽管家庭可支配收入中也包括了退休金等收入，但因为在总体上，人均退休金低于工资与薪金，再加上家户（household）规模已经很小，这预示着很多城镇老人已经与子女分家。在这种情况下，表 11-3 的估计应该是成立的。当然，因为城镇的房租收入也被计入了家庭可支配收入。但房租也应该是纳税的。所以，从纳税人的意义上说，这些人也应该被个税所调节。

根据国家统计局公布的数据，2013 年全国农民工月均收入达到了 2609 元[①]。因为国家统计局统计的农民工既包括离土不离乡的"本地农民工",也包括离开户籍地半年以上的"流动农民工",而流动农民工的平均月收入高于本地农民工。因受"招工难"的影响,最近几年农民工的名义工资收入也有了很大程度的提升。实际上,不仅是农民工,就是包括农民工在内的全国的流动劳动力的名义工资和薪金也在最近几年迅速增长。

表 11-4 将流动人口与城市—城市流动劳动力进行了比较。从这里可以看出,在农民工中,"小学及以下"文化程度者月均收入超过 3500 元的达到 19.62%,"初中"文化程度者达到 25.17%,"高中/中专"文化程度者达到 29.20%,"大专及以上"达到 41.33%。从"总计"栏还可以看出,农民工中已经有 26.04% 的人月均收入超过了 3500 元。

表 11-4  流动劳动力的收入分布 （单位：人、%）

|  | 农民工 ||| 城市—城市流动劳动力 |||
| --- | --- | --- | --- | --- | --- | --- |
|  | 0—3500 元 | 3501 元以上 | 小计 | 0—3500 元 | 3501 元以上 | 小计 |
| 小学及以下 | 18936 | 4621 | 23557 | 581 | 184 | 765 |
|  | 80.38 | 19.62 | 100.00 | 75.95 | 24.05 | 100.00 |
| 初中 | 67567 | 22730 | 90297 | 4146 | 1727 | 5873 |
|  | 74.83 | 25.17 | 100.00 | 70.59 | 29.41 | 100.00 |

---

① http://finance.ifeng.com/a/20140220/11705213_0.shtml.

续表

| | 农民工 | | | 城市—城市流动劳动力 | | |
|---|---|---|---|---|---|---|
| | 0—3500元 | 3501元以上 | 小计 | 0—3500元 | 3501元以上 | 小计 |
| 高中/中专 | 22021 | 9081 | 31102 | 4659 | 2777 | 7436 |
| | 70.80 | 29.20 | 100.00 | 62.65 | 37.35 | 100.00 |
| 大专及以上 | 5051 | 3558 | 8609 | 4248 | 6357 | 10605 |
| | 58.67 | 41.33 | 100.00 | 40.06 | 59.94 | 100.00 |
| 总计 | 113575 | 39990 | 153565 | 13634 | 11045 | 24679 |
| | 73.96 | 26.04 | 100.00 | 55.25 | 44.75 | 100.00 |

资料来源：国家卫计委流动人口司2013年流动人口监测调查数据。

在城市—城市流动劳动力中，"小学及以下"文化程度者月均收入超过3500元的达到24.05%，"初中"文化程度者达到29.41%，"高中/中专"文化程度者达到37.35%，"大专及以上"达到59.94%。从"总计"栏还可以看出，城市—城市流动劳动力中已经有44.75%的人月均收入超过了3500元。

这就是说，如果以3500元作为税基来征缴个人所得税，就连26.04%的农民工都应该纳税了。而在城市—城市流动劳动力者，竟然已经有44.75%的人应该缴纳个人所得税了。如果今后的招工难仍然继续，或者通货膨胀率不见下行，则以名义工资的3500元为税基的个税征缴制度，就难以起到"橄榄型分配格局"的作用。在通货膨胀与人均收入水平连续上涨的情况下，个人所得税的税基就应该相应往上调整。唯有如此，才可能体现出个税调节高收入阶层收入的作用，也才能更显著地发挥减轻中低收入阶层负担的作用。

**（三）强化社会保险的再分配作用**

在很多国家，初次分配的基尼系数都比较高。比如说，在发达国家中，澳大利亚的初次分配基尼系数是 0.46，日本是 0.52，美国是 0.46，英国是 0.46，德国是 0.51，意大利是 0.56，葡萄牙是 0.54，波兰是 0.57。但在这些国家经过个税与社会保险的调节后，基尼系数就会大大降低。比如说，在 2000 年，经再分配的综合调整，美国基尼系数从 0.46 下降到 0.38，日本则从 0.52 下降到 0.38，德国从 0.51 下降到 0.3，法国从 0.48 下降到 0.28，英国从 0.46 下降到 0.34，OECD 国家平均从 0.45 下降到 0.31。

为什么社会保险会具有如此强大的收入差距调节能力呢？

从表 11-5 可以看出，年龄越轻的劳动者，在高收入组分布的比例越高。因为市场经济的竞争，除家庭财富继承的影响外，主要是人力资本的竞争。年纪越轻的劳动者，其身体越健康，受教育程度越高，对高科技的适应能力也越强，也越能够胜任劳动强度较大的工作岗位。而对于年龄较大的人而言，要么其收入来源于退休金，要么来源于家庭其他成员的供养，故而不免要落入贫困阶层。中国的调查数据更为显著地证明着这种趋势，比如说，在 18—35 岁年龄段人口中，居于"较低收入层"的百分比为 14.25%，居于"中等偏下收入层"的百分比为 14.30%，居于"中等收入层"的百分比为 14.67%，但居于"中等偏上收入层"的百分比为24.78%,居于"较高收入层"的百分比为32.01%——从18—35岁年龄段到65岁及以上年龄段,居于较高收入层的百分比一直处于下降的态势,到65岁及以上年龄段,就降低到8.40%左右。但从18—35岁年龄段到65岁及以上年龄段,居于"较低收入层"的百分比则一直处于上升的态势,到65岁及以上年龄段,上升到了36.51%。

表11-5　中国2012年分年龄段人口在各收入等级中的分布　（单位:%）

| 年龄段 | 较低收入层20% | 中等偏下收入层20% | 中等收入层20% | 中等偏上收入层20% | 较高收入层20% | 总计 |
| --- | --- | --- | --- | --- | --- | --- |
| 18—35岁 | 14.25 | 14.30 | 14.67 | 24.78 | 32.01 | 100.00 |
| 36—55岁 | 19.76 | 19.10 | 15.51 | 23.32 | 22.31 | 100.00 |
| 56—64岁 | 31.34 | 24.89 | 16.04 | 14.95 | 12.79 | 100.00 |
| 65岁及以上 | 36.51 | 24.17 | 14.63 | 16.28 | 8.40 | 100.00 |
| 小计 | 22.49 | 19.69 | 15.35 | 21.25 | 21.23 | 100.00 |

资料来源：中国社会科学院社会学研究所2013年CSS调查。

在这种情况下,如果能够有效提高老年人员的待遇,则基于家庭人均可支配收入而计算的收入差距就会相应缩小。但在提升老年人口的福利待遇——尤其是在提升老年退休金的待遇时,一定要掌握退休金越低、财政补助比重越高的原则,唯有如此，养老保险的代际转移才具有缩小收入差距的作用，并支持橄榄型分配格局的形成。当然，在医疗保险的转移支付中，只有更多向低收入阶层倾斜，低收入阶层的身心健康才能有所保障，在医疗费用方面的负担就会减轻。可以说，向农村地区社会保障方面的制度覆盖以及保障功能的强化，会大大减轻农民群体的日常负担，降低他们的相对贫困程度。因此，在某种程度上可以说，社会保障支持中等收入阶层发展的功能大于所得税所起的作用。

正像日本，在1980年的税前基尼系数为0.35，但到2002年却上升到了0.498。即使经过所得税等的调节之后，其税后基尼系数也从1980年的0.3301扩大到2002年的0.4941。这就是说，所得税对收入差距的调节作用受到了很多因素的影响而难以达到设计的目标（王海涛、谭小军，2008）。但通过社会保险的再分配调节之后，收入差距会相对有所控制。比如说，在不计社会保险与所得税的情况下，1993年中国的税前基尼系数为0.4394，2005年的税前基尼系数为0.5263。但在加入社会保险与所得税等因素后，基尼系数则只从1993年的0.3645上升到2005年的0.3873。在2005年，社会保险对降低收入差距的贡献率达到24%，而所得税的贡献率仅仅为3.2（李菁，2009）。到2008年，社会保险对降低收入差距的贡献率上升到了26.6%，而所得税的贡献率则为3.7%。

## （四）地区收入差距还需要继续缩小

中国收入差距的形成，主要源于城乡收入差距与地区收入差距。最近几年，支持收入差距趋于缩小的学者认为，正是流动农民工进城打工的转移支付以及离土不离乡农民工的劳务收入等的增长贡献了积极的作用。当然，由于农民工进城打工人数的迅速上升，在18亿亩土地红线的保障下，种地农民人数的缩小以及农产品与畜牧产品价格的上升，也起到了一定的作用。但不管怎么说，城镇化有效缩小了城乡之间的收入差距。

比如说，在2013年，农村居民人均纯收入实际增长为9.3%，而城镇居民人均可支配收入实际增速才7%。过去连续4年农村居民人均纯收入的增速都高于城镇居民人均可支配收入的增速，实际上这也是过去几年中国城乡收入比缩小的部分原因。城乡收入比的缩小速度与力度，也预示着农民群体收入改善的速度与力度。

在城乡收入差距缩小的同时，中国东中西之间的收入差距也趋于缩小。这表现在中西部地区居民收入的增长速度快于东部地区。但目前的地区收入差距改善的效果还不是很显著。比如说，在2013年上半年，按照不变价格计算：上海城镇居民人均可支配收入是22243元，而甘肃城镇居民人均可支配收入是9327元，其中相差2.39倍；上海农村居民人均纯收入为12345元，甘肃农村居民人均纯收入为2736元，其中相差4.51倍。但如果要将上海城镇居民人均可支配收入与甘肃农村居人均纯收入相比，则其中相差达到 8.13 倍。

在建成橄榄型分配格局上，地区收入差距的缩小具有重要意义。第一，其会消解低收入群体的地区集中度。第二，通过对中西部地区收入的提高刺激民族地区经济与社会的繁荣，增强民族融合与民族团结。

## 五 建成橄榄型分配格局的政策性建议

通过前文的论述，我们可以知道，要建成橄榄型分配格局，需要从多个制度层面着手，细化收入分配的调节机制。这是一个系统性、整体性、长期性的经济社会政策调控过程。概而言之，可以从以下角度选择政策投入。

### （一）在初次分配中加大劳动者报酬的比重

强化初次分配调控力度的出发点，一方面在于减税，但另一方面还在于调节劳动与资本之间的关系结构，强化劳动者在企业利润中的分配能力。而提升劳动所得的一个必要举措，就是强化工会对其会员的保护能力，建构三方谈判机制，保护劳动者的合法收入，尤其是保护税前列支的社会保险方面的收入。而当务之急，就是加大劳动执法检查力度，提升劳动合同的签订率。在国家财政兜底的情况下，企业职工社会保险的参加率，应该是初次分配与再分配中劳动者能够保障其权益的合法途径。现在，农民工在城镇的社会保险参加率很低，这在一定程度上影响了劳动过程的劳动者所得，使低收入群体难以进入中等收入阶层。社会保险在税前缴纳，这虽然有利于社会保险的扩面工作，但对于那些与企业尚未签订劳动合同的农民工来说，其因为未缴纳社会保险，所以，这就使其在制度上易于陷入个税征收的可能。如果在税前缴纳了社会保险，则其当期现金收入可能降低，但未来的保障则会提升。尽管农民工的平均收入还不是很高，即使发生个税征缴，则征收比例也不会太高，但在社会保险缺位的情况下，作为制度设计，其存在不公平和不公正的地方。另外，在社会保险缴费较高的单位，保险科目的设置与使用，就具有合法避税的意义，只不过这些企业是将当期收入转化为退休收入而已。社会保险缴费越高，避税额就越高，这对某些国有企业上层来说，是一个理所当然获得预期收益的渠道。然而，有些地区还在税前列支企业年金，这有利于企业高层更多获得初次分配，但却在客观上拉大了收入差距，没有调控住高收入阶层的收入。

## （二）建立个人所得税税基随通货膨胀而提升的有效机制

个税征收中，对工资和薪金的课税税基，是以名义工资为基准课税，但却忽略了通货膨胀的影响。而通货膨胀对不同的社会阶层，具有不同的负面影响。收入越低的阶层花在食物方面的开支比重较高，而食物、蔬菜与果品的价格在通货膨胀中往往表现得更高。这就使收入最低的阶层与收入次低层在通货膨胀中遭受更多负面影响。

因此，在通货膨胀率比较低的时候，以货币表现的固定税基，可以长期实施。但在通货膨胀与社会发展比较快的历史时期，如果固化个税税基，并按照名义工资与薪金去征缴个税，那对中等收入阶层生活的改善具有负面影响。在农民工平均名义工资提升到2609元之后，个税的税基就需要进一步提升。

**（三）建立以家庭与个人皆可申报的个税申报体系，让劳动者既可以以家庭为单位也可以以个人为单位选择个税申报**

现在，个税在征收过程中，还没有考虑到家庭老年人口与幼儿人口的影响——对于那些劳动力占比较高的家庭来说，其收入的绝大部分会消费在自己身上。但对家庭中老人与孩子较多的劳动者来说，其还不得不将自己的收入分配给被扶养人口消费，从而使其家庭的人均可支配收入大大降低。这就出现初次分配中收入大体相同的劳动者，在家庭再分配中大大降低了消费水准。所以，个税改革的一个方向，就是以家庭为单位征缴，而不能仅仅以个人为单位征缴。在美国，就同时出台了以个人或以家庭皆可自由申报的个税制度安排以供纳税人选择。

在老龄化越来越严重影响社会的发展时，社会保险不可能完全解决"养老问题"，也不能完全解决"养小"问题。世界主要发达国家的经验说明，家庭成员之间的再分配，可以更加有效地解决收入差距问题。如果青年劳动者选择以家庭为单位申报个税，则同时需要建立退税制度。比如某人如果给自己的父母亲以赡养金，则可以以此来申报退税。为此，就需要尽快建立翔实的个人收入与社会保险信息系统。

**（四）要大力加强社会保险的投入**

中国社会保险投入偏低。即使在最近几年努力强化了民生投入之后，社会保险占GDP的比重也还比较低。根据2013年3月5日，财政部在十二届全国人大一次会议上做的《关于2012年中央和地方预算执行情况与2013年中央和地方预算草案的报告》，在2012年中央预算主要支出执行情况中，社会保障和就业支出为5753.73亿元，完成预算的100.1%，增长了22%。虽然增长很快，但社会保障占财政支出的比重却比较低——大约只占12%。在很多国家，社会保障类支出占据了财政支出的最高比重。现在，欧盟社会保障支出占GDP的比重已经达到30%左右。所以，要形成橄榄型分配格局，就需要加大社会保障投入，让老百姓共享改革开放与社会发展成果。而只有加大这方面的开支，社会保障的再分配功能才能够有效发挥，并通过向低收入阶层——主要是向老年群体和脆弱群体——比如向单亲家庭或疾病困扰家庭的倾斜，缩小收入差距，支持中低收入阶层的生活。

但社会保障的再分配投入，却需要关注不同群体的收入差距问题。现在来看，在城乡居民社会保险合并之后，农村户籍的老年人口的退休金还很低，城市户籍老年人口的退休金稍高。企业职工平均养老金也低于事业单位和公务员的养老金。多轨运行的养老保险体系，在短期内难以弥合制度设计之差距时，可以设想将财政投入用于率先提升居民养老保险。截至目前，企业退休人员的退休金，尤其是退休金较高的那部分人的月退休金数额，与前几年相比，已经有了很大程度的提升。比如说，在2014年，北京市企业职工的退休金平均已经超过了3000元。而就意味着，在北京市至少有三分之一以上的退休人员的退休金已经超过了3500元[①]——这实际已经高于大学生初职工作的工资了，但北京市的居民养老保险却只有几百元。

**（五）继续实施缩小地区收入差距的政策，鼓励中西部地区率先发展**

从过去几年发展经验可以看出，中西部地区国民经济的增长，支持了居民可支配收入的增长。因为东中西部之间的差距还比较大，所以，对中西部地区的支持政策还需要继续。

**（六）提升人力资本，加强中下阶层劳动者的培训力度，扩大中下阶层子女的受教育机会**

前者可以改善劳动者自己的收入，后者可以在社会流动过程中，通过子女一代的努力，降低贫困的代际继承率，给收入较低阶层以改变自己职业地位的机遇。因为初次分配决定收入差距的基础，所以，要形成橄榄型分配格局，就需要在初次分配开始之前，提高劳动者的受教育程度。

---

① http://news.sina.com.cn/c/2014-03-01/024429593022.shtml.

**（七）就业机会的公平公正，是拥有同样人力资本的劳动者是否可以进入其所预期的阶层的前提**

只有理顺就业体制，消除人力之外的不公正影响，才会消除就业的不公平感。在现代社会，如果人们是因为人力资本的差异而居于不同的收入阶层，人们会比较容易接受这些差异所带来的负面影响。但如果这些差距主要来自权力或关系等因素的影响，则人们对收入差距的合法性和合理性会产生怀疑，并产生情感意义的抵触，这就会影响社会稳定。

## 参考文献

中共中央文献研究室编，2008，《十六大以来重要文献选编》（上卷）（中卷），北京：中央文献出版社。

王海涛、谭小军，2008，《日本贫富差距扩大的原因及趋势分析》，《现代日本经济》第4期。

李菁，2009，《日本所得税与社会保障对缩小收入差距的影响》，《涉外税务》第1期。

李实，2012，《理性判断我国收入差距的变化趋势》，光明网，http://www.gmw.cn/xueshu/2012-11/05/content_ 5582848_ 2。

（原载《江苏社会科学》2014年第5期）

# 第十二章　上海中等收入群体的消费和特征

李培林　朱　迪

**摘要**：通过相关全国调查和专题调查数据的分析，本章考察了上海中等收入群体对产业升级、创新驱动、消费拉动以及民生改善的作用。在描述了上海中等收入群体的发展现状和趋势，包括人口规模、变化趋势以及人口特征后，使用数据集中分析了中等收入群体在调整产业结构和启动消费上的重要作用。我们选取中等收入群体比较集中的三个典型产业，通过分析这些产业的发展及其对GDP的贡献，考察其在产业升级和创新驱动上的作用；再通过数据和资料来分析其购买力、消费偏好和消费欲望，考察其对于扩大消费的贡献。此外，还利用主观认同和生活满意度数据来关注中等收入群体的福利，为鼓励中等收入群体的积极性、提高其生活信心提供政策思路，最后对如何发挥中等收入群体的重要作用提出政策建议。

**关键词**：中等收入群体、拉动消费、产业升级、创新驱动

上海是一个凝聚着梦幻历史记忆并代表着中国未来的地方，它正在成为当今世界发展速度最快、最富有活力的国际大都市之一。在这个发展过程中，上海的中等收入群体迅速崛起和壮大，在塑造上海的社会结构、生活方式、消费观念、价值取向等方面发挥着重要的作用。

随着人口结构的深刻变化和产业结构的升级转型，我国低成本劳动力供给的比较优势有所减弱，技术创新和创意经济的重要性凸显，与此同时，长期以来推动经济快速增长的投资和出口开始走弱，国内消费促进经济增长的作用越来越大。在这个过程中，迅速壮大的中等收入群体，扮演着非常重要的角色。

"扩大中等收入者比重"是党的十八大报告提出的重要目标，这不仅是一个调整社会结构和收入分配格局的社会目标，也是一个适应经济新常态，促进大众消费，推动经济持续稳定增长的经济目标。

本章依据对相关全国调查和专题调查数据的分析，考察上海中等收入群体对产业升级、创新驱动、消费拉动以及民生改善的作用。本章首先描述上海中等收入群体的发展现状和趋势，包括人口规模、变化趋势以及人口特征。然后使用数据集

第十二章 上海中等收入群体的消费和特征　369

中分析中等收入群体在调整产业结构和启动消费上的重要作用。一方面，选取中等收入群体比较集中的三个典型产业，通过分析这些产业的发展及其对 GDP 的贡献来考察中等收入群体在产业升级和创新驱动上的贡献；另一方面，通过数据和资料来分析中等收入群体的购买力、消费偏好和消费欲望，考察中等收入群体对于扩大消费的贡献。本章也从主观认同和生活满意度的方面关注中等收入群体的福利，为鼓励中等收入群体的积极性、提高中等收入群体的生活信心提供政策思路。本章结尾将在数据分析的基础上就如何发挥中等收入群体的重要作用提出政策建议。[①]

## 一　中等收入群体的规模和发展趋势

在描述中国社会中间阶层的状况时，"中等收入群体"和"中产阶层"是两个经常被提到而又存在争议的概念。2005年，国家统计局将"中等收入群体"定义为家庭年收入在6

---

① 本章数据来源主要有：(1) 国家统计局分别在 2000 年 11 月 1 日零时和 2010 年 11 月 1 日零时为标准时点进行的第五次和第六次人口普查（文中简称"五普"和"六普"）数据。(2) "社会发展与社会建设全国调查"，由上海大学上海社会科学调查中心于 2012 年 8 月至 2013 年 5 月间在上海、广东、吉林、河南、甘肃以及云南六省市实施的大型问卷调查。调查抽样按照多阶段随机抽样的原则，总计获得 5745 份有效城乡问卷，其中上海样本为 1050 个。(3) 2015 年"特大城市居民生活状况调查（上海卷）"，由中国社会科学院、上海大学和中山大学共同主持，本报告使用的是第一阶段总体抽样的数据，从上海市随机选取 50 个居委会，每个居委会完成 20 份问卷，约 1000 个上海居民的样本。

万—50万元的"中等收入家庭",并估计中等收入群体家庭的比例为5.4%[①]。李培林、朱迪(2015)认为中等收入者应该是收入处于中等水平、生活较宽裕的人群,使用收入分位值的指标,将其收入上限定义为城镇居民收入的第95百分位(含),收入下限定义为城镇居民收入的第25百分位,基于中国社会状况调查数据,得到2013年我国中等收入者占城镇居民的25%。

中等收入群体主要使用收入的指标,考察一个社会的收入分配和贫富差距问题。中产阶层则是一个更深入揭示社会结构的概念。社会学家大多倾向使用能够体现劳动力市场中所处地位的职业指标(陆学艺,2002;刘欣,2007;李友梅,2005),或者建立在职业的基础上并综合教育和收入的测量尺度(周晓虹,2005;吕大乐、王志铮,2003;李培林、张翼,2008)。

我们认为,构建一个以职业为基础、较为综合的测量中等收入群体的指标对于转型中的社会还是比较恰当的。本章将中等收入群体定义为"白领"中具有一定专业技术或者管理权限的收入较高的人群,将"白领"定义为脑力劳动者和半体力劳动者。按照人口普查使用的职业代码表,白领包括国家机关、党群组织和企事业单位负责人、专业技术人员、办事人员和商业服务业人员。根据"六普"数据,2010年上海的"白领群

---

① 搜狐新闻中心:http://news.sohu.com/20050119/n224006776.shtml。

体"占就业人口的62%,比2000年"五普"的比例提高了12%(见图12-1)。从2000年至2010年,四类白领职业占就业人口的比例都有所提高,其中商业服务业人员的比例增加最显著,由22%增长到29%。上海白领阶层的壮大反映了居民受教育程度的提高、第三产业尤其是商业服务业的发展以及产业结构整体的调整。

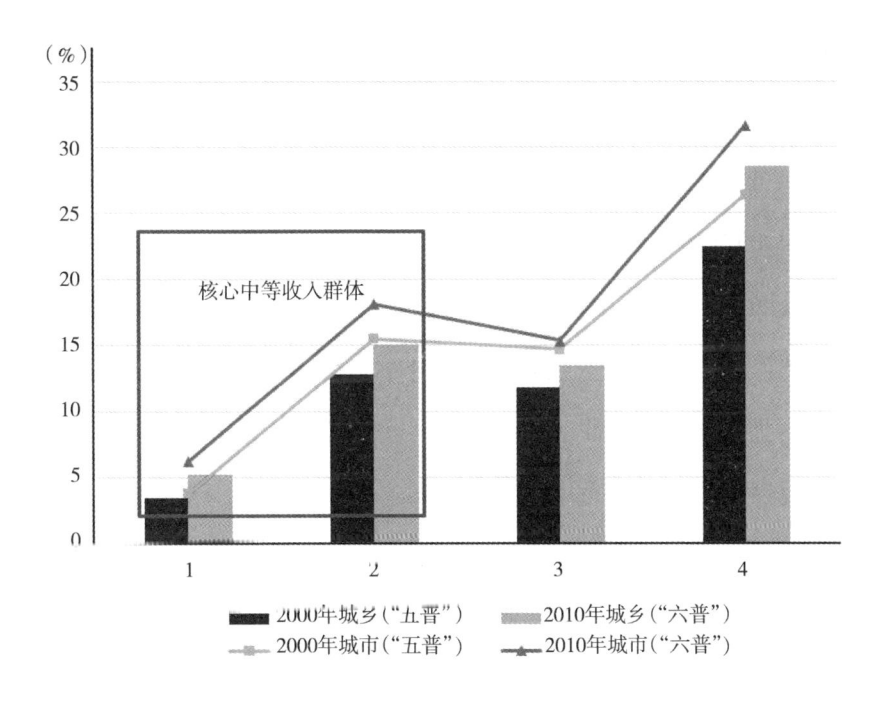

图12-1 上海白领和核心中等收入群体占就业人口比例的发展趋势

注:1表示国家机关、党群组织和企事业单位负责人;2表示专业技术人员;3表示办事人员和有关人员;4表示商业服务业人员。

在白领阶层中，国家机关、党群组织和企事业单位负责人和专业技术人员是两个"精英"群体，可以称为管理精英和专业精英。这两个群体属于"核心中等收入群体"。"六普"数据显示，上海的核心中等收入群体占就业人口的20%，而2000年"五普"时该比例为16%。在上海的市辖区，企事业单位机关更为集中、商业服务业更为发达，白领和中等收入群体也更为集中。2000年上海市辖区白领占就业人口的60%，到2010年上升至71%，核心中等收入群体由2000年的19%上升至24%。市辖区的白领阶层中，商业服务业人员的规模增长也较为显著，由2000年的26%增长至2010年的32%。

然而，与北京相比，上海的白领和核心中等收入群体的规模稍小。2010年"六普"数据显示，上海的白领占就业人口的比例为62%，而北京为73%；上海的核心中等收入群体占就业人口的20%，而北京为24%。在市辖区，上海的白领占就业人口比例为71%，而北京为82%；上海的核心中等收入群体占就业人口的24%，而北京为27%。

图12-2显示了具体的差异。可以看出，北京在三类白领职业的人口比例上都高于上海，上海仅在城市地区的国家机关、党群组织和企事业单位负责人的人口比例上较高，但是这部分管理精英只占就业人口极小的比例。上海和北京的白领比例差异最主要的是专业技术人员的比例。这部分专业精英无论

第十二章 上海中等收入群体的消费和特征 373

从人口规模、受教育程度还是生活方式和文化引导方面都是中等收入群体的中坚人群，对于扩大消费、创新驱动和经济转型升级都有重要的意义。

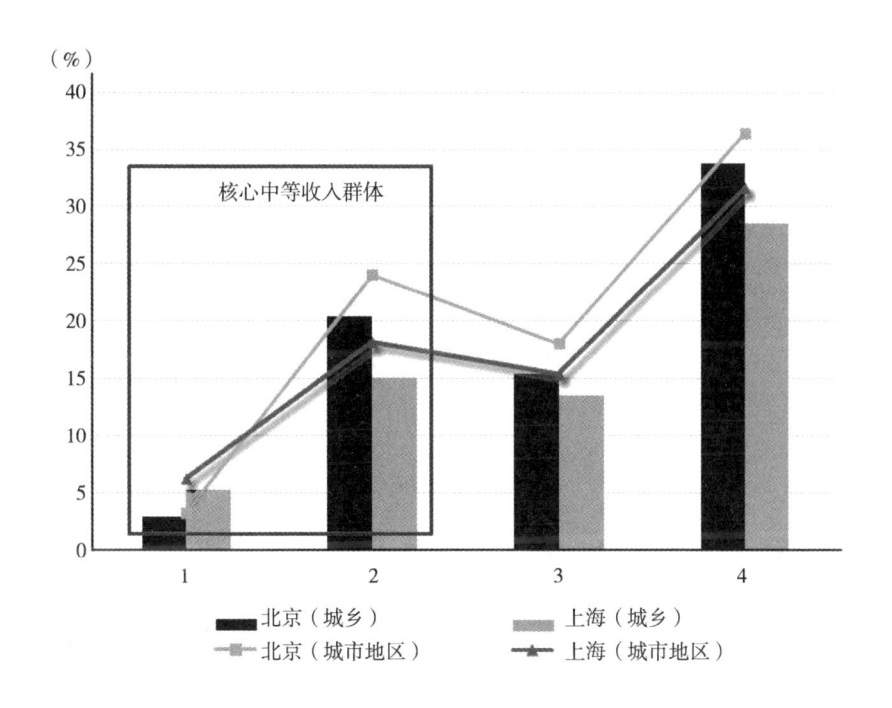

**图 12-2 上海和北京白领及核心中等收入群体占就业人口的比例（2010 年）**

注：1 表示国家机关、党群组织和企事业单位负责人；2 表示专业技术人员；3 表示办事人员和有关人员；4 表示商业服务业人员。

上海和北京在白领和中等收入群体规模上的差异，与人口结构、受教育程度和第三产业的发展有直接关系。首先，北京的就业人口城市化率稍高，城市就业人口占总就业人口的

78%，而上海的该比例为74%，而城市就业人口中有更高比例的人群从事白领职业。其次，北京人口结构比上海年轻，北京15—59岁的人口比例为79%，而上海为76%，15—59岁是最有可能就业的年龄组，也更可能产生更高比例的中等收入者。再次，北京城乡人口中受教育程度在大专及以上（大学专科、大学本科和研究生）的占39%，而上海的该比例仅为28%，当然这也同大量的高等教育资源集中在北京不无关系。最后，北京的第三产业发展程度更深，2014年北京第三产业占GDP比重达到77.9%，上海第三产业占GDP的比重为64.8%，而第三产业集中了更多的白领和中等收入群体。

根据2013年上海、兰州、广州、郑州、长春、昆明六城市市辖区调查数据，六城市市辖区城镇家庭人均年收入为27458元。如果将家庭人均年收入27458元作为衡量普通白领是否属于中等收入群体的收入标准，六市的中等收入群体占全部人口的32%，上海的中等收入群体占本市人口的47%；如果只考虑就业人口，六市的中等收入群体占37%，上海的中等收入群体比例则达到55%。调查也显示，上海的城镇家庭人均年收入为34400元。假设一个由夫妻双方和一个未成年子女组成的核心家庭，家庭总收入要达到10万元以上并且夫妻两人至少有一位从事白领职业才能跻身中等收入群体。如果以家庭年人均收入34400元作为衡量普通白领是否属于中等收入群体的收入标准，那么上海市民中42%属于中等收入群体，就业人口中

49%为中等收入群体。

调查数据显示，上海的中等收入群体发展走在全国城市的前列，就业人口中接近一半为中等收入群体。这个结果也同很多研究发现一致。社会学家仇立平比较分析了改革开放30多年来（1982—2010年）上海社会阶层结构形态变迁图，发现上海的社会阶层结构变化由当初的"土字型"金字塔结构逐步变为比较标准的、丰满的金字塔型[1]，社会学家卢汉龙也认为"本地户籍的上海人口中肯定有超过二分之一的人群可以属于中等收入群体"[2]。

因为上海高收入群体和低收入群体的比例相对较小，如果按照家庭人均年收入34400元的标准，将高于此收入标准的统一划入中等收入群体，将低于此标准的统一划入中低收入群体，中等收入家庭的人均年收入是中低收入家庭的两倍多，分别为51709元和22119元。中等收入群体的受教育水平显著高于中低收入群体，中等收入群体中受教育程度为大专及以上的比例为64%，而中低收入群体中该比例仅为16%。中等收入群体目前或者最后工作的职业集中在一般专业技术人员（40%）、企事业单位中高层干部或管理人员（17%）和中高级专业技术人员（15%），这些属于管理精英或者专业精英的

---

[1] 中新网：http://finance.chinanews.com/cj/2014/09-18/6607201.shtml。
[2] 东方早报：http://epaper.dfdaily.com/dfzb/html/2012-08/07/content_658091.htm。

职业范畴；而中低收入群体目前或最后工作的职业集中在一般工人（36%）和商业服务业人员（24%），其中商业服务业人员的最高教育程度集中在初中和高中/职高/中专/技校，占75%，最高教育程度为大专和本科的占13%。这种职业分布反映了上海的中等收入群体发展中商业服务业人员的缺失，该部分人群很大程度上受到教育水平的限制，从而工作和收入都不太稳定，难以进入中等收入群体的队伍。但是由于工作环境、职业文化等，他们具有一定向上流动的动机和机会，上海应当采取措施增加这部分人群的继续教育机会和工作机会、提高他们的工作稳定性，这部分人群的成长可以壮大中等收入群体。

## 二 中等收入群体对产业结构调整的贡献

绝大部分中等收入群体具有较高的受教育水平，这使得他们能够从事专业技术含量较高或者新兴产业的工作，这些职业和行业的特质增强了他们的不可替代性，从而提高了他们工作的稳定性，而这些专业技术含量较高的工作和新兴产业又为调整产业结构、推动经济发展做出了重要贡献。

相对于第一产业和第二产业，以服务业为主导的第三产业集中了更高比例的中等收入群体。2012年，上海第三产业增加值占GDP的比重首次超过60%的重要水平线，标志着上海进入了以服务经济为主的发展阶段。2014年，第三产业增加值占

# 第十二章　上海中等收入群体的消费和特征

全市生产总值的比重达到 64.8%。① 本章选取三个典型的产业——文化创意产业、金融业和信息产业，讨论中等收入群体对经济发展的贡献。这三个产业既属于现代服务业也是推动自主创新的产业，聚集了大量的中等收入群体，同时对上海经济增长也具有重要贡献。2013 年，文化创意产业增加值、金融业增加值、信息服务业增加值占上海全市 GDP 的比重分别为 11.83%、13.1% 和 6.4%。②

李克强总理在 2014 年的政府工作报告中提出，要"促进文化创意和设计服务与相关产业融合发展"，使其成为"支撑和引领经济结构优化升级"的重要举措，并首次提出"文化产业增加值增长 15% 以上的目标"③。

在文化创意产业的发展方面，上海走在全国的前列，较早地兴建和发展了一批文化创意产业园区，培育了一批自主创业的企业和新兴的产业，为优化产业布局、促进产业融合发挥了重要的作用。根据《上海市文化创意产业分类目录》的分类，2012 年上海市文化创意产业中，软件与计算机服务业、建筑设计业、咨询服务业经济规模较大，占文化创意产业增加值比重

---

① 上海市统计局：http://www.stats-sh.gov.cn/xwdt/201501/276502.html。
② 东方网、上海金融业联合会：http://finance.eastday.com/m/20141216/u1a8492442.html；http://sh.eastday.com/m/20140910/u1a8331777.html；http://www.shfa.org.cn/。
③ 中华人民共和国中央人民政府：http://www.gov.cn/guowuyuan/2014-03/05/content_2629550.htm。

分别为17.4%、13.3%和11.3%（合计占42%）。①

表12-1 2012年上海文化创意产业分行业总产出、增加值及其增长情况

| 行业 | 总产出（亿元） | 增加值（亿元） | 增加值比上年增长（%） |
| --- | --- | --- | --- |
| 总计 | 7695.36 | 2269.76 | 10.8 |
| 文化创意服务业 | 6803.14 | 1973.07 | 11.0 |
| 媒体业 | 433.39 | 143.82 | -4.7 |
| 艺术业 | 201.05 | 67.25 | 15.4 |
| 工业设计业 | 527.29 | 196.54 | 15.3 |
| 建筑设计业 | 1235.63 | 301.93 | 11.8 |
| 时尚创意业 | 768.46 | 143.52 | 4.4 |
| 网络信息业 | 216.33 | 96.46 | 5.8 |
| 软件与计算机服务业 | 1138.65 | 395.33 | 10.4 |
| 咨询服务业 | 789.40 | 256.97 | 19.7 |
| 广告及会展服务业 | 887.09 | 214.67 | 16.0 |
| 休闲娱乐服务业 | 605.84 | 156.58 | 10.6 |
| 文化创意相关产业 | 892.23 | 296.69 | 9.4 |

从文化创意产业总体来看，发展势头良好，产业增加值的增幅明显高于同期GDP的增幅，在上海国民经济中的比重逐步提高，对上海经济增长以及产业结构调整转型的贡献越来越显

---

① 中国上海网：http://www.shanghai.gov.cn/shanghai/node2314/node2319/node12344/u26ai36199.html。

著。2012年,实现总产出7695.36亿元,比上年增长11.3%,实现增加值2269.76亿元,按可比价格计算,比上年增长10.8%,高于全市GDP增幅3.3个百分点,占全市GDP的比重为11.29%,比上年提高0.42个百分点;对上海经济增长的贡献率达到20.2%。[1] 2013年,实现总产出8386.21亿元,比上年增长8.7%,实现增加值2555.39亿元,增长8.3%,增速比全市GDP快0.6个百分点,占全市GDP的比重为11.83%;对经济增长的贡献率为14.4%。在文化创意十大产业中,有六大产业增速保持两位数增长:分别是网络信息业、软件及计算机辅助设计业、咨询服务业、建筑设计业、工业设计业以及艺术业。[2]

文化创意产业的从业人员大多接受过良好的教育,部分具有较高的专业技术水平。上海市委宣传部人才办于2014年主持了"海漂"人才的调研。"海漂"指的是非上海户籍,在上海生活和工作的人群。来自上海24个文化产业园区、逾5000个样本的统计显示,在从事文化创意产业的"海漂"中,男性人数是女性的1.7倍,30岁及以下的人群占71%,40岁以下的人群占96%。这群"海漂"绝大多数接受过高等教育,本科及以上的人群占76%,如果把大专学历也算作高等教育,那

---

[1] 中国上海网:http://www.shanghai.gov.cn/shanghai/node2314/node2319/node12344/u26ai36199.html。

[2] 东方网:http://finance.eastday.com/m/20141216/u1a8492442.html。

么"海漂"中接受过高等教育的人群占到93%。在拥有职称的"海漂"中,拥有中级和高级职称的占到了30%。因此,以"海漂"人群为例,我们看到文化创意产业从业人员绝大多数接受过高等教育,一定比例也拥有专业技术,从文化资本的角度该群体中大部分属于中等收入群体。这部分接受过高等教育或者具有专业技术的人群随着工作经验的增长,收入水平和工作机会也稳步增长,是壮大中等收入群体的重要人力资源。同时,他们的智力贡献也推动了文化创意产业的发展,预计2014年文化创意产业的增加值占上海全市GDP的比重将达12%左右[1],这一产业逐步壮大成为上海经济的支柱产业,为经济结构转型做出了重要贡献。

"十二五"期间,以金融、现代物流、信息技术服务等为代表的现代服务业在上海迅速崛起,在国民经济中所占比重持续上升。2014年,金融业增加值3268.43亿元,增长14%[2];金融业增加值对GDP的贡献率为13.1%。[3] 2013年,信息产业增加值2216.09亿元,比上年增长10.8%,其中信息服务业增加值1387.88亿元,增长15.1%[4];截至2013年底,信息产业总规模达到1.09万亿元,其中软件和信息服务业收入达到

---

[1] 东方网:http://finance.eastday.com/m/20141216/u1a8492442.html。
[2] 上海市统计局:http://www.stats-sh.gov.cn/xwdt/201501/276502.html。
[3] 《2013上海金融景气指数报告》:http://www.shfa.org.cn/。
[4] 上海市统计局:http://www.stats-sh.gov.cn/sjfb/201402/267416.html。

4317亿元，信息服务业增加值占全市GDP比重达到6.4%。"十二五"期间，金融业和信息服务业的蓬勃发展推动上海的产业结构进一步优化。

截至2013年底，上海共有金融从业人员30.86万人。"十二五"期间，年均增幅达8.7%，预计到2015年末，将有32万人。[1] 根据上海金融业联合会和罗兰贝格管理咨询有限公司联合发布的《2013上海金融景气指数报告》，金融从业人员平均工资水平17.2万元，高等学历比例近60%。[2] 而2011年由上海市金融工会对1037名职工的问卷调查显示，金融业职工中大专以上学历占78.36%，信息服务业职工的受教育水平更高，大专以上学历的达90.3%。[3] 由于调查总体的差异，这些数据可能存在误差，但都指向了金融业和信息服务业集中了高比例的白领和中等收入群体这一事实，该群体为上海的产业结构升级、创新驱动贡献了智慧和知识。

## 三 中等收入群体对拉动消费的贡献

同需求较为饱和的高收入群体比起来，中等收入群体的消

---

[1] 上海金融人才网：http://www.shfhr.com/detail.jsp?main_colid=212&top_id=146&main_artid=7665。
[2] 《2013上海金融景气指数报告》：http://www.shfa.org.cn/。
[3] 上海金融网：http://sjr.sh.gov.cn/shjrbweb/html/shjrb/jrgh_ghcyfgwj_jrghwj/2011-10-19/Detail_70190.htm。

费弹性更大，包括一些刚性需求和更高层次的发展和享受的需求；同低收入群体比起来，中等收入群体的购买力更高，消费意愿也更强烈。从这个意义上来讲，中等收入群体是拉动消费的重要力量。随着人民群众家庭收入的普遍增长和家庭财富的积累，消费能力也不断提高，以中等收入群体为主体的大众消费，成为扩大内需、转变经济发展方式的重要驱动力。

李克强总理在2014年10月的国务院常务会议上强调，消费是经济增长的重要"引擎"，是我国发展的巨大潜力所在，并强调要重点推进六大消费领域：信息消费、绿色消费、住房消费、旅游休闲消费、教育文体消费和养老健康家政消费。[①] 根据现有数据，本章将从住房、汽车、教育、文化休闲以及绿色消费等领域分析上海的中等收入群体在拉动消费方面的作用和潜力。

上海城市中等收入群体对自身经济情况的评价总体较优越，65%的中等收入家庭认为在过去的一年里"有余额可储蓄"。2014年，上海城市中等收入家庭年支出为114917元，远高于全部家庭平均支出79266元。就支出构成来看，如图12-3所示，中等收入家庭与中低收入家庭的显著差异主要体现在服装配饰、旅游健身、教育和住房，说明了中等收入群体在这些领域较强

---

① 中华人民共和国中央人民政府网：http://www.gov.cn/guowuyuan/2014-10/29/content_2772258.htm。

的消费欲望和潜力。

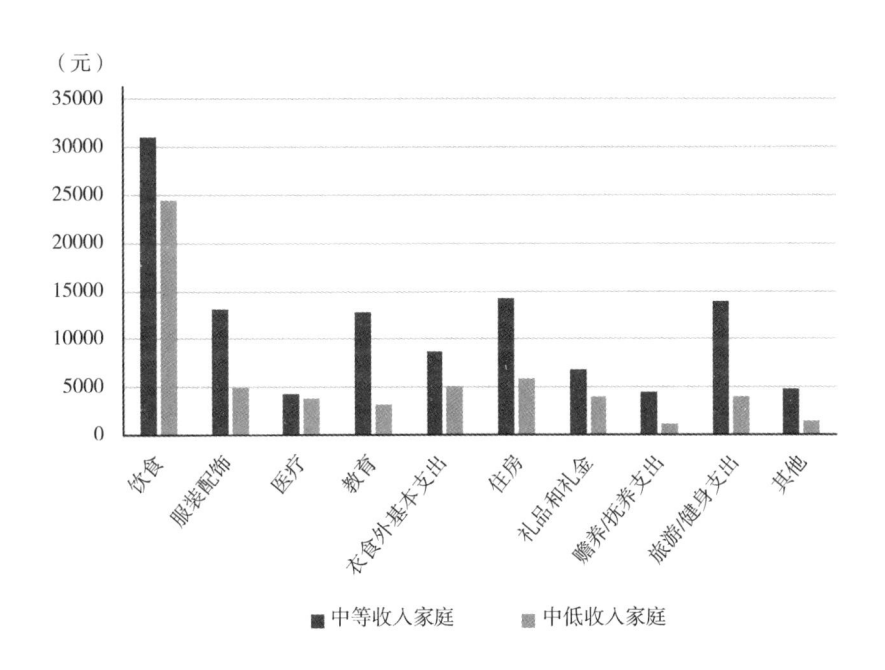

图 12-3 上海中等收入家庭和中低收入家庭的支出构成（2014年）

上海的商品房市场比较发达。根据"六普"数据（见图 12-4），上海城市地区购买商品房和二手房的比例都高于北京城市地区，购买商品房的比例为29%，购买二手房的比例为7%，而依赖社会福利和单位体制获得住房的来源比例较低，比如购买经济适用房的比例几乎可以忽略不计，购买原公房的比例为18%，低于北京22%的比例。较发达的商品房市场有利于充分的市场竞争。一旦房价回归合理范围，将会有更多消费者进入市场，中等收入群体改善住房、中低收入群体满足刚需，这些消费需求都将被带动，从而促进房地产市场的健康繁荣发展。

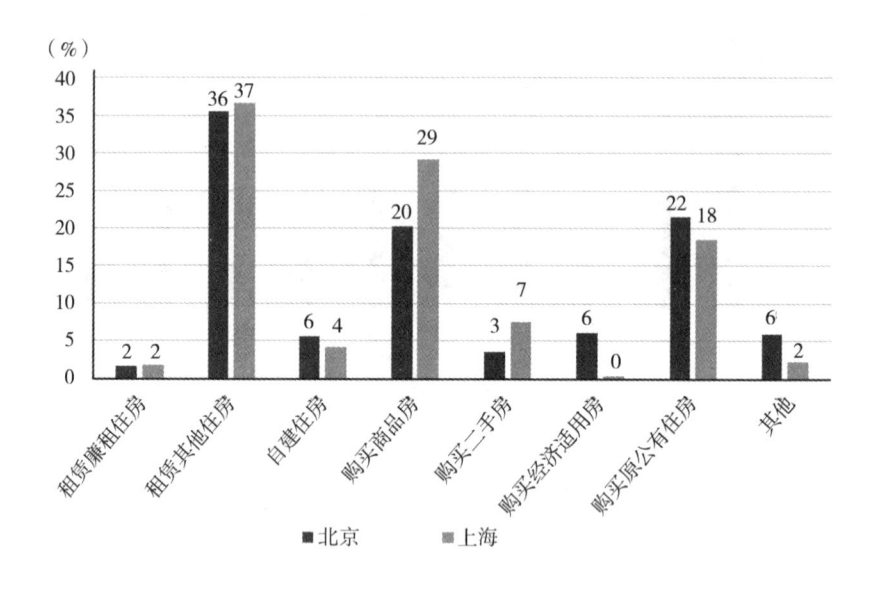

图 12-4　北京和上海城市地区的住房来源（"六普"数据）

调查显示，上海城市居民家庭中，57%的家庭以购买商品房或经济适用房的方式拥有自己的房子，31%的家庭租住公房、私房或者借住他人住房，11%的家庭依靠福利或者体制的因素获得自有住房（包括拆迁、单位分配、单位集资建房等）或者住在单位宿舍。中等收入家庭获得自有住房的市场化因素较高。如图 12-5 所示，中等收入家庭购买商品房的比例达到

65%，依靠福利或体制因素获得自有住房的比例仅为7%；此外，租住私房的比例也较高，占20%。2015年上海的调查数据显示，在自购住房的中等收入家庭中，绝大多数（97%）都是通过市场途径购买，而非政府提供的经济适用房。

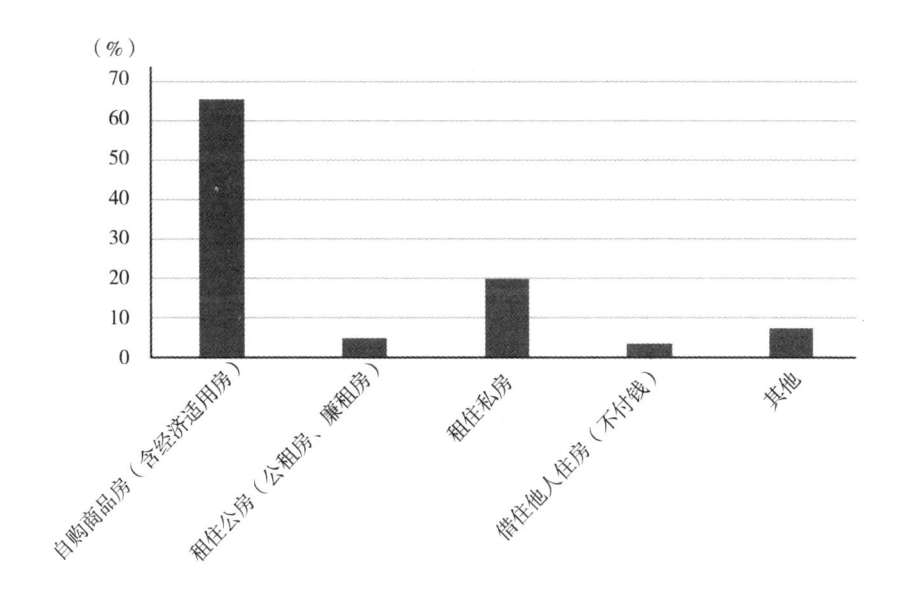

图 12-5　上海中等收入家庭当前居住的住房性质（2014年）

当前居住在自有住房（自购商品房或者经济适用房）的中等收入家庭中，建筑面积平均85平方米，使用面积平均39平方米，一半家庭居住的建筑面积在80平方米及以下或者使用面积在69平方米及以下。假设有一个未成年子女的三口家庭，居住在建筑面积80平方米的房子中，仅算解决了刚需，如果还与帮忙照顾孩子的老人同住，居住状况则更紧张，谈不上优越的生活条件。有32%的中等收入群体认为居住面积太小，17%的中等收入群体认为建筑质量有问题，22%的中等收入群体对居住条件非常不满意或比较不满意。而中等收入家庭具有一定的首付能力，家庭资产（储蓄、股票、收藏品、有价证券、股份、企业、店面等）平均30万元，10%的家庭资产在70万元及以上。因此，这些对居住状况不满意同时具有一定支付能力的中等收入家庭构成了刚性或者改善性的需求，对于住房市场的增长有着重要启示。但是，由于收入增长的速度、社会保障和配套没有跟上，居民没有足够的信心和安全感，使得住房投资或消费的计划具有极大的风险性，这是中等收入群体犹豫是否改善居住条件的重要原因。

上海城市家庭拥有家用汽车的比例为31%，中等收入家庭拥有家用汽车的比例则为50%，而且中等收入家庭拥有两辆家用汽车的比例也较高。有趣的是，上海城市家庭的家用汽车价格（购买时）平均高达21万元，并且阶层差异不显著，中等收入家庭的购车价格平均在22万元，中低收入家庭的购车价格也在20万元。一方面说明了上海的城市居民普遍比较富裕，另一方面也可能与牌照拍卖等制度性因素有关，截至2015年1月上海的私家车牌照价格平均74216元[1]，价格机制筛选出了

---

[1] 东方网：http://sh.eastday.com/m/20150131/u1ai8562563.html。

购车需求强烈的消费者，因而对私家车的档次和价位都有一定要求。

　　子女的教育和生活费用在中等收入家庭和中低收入家庭中都非常重要，占家庭总支出的比例都为22%。但是，中等收入家庭的子女花费更高，平均支出25389元，高于中低收入家庭的15680元。相比中低收入家庭，中等收入家庭更重视孩子的文化娱乐和科普活动。中等收入家庭子女的书籍平均65本，高于中低收入家庭子女平均42本的藏书量。中等收入家庭的孩子在14岁以前偶尔或经常参加文化娱乐活动的比例更高，占83%，而中低收入家庭的孩子参加这些活动的比例为76%。文化娱乐活动包括去现场观看童话剧木偶剧和神话剧、现场观看传统戏曲（如京剧等）、参观艺术展览、参观博物馆、参加各类艺术活动（音乐、舞蹈、绘画、书法等）。中等收入家庭的孩子在14岁以前偶尔或经常旅游的比例也稍高，为70%，中低收入家庭的孩子旅游的比例为64%。参加科普活动的阶层差异较显著。中等收入家庭的孩子在14岁以前偶尔或经常参加各类科普活动（如航模、船模、天文、气象等）的比例为41%，而中低收入家庭的孩子该比例仅为23%。

　　中等收入家庭的父母也更热衷让孩子参加补习班或请补习老师，占到45%，而中低收入家庭的该比例为38%。由此可见，中等收入群体的父母从子女的学业教育到课余兴趣爱好都更愿意投资，而且教育和生活的支出更高，说明了中等收入群体在教育投资方面的消费潜力。

在文化休闲消费方面,中等收入群体也是生活方式的引领者。文化创意园区不仅对文化创新能力的提高和产业升级有重要意义,也是城市旅游休闲的新地标。目前,上海已经拥有8号桥、M50、1933老场房、老码头等几十家文化创意园区。根据上海市统计局社情民意调查中心的调查[1],高学历群体对于文化创意园区更有兴趣、参与程度更深。首先,高学历者对文化创意园区的了解程度要高于低学历者。高学历群体的知晓率为45.4%,比低学历群体的知晓率高出18.7个百分点。其次,高学历者的参观访问更频繁。在过去的一年中,高学历群体表示去过文化创意园区的比例为26.7%,比低学历群体高出7.5个百分点。至于不去或少去光顾的原因,高学历群体和高收入群体选择的第一原因都是"没有时间"。

中等收入群体也比较热衷外出旅游,但缺少时间或假期也是制约中等收入群体旅游消费的重要客观原因。国家统计局上海调查总队于2014年10月至11月通过"上海发布""中国上海"和"上海统计"等网站平台,开展了上海职工带薪休假及外出旅游情况问卷调查。[2] 调查发现,中高收入人群和外资合资企业员工外出旅游的热情最高。月收入8001元以上的中高

---

[1] 上海市统计局网:http://www.stats-sh.gov.cn/fxbg/201207/245563.html。
[2] 上海市统计局网:http://www.stats-sh.gov.cn/fxbg/201412/275484.html。

收入者近三年外出旅游的比重达到88%，而月收入3000元以下的职工中这一比例为61%。外资合资企业的受访职工中，有84.1%的近三年曾自费外出旅游，第二为国有企业（82.4%），第三是事业单位（77.2%），私营企业和政府机关职工外出旅游比重均为70%左右。而近三年未外出旅游的首要原因是缺少假期。月收入8001元以上的中高收入者中有66.7%的表示由于缺少假期无法外出旅游，高于平均值20个百分点。

2015年上海居民调查显示，除去工作学习、路途交通、家务、照顾家人和睡眠的时间，中等收入群体在工作日的休闲时间平均为3小时，在非工作日的休闲时间有所增长，平均为5小时，与中低收入群体的差异并不显著。

虽然休闲时间非常有限，中等收入群体对文化休闲消费仍然显示出了比较大的热情。中等收入群体每年平均两次在国内自费旅游，每两年平均有一次到海外（包括港澳台）旅游。在过去的12个月里，中等收入群体平均阅读13本书，中低收入群体的阅读量显著较低，平均5本书。在阅读品位上，中等收入群体偏爱思想性的、具有一定深度的书籍。对于最喜欢的书籍类型，中等收入群体选择人文社科艺术类书籍的比例最高，占32%，显著高于中低收入群体的比例。不论哪种音乐类型，中等收入群体愿意去现场欣赏的比例基本都高于中低收入群体，反映了中等收入群体对文化消费普遍较高的热情，如图12-6所示。流行音乐都是中等收入群体和中低收入群体最愿意去现场欣赏的音乐类型。特别地，中等收入群体更愿意去现场欣赏古典音乐和轻音乐，分别占23%和15%，显著高于中低收入群体的比例。

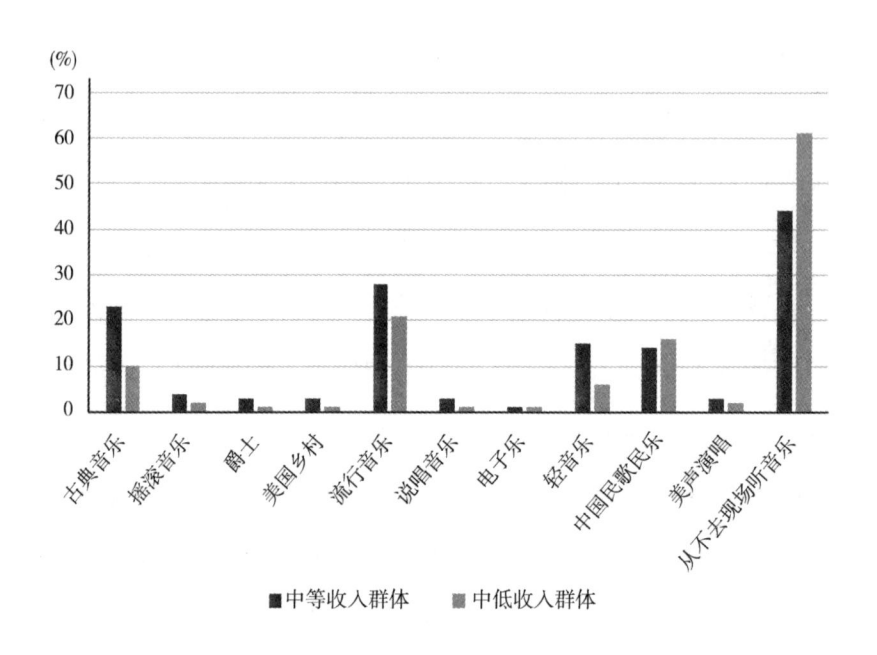

图12-6　上海居民去现场欣赏音乐的偏好（2014年）

由于工作压力大、生活节奏较快等原因，上海居民普遍健身的频率不高，分别有35%和43%的中等收入群体和中低收入群体基本没有健身活动。在健身的人群中，中等收入群体的健身频率低于中低收入群体，集中在每周1—2次而已。

中等收入群体的日常穿衣具有独特的品位。相比中低收入群体，中等收入群体更强调符合身份和品牌的选择，而对价格、实用性等因素不那么看重。如图12-7，"舒适"对于中等收入群体和中低收入群体的日常穿衣都比较重要，分别有71%和62%的中等收入群体和中低收入群体选择此项。差异在于，29%的中等收入群体强调"符合身份"的穿衣风格，13%的中等收入群体也强调"偏好一定的品牌"，而中低收入群体更强调"便宜实惠"（32%）、"耐穿实用"（40%）以及"穿什么都无所谓"（12%）。

穿衣风格的差异说明着装已经成为中等收入群体构建身份认同和独特文化比较重要的媒介。以着装为例，中等收入群体对于奢侈品的价格标准远高于中低收入群体。认为一件衣服在2000元以上或5000元以上才称得上是奢侈品的中等收入群体分别占25%和30%，而中低收入群体持此想法的分别只占12%和11%；相反，中低收入群体眼中的"奢侈品"则集中在300元以上、500元以上和1000元以上，分别占19%、25%和28%。在实际购买行为中，中等收入群体购买的"奢侈品"价格也高于中低收入群体。2014年，中等收入群体家庭购买的最贵奢侈品单品占家庭月收入大约61%，而中低收入家庭所购买的最贵奢侈品单品平均占家庭月收入的比重大约32%。一方面由于中等收入家庭的月收入较高，从而可以推断所购买的奢侈品价格也比较高；另一方面也可以看出，中等收入群体愿意花费更高比例的家庭收入购买奢侈品，这种更强烈的消费欲望与更丰富的经济资源以及对生活更乐观的预期有很大关系。

## 下篇　中产阶层

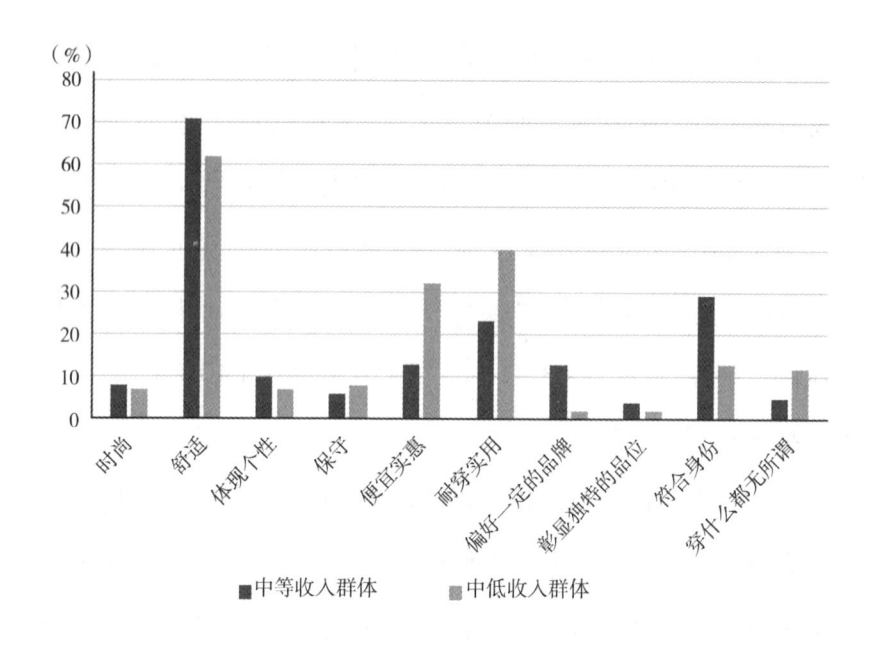

图12-7　上海居民日常穿衣的偏好（2014年）

绿色消费既有利于环境的可持续发展，也创造和扩大了消费需求，为经济发展提供了更持续的动力。数据分析发现，上海中等收入群体在绿色消费方面表现非常活跃。如图12-8所示，分别有超过50%的中等收入群体经常去大型超市购买食材、经常食用绿色食品、不吃转基因食品，还有显著更高比例（36%）的中等收入群体经常食用进口品牌的食品，进口品牌的食品意味着更高的食品安全标准和更优质的加工工艺，因而受到中等收入消费者的信赖。调查显示出中等收入消费者对于食品消费的更高要求，愿意为安全优质、绿色健康的食品花费更多，反映了中等收入群体在绿色食品消费方面具有很大潜力。

## 第十二章 上海中等收入群体的消费和特征

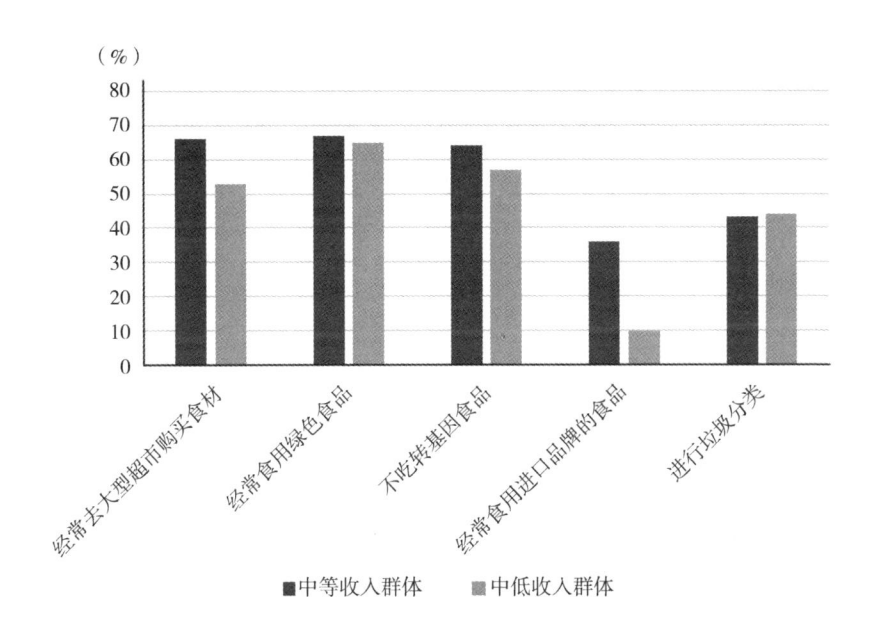

图 12-8 上海居民的绿色消费习惯（2014 年）

虽然中等收入群体对绿色食品消费有较强的欲望，但是对待另一种可持续消费——新能源汽车的态度却有些保守。25%的中等收入群体在未来两年打算购买新的私家车，但是其中只有24%的消费者会考虑购买新能源汽车。调查显示，政府有关新能源汽车推广政策中比较关注的价格因素并不占重要地位，更重要的在于使用中的一些因素。图12-9描述了中等收入群体不购买新能源汽车的主要原因。位居首位的是加气或者充电不方便，63%的中等收入群体选择此项；其次是不太了解这种车，31%的中等收入群体选择此项；再次是性能不好，19%的中等收入群体有此顾虑；而价格不实惠的因素仅占16%。研究发现的启示在于，要想更好地推广新能源汽车，首先应当加强相关基础设施的建设和维护，并且积极研发相关技术以提高新能源汽车的实用性，从而吸引更多的消费者关注和购买。

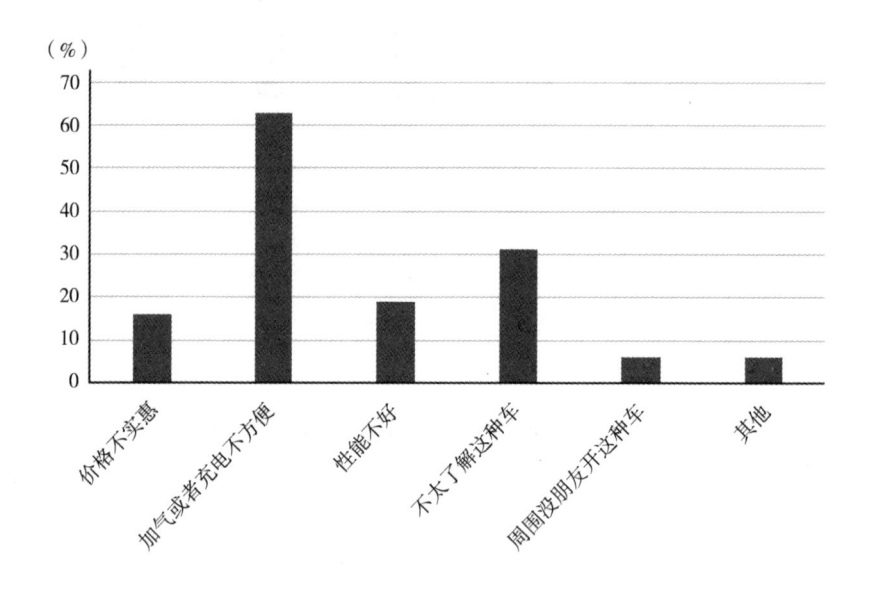

图 12-9　上海中等收入群体不购买新能源汽车的主要原因（2014 年）

上述分析反映了中等收入群体较强的经济实力和消费欲望以及更丰富多元的生活方式，他们更频繁地参与文化、娱乐和休闲消费，更愿意在子女教育、文化品位、休闲旅游和绿色消费方面投资。因此，中等收入群体在启动消费、扩大内需方面的作用值得重视。但是，分析也揭示了他们所面临的经济压力和时间压力。中等收入群体大都工作压力较强，在常规的工作、休息和照顾家庭的时间之外，难得有时间进行以提高生活质量为目的的文化休闲活动。因此，要想提高中等收入群体文化休闲消费的积极性，应当合理安排或适当增加公众假期，同时鼓励企业增加中等收入群体，尤其是需要照顾孩子的女性安排工作时间的自由度。

在时间压力之外，经济压力更为显著。中等收入家庭的年住房支出（包括购房、建房、租房和还房贷）平均为20158元，而在有该项支出的样本中，中等收入家庭的年住房支出上升至平均46633元，说明无论租房还是购房，上海的中等收入家庭在2011年平均支出近5万元，在家庭总支出中占17%。中低收入家庭的住房支出虽然比较低，为11403元，但也在家庭总支出中占到了16%。2011年中等收入家庭人均收入为51709元。假设在一个三口之家的核心家庭，家庭年收入在15万元，那么有三分之一的收入要用于租房或者还房贷，再加上日常生活开销，可以理解用于休闲和文化消费的可支配收入则被大量挤压。

调查显示，上海城市家庭感觉负担最重的支出是基本日常开销（衣食水电交通），46%的被访者选择此项，其次是住房、子女花费和医疗，分别有16%、14%和14%的被访者选择此项，反映居民消费仍处于维持日常基本生活的水平上，住房、医疗、子女教育等支出给居民带来了沉重的负担，从而挤压了文化、旅游和休闲等促进家庭发展、提高生活质量的支出。并且在支出压力方面，中等收入群体和中低收入群体并无明显的差异，都集中在日常生活开销和与社会保障有关的集体消费方面。分别有46%和47%的中等收入和中低收入家庭感觉负担最重的支出来自日常开销，其次有20%和14%的中等收入家庭感觉住房和子女支出的负担最重。从最近两三年生活改善的主观感受来看，中等收入群体和中低收入群体的差异也不显著，如图12-10所示，61%的中等收入群体认为自己的生活有改善，但与社会上大多数人差不多，17%的中等收入群体认为自己的生活没有改善。

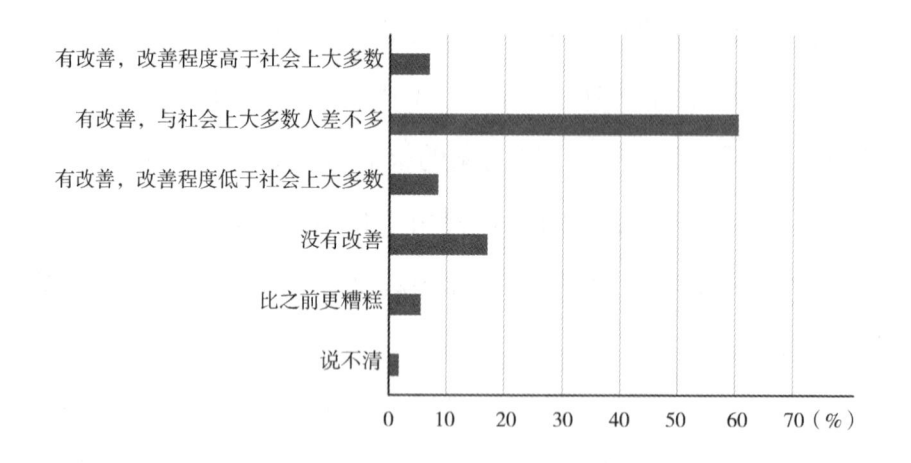

图12-10 中等收入群体对最近两三年生活改善情况的感受（2014年）

因此，分析表明，不仅物质资源较少的中低收入家庭感受到经济压力，生活本应比较优越的中等收入家庭也感受到来自日常生活、住房和子女教育等方面的经济压力。为了更好地发挥中等收入群体拉动消费的作用，一方面要改善中等收入群体的客观福利，包括增加收入、完善社会保障体系等，解决中等收入群体的后顾之忧；另一方面，也需要了解和提高中等收入群体的主观福利，包括阶层认同、归属感、生活满意度、未来预期等，提高他们的生活信心。从这两方面，才能够更好地发挥中等收入群体扩大消费的积极性，并切实改善和保障民生。

## 四 中等收入群体的生活满意度和主观认同

中等收入群体的生活满意度和主观认同反映了该群体的主观福利，对于其生产和消费的积极性以及对未来生活的预期有重要影响；作为社会的中坚力量，中等收入群体的主观福利和积极性也对于经济社会的发展有重要影响。

本章将生活满意度设置为一个四分量表，非常不满意为1分，比较不满意为2分，比较满意为3分，非常满意为4分，一般为0分。中等收入群体对生活的总体满意度为1.4分，与中低收入群体基本一致，处于"比较不满意"的状态；相比较而言，中等收入群体表示"比较满意"的比例稍高，占41%，而表示"非常满意"的比例稍低，仅为1%。图12-11从各个方面显示了中等收入群体的生活满意度。我们看到，中等收入群体对家庭关系"比较满意"，为2.7分，其次满意度较高的是社交生活和教育程度，分别为1.9分和1.8分。但是，中等收入群体满意度较低的是家庭收入和生活水平，分别为1.3分和1.4分，反映中等收入群体处于一定程度对生活的焦虑和不安全感之中。

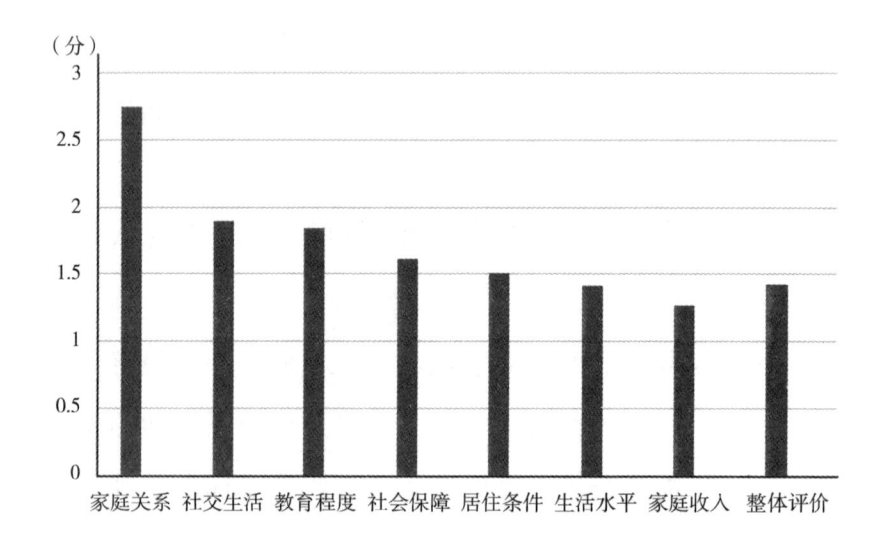

图12-11　中等收入群体的生活满意度（2014年）

一般认为，在分配制度稳定的情况下，大多数国家社会经济地位认同属于"中层"的人群，都远高于中等收入群体的比重。这个指标在社会分析中具有重要意义，社会经济地位认同普遍较高，人们会有积极的社会态度和较好的社会预期；社会经济地位认同普遍较低，则反映了人们对分配格局和地位结构的不满及求变心理。

在我国当前的发展阶段,各阶层的主观阶层认同一定程度反映了客观的经济地位,但是也不尽一致(见表12-2)。二者之间的差异主要在于主观的阶层认同不仅依赖于个人和家庭当下的社会经济地位,还依赖于比较参照体系以及对未来的预期。

上海城市居民认为家庭的经济地位属于"中层"的占47%,属于"中下层"的占35%;认为家庭的社会地位属于"中层"的占56%,属于"中下层"的占28%。中等收入群体自我认同的经济和社会地位也集中在中层和中下层。如表12-2所示,中等收入群体认为家庭的经济地位属于中层的占55%,属于中下层的占30%,认为属于中上层的仅占6%。国际上大多数国家的居民一般自我认同中层的常规比例为60%,而在上海,无论居民总体还是比较富裕的中等收入群体,自我认同经济地位属于中层的比例都不足60%,并且中等收入群体的自我认同也趋于"向下",这反映了城市居民和中等收入群体对家庭经济情况的不甚满意及其对改变现状的期冀。不过中等收入群体对于自身社会地位的评价稍高,认为家庭的社会地位属于中层的占65%,属于中下层的占21%,没有人认为属于上层。

上海的中等收入群体中有29%的认为自己的家庭属于中等收入家庭,24%的认为本人属于中等收入群体。在中等收入群体的衡量标准中,中等收入群体比较强调经济因素,80%的中等收入者选择收入水平,66%的中等收入者选择资产总量(包括房产、土地等），而教育和职业等因素的重要性没有受到特别重视，52%的中等收入者选择教育程度，仅有34%的中等收入者选择职业种类，反映了经济因素进行社会区分的重要作用，而教育和职业等因素发挥的作用比较间接。22%的中等收入者认为，个人年收入达到20万元以上才能成为所谓"中等收入群体"，另外分别有12%和15%的中等收入者认为，个人年收入达到30万元和50万元以上才能成为"中等收入群体"。分析显示，阶层归属越强烈——中等收入群体越认同自己的中等收入群体属性，其生活满意度越高。

表12-2　中等收入群体的家庭经济和社会地位认同（2014年）　　（单位:%）

| 分层 | 家庭经济地位 | | 家庭社会地位 | |
|---|---|---|---|---|
| | 中等收入群体 | 总体 | 中等收入群体 | 总体 |
| 上层 | 0 | 0 | 0 | 0 |
| 中上层 | 6 | 4 | 5 | 3 |
| 中层 | 55 | 47 | 65 | 56 |
| 中下层 | 30 | 35 | 21 | 28 |
| 下层 | 9 | 14 | 9 | 12 |
| 合计 | 100 | 100 | 100 | 100 |

中等收入群体的自身群体认同不仅影响中等收入群体的生活满意度，也对他们的城市归属感产生重要影响。中等收入移民比较认同一线大城市的工作发展机会、子女教育机会等，也

更倾向于在一线大城市定居。关于"我会在一线大城市买房安家"的选项，21%的中等收入者表示非常赞同、52%的中等收入者表示比较赞同，而中低收入群体的比例相对较低。

我们再从经济社会地位变动和生活改善的信心两方面来分析中等收入群体对未来生活的预期。首先，中等收入群体对未来五年经济社会地位的预期主要是维持现状。如表 12-3 所示，中等收入群体预期家庭经济地位不变的占 73%，预期家庭社会地位不变的占 81%，而预期经济地位和社会地位上升的分别占 21% 和 15%。这反映了当前社会的相对稳定，中等收入群体有信心维持自己的经济社会地位。即便经济社会地位不会显著上升，但是中等收入群体对生活水平的改善还是乐观的。在"对今后生活进一步改善是否有信心"的问题上，中等收入群体有 35% 的比例"信心较强"，有 15% 的比例"非常有信心"，反映上海城市居民总体对未来生活水平的提高持有期待；但是也有 30% 左右的中等收入群体的态度比较模糊。分析也显示，对未来生活改善有信心的居民的生活满意度更高，在中等收入群体中也是如此，有信心改善未来生活的中等收入群体中有 52% 对目前整体的生活状况表示"非常满意"或者"比较满意"，但是也有 41% 的中等收入群体虽然对生活改善有信心，但对生活满意度持"一般"的模糊态度，说明生活满意度不仅同现在或预期的经济因素有关，也同其他社会层面的因素有关。

表12-3　　　　中等收入群体对五年后的家庭经济和

　　　　　　　社会地位预期（2014年）　　　　　　（单位:%）

| 预期 | 家庭经济地位 | | 家庭社会地位 | |
| --- | --- | --- | --- | --- |
| | 中等收入群体 | 总体 | 中等收入群体 | 总体 |
| 不变 | 73 | 72 | 81 | 79 |
| 上升 | 21 | 24 | 15 | 18 |
| 下降 | 6 | 4 | 4 | 3 |
| 合计 | 100 | 100 | 100 | 100 |
| 总样本 | 347 | 836 | 347 | 836 |

就具体社会问题的评价来讲，上海的中等收入群体认为最严重的是物价飙升，认为非常严重的占37%，认为比较严重的占48%。我们将严重程度由低至高赋予相对应的分数，很不严重赋值1分，不太严重赋值2分，比较严重赋值3分，非常严重赋值4分。图12-12显示了上海城市中等收入群体对各种社会问题的评价得分，横轴的左边四项与公共服务和制度联系最紧密，除了"税费过高"之外，"环境污染""食品药品安全问题"和"贪污腐败"三项都超过2分，趋于"比较严重"的评价，并且中等收入群体比中低收入群体认为的严重程度更高。此外，在个人隐私泄露问题上，中等收入群体也更为担忧，严重程度为2.2分，趋于"比较严重"。

分析表明，对于这些社会问题的担忧也影响了居民的生活满意度。贪污腐败是衡量社会公平的重要维度之一，认为贪污腐败非常严重的中等收入群体的生活满意度最低。环境污染和食品药品安全问题是衡量公共服务水平的重要维度，对于这两项公共服务评价越低的中等收入群体的生活满意度也越低，认为这些问题"比较严重"的中等收入群体对于生活的感受为"不满意"，而认为这些问题"不太严重"的中等收入群体对于生活的感受为"满意"。

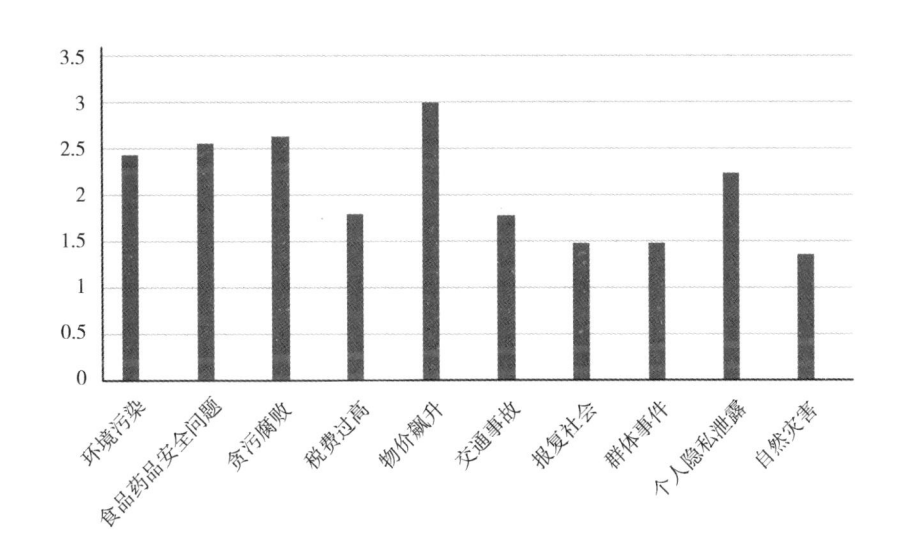

图 12 - 12　中等收入群体对社会问题严重程度的评价（2014年）

## 五　扩大中等收入群体的政策建议

由以上分析我们看到，上海的中等收入群体在近十年来发展规模壮大，近四成的上海市民成为中等收入群体，并且在创新驱动、产业升级和启动消费方面发挥了重要的作用。为了扩大上海中等收入群体规模，促进消费拉动经济，本报告提出以下建议。

**（一）加快打造国际大都市现代服务业体系，增加中等收入群体的就业机会**

加快文化创意产业、金融业、信息服务业、旅游会展、现代商贸等重点服务业的发展，推动电子商务、创意设计、数字出版、节能环保等新兴服务业的成长，强调科技和技术创新作为核心竞争力，从根本上增加中等收入群体的就业和发展机会。

**（二）促进大学毕业生就业创业，保证绝大多数大学毕业生加入中等收入群体**

要抓住产业结构调整和服务业快速增长的时机，积极帮助大学生培养和发展相应的职业技能，引导大学毕业生合理选择职业、行业，鼓励大学生自主创业，保证进入上海的大学毕业生绝大多数最终能够逐步跻身中等收入群体行列。上海应当采取措施吸引更多年轻的或者接受过高等教育的人才，给年轻人提供向上流动的机会，为高素质人才提供更好的事业发展空间。

**（三）吸引海内外高素质人才，完善人力资源的培养和管理**

人才是未来竞争的关键，要加大制度创新和治理创新的力度，探索更加完善、人性化的人力资源管理制度，不仅包括工作就业的激励机制，也要包括落户、子女教育、住房、医疗等配套的政策，增加中等收入群体参与竞争、创新发展的动力和通道。

**（四）完善社会保障体系，改善中等收入群体的民生保障**

中等收入群体的压力和担忧很大一部分来自社会保障，家庭在教育、医疗和养老上的支出使得中等收入群体感受到了较重的负担，住房问题更是大大限制了中等收入群体其他消费。上海应当进一步积极完善住房、教育、医疗、养老等方面的社会保障体系，增强信息的透明度，提高民众对于社会保障体系的信任和信心。社会保障政策也应当惠及移民及其家庭，包括配偶、子女和父母，推动相关社会保障政策的改革以适应现代社会的人口流动。

**（五）稳定物价房价，抑制通货膨胀，提高中等收入群体的生活质量和消费意愿**

居高不下的房价和攀升的物价使得中产阶层有一定程度的危机感和顾虑，近七成的中等收入群体感受到来自日常生活和住房开销的负担，中等收入群体也普遍认为物价上涨的问题比较严重。这样的生活压力和感受使得中等收入群体不得不抑制继续教育、旅游休闲、绿色环保等促进自身发展和提高生活质量的消费，这种消费模式对于经济发展是个不利的信号。所以，稳定住房市场、有效抑制通货膨胀不仅事关国民经济的健康运行，更是关系到民生大计，对于提高中等收入群体的消费意愿和积极性有重要的意义。

**（六）加强市场监管，改善消费环境，增强中等收入群体的安全感**

对于食品安全、环境污染和个人隐私泄露等问题的担忧也大大限制了中等收入群体的消费意愿，影响了他们的生活质量。应当加大对食品安全、环境安全等问题的监管。一是从法制建设方面，推进消费品安全立法，严惩"黑心"食品、旅游"宰客"等不法行为；二是从程序正义方面，促进信息的公开透明，减少不确定、不安全因素带来的困扰。同时，积极改善一些基础设施和公共服务，如提高饮用水质量和空气质量、升级公共交通设施尤其是无障碍设施、加大对公立医院的财政投入、提高政府工作效率和服务水平。

**（七）促进产业升级和产品创新，满足中等收入群体多元化消费需求**

产业升级和创新驱动既是中等收入群体实现自我价值的重要阵地，也是作为消费者对生产领域提出的要求。中等收入群体对于高质量、创新的产品有较高的消费意愿和消费能力，但是当前一大部分的消费需求流向海外。据统计，2013年中国消费者境外人均消费额1508欧元，全球第一，是很多欧美国家公民境外购物人均消费额的3—5倍，中国人买走了全球47%的奢侈品，约计1020亿美元，但是只有280亿美元的消费留在中国境内，中国奢侈品消费外流73%。① 在全球化的今天，我国的产业和经济面临着全世界的竞争者，上海的产业结构和创新水平处于全国前列，更应当放眼全球，力争建设全球科创中心。因此，必须加大力度促进产业升级和科技创新，升级夕阳产业、开发朝阳产业，发展绿色消费产业，守住中等收入消费者这个庞大的市场，满足他们对于高质量、精致和创新产品及服务的需求。

**（八）提高社会质量、建设更宽容的文化环境，增强中等收入群体的主观认同和生活满意度**

中等收入群体具有理性、专业和思考的精神特质，这种精神特质有利于中等收入群体成长壮大为促进经济社会发展、塑造主流价值观的中坚力量，但是也需要一个民主、法制、自由、平等的社会秩序和环境，才能够有效发挥中等收入群体的能量。分析表明，中等收入群体的生活满意度不高，除了同收入和社会保障水平等经济因素有关，也同阶层认同、对社会现状的评价等因素有关，而阶层认同和社会信心的增强则需要重视社会质量的因素，主要包括加强民主和法制建设、促进社会公平和正义以及较为宽容的社会文化环境，一方面构建制度化的渠道回应和解决中等收入群体的经济和政治诉求，另一方面也以包容的姿态鼓励和接纳文化和生活方式的多样性，尊重中

---

① 新华网：http://news.xinhuanet.com/finance/2014-11/03/c_1113096290.htm。

等收入群体。上海的公共服务水平和制度化建设一向走在全国前列，应当利用这一优势增强中等收入群体对上海文化精神的认同，增强中等收入群体的主观认同和主观福利，这是发挥中等收入群体在创新驱动和扩大消费方面力量的关键环节。

## 参考文献

边燕杰、刘勇利，2005，《社会分层、住房产权与居住质量——对中国"五普"数据的分析》，《社会学研究》第 3 期。

国家发改委社会发展研究所课题组，2012，《扩大中等收入者比重的实证分析和政策建议》，《经济学动态》第 5 期。

国家统计局城调总队课题组，2005，《6 万—50 万元：中国城市中等收入群体探究》，《数据》第 6 期。

江文君，2011，《近代上海职员生活史》，上海：上海辞书出版社。

李春玲，2009，《比较视野下的中等收入群体形成：过程、影响以及社会经济后果》，北京：社会科学文献出版社。

李培林，2010，《中国的新成长阶段与社会改革》，文汇报（http://www.news365.com.cn/wxpd/jy/jjygg/201003/t20100301_2633564.htm）。

李培林、张翼，2008，《中国中等收入群体的规模、认同和社会态度》，《社会》第 2 期。

李培林、朱迪，2015，《努力形成橄榄型分配格局——2006—2013 年中国社会状况调查数据的分析》，《中国社会科学》第 1 期。

李强，2010，《为什么农民工"有技术无地位"——技术工人转向中间阶层社会结构的战略探索》，《江苏社会科学》第 6 期。

李强，2005，《关于中产阶级的理论与现状》，《社会》第1期。

李友梅，2005，《社会结构中的"白领"及其社会功能——以20世纪90年代以来的上海为例》，《社会学研究》第6期。

连连，2009，《萌生：1949年前的上海中产阶级——一项历史社会学的考察》，北京：中国大百科全书出版社。

刘欣，2007，《中国城市的阶层结构与中等收入群体的定位》，《社会学研究》第6期。

陆学艺，2002，《当代中国社会阶层研究报告》，北京：社会科学文献出版社。

吕大乐、王志铮，2003，《香港中产阶级的处境观察》，香港：三联书店。

毛蕴诗、李洁明，2010，《从"市场在中国"剖析扩大消费内需》，《中山大学学报》（社会科学版）第5期。

汝信、陆学艺、李培林，2012，《社会蓝皮书：2012年中国社会形势分析与预测》，北京：社会科学文献出版社。

严翅军，2012，《快速量增与艰难质变：中国当代中等收入群体成长困境》，《江海学刊》第1期。

（原载《江苏社会科学》2016年第5期，原文标题为"扩大中等收入群体，扩大消费拉动经济——上海中等收入群体研究报告"）